Chronik der Stadt Altenburg

von den Anfängen bis in die heutige Zeit

Steffen Sell

Heimat-Verlag

Die Fotos auf dem Schutzumschlag zeigen von links nach rechts mit der oberen Reihe beginnend:

Rathaus Altenburg · Schloßanlage · Bismarckturm

Marktplatz Altenburg · Magdalenenstift

Theater · Großer Teich

Lindenau-Museum · Altenburger Bauerntrachten · Kleiner Teich

In der Mitte befindet sich das Altenburger Wappen aus dem 17. Jahrhundert

Auf der Rückseite sehen Sie einen Blick vom Schloßtor zur Altenburger Schloßkirche

Chronik der Stadt Altenburg

von den Anfängen bis in die heutige Zeit

Steffen Sell

nebst eines bebilderten Stammbaums des
Herzoglichen Hauses Sachsen-Altenburg
und eines Stadtplans von Reibstein, 1827

1. Auflage

Satz: Medien-Verlag Altenburg, 04600 Altenburg

Druck: Grafischer Betrieb Sell, 07586 Caaschwitz

ISBN 3-9804435-0-7

Die Bank mit den guten Karten

Sparkasse Altenburg-Schmölln

Unternehmen der Finanzgruppe

„Gemeinnützigkeit, Sicherheit und örtliche Verwurzelung“ waren die Leitsätze der Sparkasse der Stadt Altenburg bereits seit dem 18. Oktober 1886

Ihre Aufgabe, den Sparsinn zu fördern und dem örtlichen Kreditbedürfnis insbesondere des Mittelstandes und der wirtschaftlich schwächeren Bevölkerungskreise zu dienen, erfüllt die Sparkasse bis heute.

Bereits am 1. März 1824 wurde ein Sparkassenverein gegründet, dessen Träger vermögende Bürger waren; die Aufgaben einer mündelsicheren Sparkasse konnten jedoch nicht erfüllt werden.

Mit der Gründung der Sparkasse im Jahre 1886 hatten dann die Bewohner der Stadt Altenburg die Möglichkeit, kleine Ersparnisse und andere Gelder sicher und verzinslich anzulegen. An der Spitze der Stadtsparkasse Altenburg stand der Vorstand und die Geschäftsleitung.

Ihr Sitz befand sich von 1886 bis 1895 in der Wallstraße 36, danach erfolgte der Umzug in die Friedrichstraße 2 bis 1924.

Bereits im Januar 1923 entstand die Bankabteilung der Sparkasse, als Girokasse bekannt. Es folgte der weitere Ausbau, so wie er noch heute zu sehen ist.

Ein bedeutender Schritt vollzog sich im Geschäftsbetrieb der Sparkasse im Jahre 1918.

Ab diesem Zeitpunkt betreibt die Sparkasse den Scheck- und Giroverkehr in Verbindung mit dem Depositen- und Kontokorrentverkehr, dadurch entstand der bankmäßige Geschäftsverkehr. Vorausgegangen war der Beitritt der Sparkasse zum Sparkassen- und Giroverband für die Provinz Sachsen, Thüringen und Anhalt, dieser war wiederum Mitglied des Deutschen Sparkassen- und Giroverbandes, damit wurde ein reibungsloser Giroverkehr über ganz Deutschland ermöglicht.

Die Sparkasse hat es verstanden, das Vertrauen der Bürger durch ihre Tätigkeit zu gewinnen und konnte in zunehmenden Maße für die Stadt Altenburg und ihre Entwicklung tätig sein.

In den Folgejahren reicht die Dienstleistungspalette bis zum Kleinspargeschäft, so wurde auch das Abholsparverfahren gepflegt.

Die Stadtsparkasse hat auch die Bemühungen der Stadt auf Schaffung von Wohnraum unterstützt, so entstanden u.a. die Oßwaldstraße, das Städtische Freibad, die Robert-Koch-Straße, Am Grüntaler Weg und Ziegelstraße.

Der Grundsatz der Stadtsparkasse Altenburg von damals gilt noch bis zur Gegenwart für die heutige Sparkasse Altenburg-Schmölln:

> ... dem Gemeinwohl zu dienen, ihren Sparern beratend und fördernd
> zur Seite stehen, den wirtschaftlich Schwachen die Hand reichen.
> Sie fühlt sich verbunden mit der Bevölkerung und verwaltet die ihr
> anvertrauten Gelder mit der Sorgfalt eines ordentlichen Kaufmannes.

Sparkasse Altenburg-Schmölln

GELEITWORT

Nach vielen Jahren, in denen die Stadtgeschichte Altenburgs sehr spärlich oder sehr eingeengt im ideologischen Blickwinkel betrachtet und publiziert wurde, liegt jetzt wieder eine Arbeit vor, die versucht, das aus alten Quellen Bekannte mit der Darstellung der Ereignisse der jüngsten Zeit in geschlossener Form zusammenzufassen.

Dabei ist es sicher eine kaum zu lösende Aufgabe, die Ereignisse einer mehr als tausendjährigen Geschichte so abgewogen in ihrer Bedeutung und in ihrer Gesamtheit darzustellen, daß sie allen denkbaren Anforderungen gerecht werden.

Auf jeden Fall wird erreicht, daß auch denjenigen, die bisher wenig Gelegenheit dazu hatten, oder den Jüngeren, die sich erstmalig damit beschäftigen, ein Eindruck von der Bedeutung und der Vielfalt der Geschichte unserer Stadt vermittelt wird.

Dadurch, daß der Verfasser bei vielen Beiträgen in Wortwahl und Ausdruck in der betrachteten Zeit verblieben ist, entsteht unwillkürlich neben der historischen Distanz auch ein Eindruck des jeweiligen Zeitgeistes in komprimierter Form.

Auch wenn manches - insbesondere die Darstellung der jüngsten Ereignisse - zum Widerspruch herausfordern wird, bleibt die Anerkennung für eine solche umfangreiche und schwierige Arbeit.

Es ist zu hoffen, daß für die Leser die Beschäftigung mit der Geschichte unserer Stadt und unserer Region auch Anlaß zum aktiven Engagement in unserer Zeit gibt.

Altenburg, im Oktober 1994

Johannes Ungvári
Oberbürgermeister der Stadt Altenburg

Vorwort des Verfassers

Das vorliegende Werk soll den Wunsch vieler Altenburger nach einer chronologischen Abhandlung der Altenburger Geschichte erfüllen.
So liegt ihnen nun einerseits eine umfangreiche Stadtchronik vor, die andererseits keinerlei Anspruch auf Vollständigkeit erhebt. Sie soll aber die Geschichte Altenburgs von den Anfängen bis in die heutige Zeit verdeutlichen helfen.
Die Veröffentlichung soll auch allen Lehrern und Schülern in die Hand gegeben werden, um Altenburgs Vergangenheit besser begreifen zu lernen und den Heimatkundeunterricht anschaulicher zu gestalten.

Nach einer achtjährigen intensiven Forschungsarbeit ist diese Sammlung zeitfolgender Ereignisse reif, um sie einer breiten Öffentlichkeit vorzustellen.
Viele Quellen aus den hiesigen Archiven, Bibliotheken und Privatmaterialien habe ich ausgewertet.
Zum besseren Verständnis des Lesers wurden bestimmte Daten ausführlicher beschrieben. Die Wortwahl ist den einzelnen Epochen angepaßt.
Alle enthaltenen Schwarz-Weiß- und Farb-Aufnahmen wurden sorgfältig ausgewählt.

Danken möchte ich an dieser Stelle allen Helfern, die zur Herausgabe der „Altenburger Chronik" beigetragen haben.
Ein besonderer Dank gilt Herrn Dr. Karl-Heinz Gehlauf für Hinweise bei der Präzisierung der Chronologie sowie Herrn Eberhard Heinze und Herrn Frank Grunwald für die zahlreichen Ergänzungen.

Altenburg, im Oktober 1994

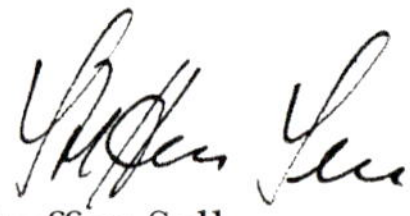

Steffen Sell

Inhaltsverzeichnis

Inserentenverzeichnis

Allen Inserenten danke ich für ihren Beitrag zur „Chronik der Stadt Altenburg“ und wünsche ihnen weiterhin viel Erfolg!

Ein grosser Dank gilt auch dem Fremdenverkehrs- und Heimatverein Altenburg e.V. für seine Spende.

Steffen Sell

ALTENBURGS TÜRME

Geliebte Türme unsrer alten Stadt,
Getreue meiner jung und alten Jahre,
beglückt der Mensch, der euch zu Freunden hat,
ihr stolz in Tag und Traum Unwandelbare.

Ihr ragt in jede Stunde kühn hinein,
und eure stummen Worte sind Geschichte,
Jahrhunderte in grau und rotem Stein
werden uns Enkeln Dichter und Gedichte.

Wahrzeichen von Geschlechtern zu Geschlecht,
Gefährten leuchtender und dunkler Tage,
schützt unser aller heiliges Heimatrecht,
tröstliche Wacht aus Wirklichkeit und Sage.

Erika von Watzdorf-Bachoff

Das Panorama-Foto kennzeichnet Altenburg als Stadt der Türme. Das Original befindet sich im Vorzimmer des Oberbürgermeisters.

BIER-TRADITION
ALTENBURGER BRAUEREI
SEIT 1871
Altenburger
PRIVILEG
HÖHLERBIER-TRADITION
Altenburger
BIERE

Meine Heimatstadt Altenburg

Ich kam zwar nicht in Altenburg
auf diese schöne Welt,
doch liebe ich die kleine Stadt,
die vielen so gefällt.

Der Zahn der Zeit hat einiges
am Antlitz hier zerstört,
doch baut man endlich wieder auf,
weil es sich so gehört.

Die engen Gassen, die sich hier
so durch die Häuser winden,
und sich dann plötzlich irgendwo
auf Straßen wieder finden.

Wie Spielzeug seh'n oft Häuser aus
mit Fenstern ach wie klein,
Touristen fragen sich da gern:
„Wie werden die Zimmer sein?"

Im Neubau da ist vieles noch
schematisch aufgebaut,
romantisch ist ein kleines Haus,
gemütlich und vertraut.

Das Kopfsteinpflaster windet sich
vom Schloß bis durch die Stadt,
die für Touristen und für uns
so viel zum Schauen hat.

Ob Rote Spitzen, Rathaus, Markt
des Fremden Herz entzückt,
oder die schönen Kirchen hier,
die auch so reich bestückt.

Das Schloß und die Museen
auch so manchen Blick erhellt,
die Spielkarten so schön und bunt,
sie geh'n in alle Welt.

Auch die Folklore pflegen hier
die Jungen und die Alten,
denn diese alte Tradition
möchten wir gern erhalten.

Durch Neubauviertel ist die Stadt
viel größer noch geworden,
auch neue Firmen hier und da
öffneten ihre Pforten.

Und seit der Wende ist es auch
bei uns hier wie verhext,
so manches Haus mit Tiefgarage
aus dem Boden wächst.

Kabelfernseh'n und Telefon
durchzieh'n die ganze Stadt,
und jedes Viertel ganz bequem
jetzt Supermärkte hat.

Tankstellen blühten bei uns auf
wie Saat auf einem Feld,
das einzige, was vielen fehlt,
das ist das liebe Geld.

Drum weil es rundum aufwärts geht,
bin ich hier gern zu Haus,
und wenn zu mir kommt der Besuch,
führ ich ihn freundlich aus.

Ein Dankeschön nach Offenburg
in unsere Partnerstadt,
die uns schon viel mit Rat und Tat
und gern geholfen hat.

Einst wird sie schön sein unsere Stadt,
wir glauben fest daran,
Touristen kommt aus aller Welt
und schaut sie Euch mal an.

Manfred Eschenbach, Altenburg

EHRENBÜRGER DER STADT ALTENBURG

Bernhard August von Lindenau
11.6.1779 - 21.5.1854
Mathematiker, Astronom und Kunstsammler
Herzogl. Altenburgischer und Königl. Sächsischer Staatsminister a.D.
Ehrenbürgerrecht verliehen am 14.7.1844

Juliane Charlotte Freiin von Friesen
9.6.1784 - 23.2.1861
Pröbstin des Magdalenenstiftes von 1814 bis 1856
Ehrenbürgerrecht verliehen am 25.8.1854

Großfürst Constantin Nikolajewitsch von Rußland
21.9.1827 - 25.1.1892

dessen Frau *Großfürstin Alexandra Josephowna,*
Prinzessin v. Sachsen-Altenburg
8.7.1830 - 6.7.1911
Tochter von Herzog Joseph von Sachsen-Altenburg

deren Sohn *Nikolaus Constantinowitsch, Großfürst v. Rußland*
14.2.1850 - Januar 1918

deren Sohn *Constantin Constantinowitsch, Großfürst v. Rußland*
22.8.1858 - 15.6.1915

Wera Constantinowna, Großfürstin v. Rußland
17.2.1854 - 11.4.1912

Olga Constantinowna, Großfürstin v. Rußland
3.9.1851 - 18.3.1913
Ehrenbürgerrecht verliehen am 26.8.1858

Oberst Hans Ludwig Udo von Treskow
7.4.1808 - 19.1.1885
1856 - 1864 Kommandeur des Sachsen-Altenburgischen Füsilier-Regiments
Führte die Militärkonvention zwischen Altenburg und Preußen durch.
Ehrenbürgerrecht verliehen am 7.7.1864

Ehrenbürger der Stadt Altenburg

Moritz Karl Wilhelm Laurentius
25.5.1821 - 11.11.1891
Geh. Regierungsrat und von 1861 bis 1879 Oberbürgermeister von Altenburg
Ehrenbürgerrecht verliehen am 30.12.1879

Otto Eduard Leopold Fürst von Bismarck
1.4.1815 - 30.7.1898
Preußischer Staatsmann; 1871/90 Reichskanzler des Deutschen Kaiserreiches
Ehrenbürgerrecht verliehen am 7.3.1895 aus Anlaß seines 80. Geburtstages

Justizrat Gustav Hammer
3.5.1846 - 3.9.1922
Geh. Justizrat, Rechtsanwalt und Notar
war 15 Jahre lang erster Sprecher des Bürgervorstandes Altenburgs
Ehrenbürgerrecht verliehen am 13.2.1905

Professor Ernst Amende
13.5.1852 - 21.4.1940
Bedeutendster Erforscher der Ur- und Frühgeschichte des Altenburger Landes
Ehrenbürgerrecht verliehen am 13.5.1933 aus Anlaß des 81. Geburtstages

Herzog Ernst II. von Sachsen-Altenburg
31.8.1871 - 22.5.1955
Ehrenbürgerrecht verliehen am 31.8.1939 aus Anlaß seines 68. Geburtstages
(Ehrenbürgerschaft entzogen am 18.9.1945)

Freiherr Börries von Münchhausen
20.3.1874 - 16.3.1945
Balladen- und Liederdichter
Ehrenbürgerrecht verliehen am 20.3.1944 anläßlich seines 70. Geburtstages

Hans Richard Köhler
6.2.1878 - 28.9.1946
Fabrikbesitzer und hochherziger Stifter
Ehrenbürgerrecht verliehen am 10.10.1933

Erika von Watzdorf-Bachoff
6.5.1878 - 5.12.1963
Lyrikerin und Schriftstellerin
Ehrenbürgerrecht verliehen am 1.5.1948 aus Anlaß ihres 70. Geburtstages

Ehrenbürger der Stadt Altenburg

Hanns-Conon von der Gabelentz
10.11.1892 - 8.5.1977
Direktor des Lindenau-Museums
Ehrenbürgerrecht verliehen am 10.11.1962 aus Anlaß seines 70. Geburtstages und für seine Verdienste um das Lindenau-Museum

Fritz Voigt
26.11.1893 - 17.12.1967
Arbeiterveteran, Mitbegründer der SPD am 14.7.1945
Ehrenbürgerrecht verliehen am 4.12.1963 aus Anlaß seines 70. Geburtstages

Jefim Kowner
1945 Kulturoffizier in Altenburg
Ehrenbürgerrecht verliehen am 12.12.1972

Alexej Leonow
Kosmonaut - geb. am 30.5.1934 - war in Altenburg auf d. Flugplatz stationiert
Ehrenbürgerrecht verliehen am 9.10.1973 anläßlich seines Besuches in Altenburg

Folgende Personen besaßen auch das Ehrenbürgerrecht, das ihnen allerdings am 5.9.1945 per Stadtratsbeschluß aberkannt wurde:

Reichskanzler Adolf Hitler

Reichsminister des Innern Dr. Frick

Kreisleiter Max Hauschild

Paul v. Beneckendorff und v. Hindenburg
Generalfeldmarschall und Reichspräsident

PERSÖNLICHKEITEN DER STADT ALTENBURG

Agricola, Johann Friedrich
4.1.1720 in Dobitschen geboren, 1774 gest.
Musiker, Schüler Bachs

Amende, Ernst
13.5.1852 - 21.4.1940
Forscher für Ur- und Frühgeschichte, Ehrenbürger von Altenburg

Bechstein, Wilhelm Louis
24.7.1803 - 27.3.1888 Altenburg
Apotheker; gründete 1832 mit seinen Brüdern Otto und Bernhard die Spielkartenfabrik

Blanchard, Richard
1.6.1849 - 13.8.1880
Delegierter Altenburgs beim Eisenacher Parteitag 1869

Brehm, Alfred Edmund
1829 - 11.1884
verfaßte „Brehms Tierleben", verbrachte Jugendjahre in Altenburg

Clauder, Joseph
27.8.1586 - 5.10.1653
Zweiter Rektor der Lateinschule, Verdienste als Geschichtsforscher
Collectaneen zur Altenburger Geschichte

Doell, Friedrich Ludwig Theodor
10.2.1789 - 29.7.1863
Prof. der Malkunst

Douai, Carl Daniel Adolf
22.2.1819 - 21.1.1888
Revolutionär, 1848 an der Spitze der demokratischen Bewegung

Eisenbarth, Johann Andreas
27.3.1663 - 11.11.1727
Arzt im Kampf gegen Aberglauben und Quacksalberei

Friese, Friedrich
1668 - 1721
Prof. am Gymnasium, Verf. der Ceremonien der Altenburger Bauern

Persönlichkeiten der Stadt Altenburg

Gabelentz v. d., Hans Conon
13.10.1807-3.9.1874
Geh. Rat und Minister
Mitglied u. Präsident der Landschaft d. Herzogtums Sachsen-Altenburg

Gabelentz v. d., Hanns Conon
10.11.1892 - 8.5.1977
Direktor des Lindenau-Museums
Ehrenbürger von Altenburg

Gärtner, Balduin
6.11.1858 - 3.2.1954
Lehrer, Bergsteiger, Schriftsteller, Brauchtumsforscher

Haeckel, Ernst
16.2.1834 - 9.8.1919
Ehrenmitglied der Naturforschenden Gesellschaft des Osterlandes

Hellbrunn, Johann Georg
1674 - 1753
Ratsbaumeister, Architekt, Brückenmeister, Ratsmaurer

Kamprath, Ludwig
18.10.1873 - 6.1.1963
Pächter der Fischhalterei, Heimatforscher

Kirste, Ernst
24.3.1872 - 7.2.1955
Rektor, Bürgerschullehrer
Lehrer am Seminar
Rektor der Theresenstraßenschule (Mäderschule)
Kustos der Sammlung der Naturforschenden Gesellschaft des Osterlandes

Krebs, Johann Gottfried
1741 - 5.1.1814
Stadtkantor

Krebs, Johann Ludwig
10.10.1713 - 1.1.1780
Hoforganist, Komponist

Persönlichkeiten der Stadt Altenburg

Lindenau v., Bernhard August
11.6.1779 - 21.5.1854
Mathematiker und Astronom
Herzogl. Altenb. Staatsminister
Ehrenbürger von Altenburg

Liliencron v., Friedrich
11.4.1806 - 28.1.1893
1. Intendant des Altenburger Hoftheaters

Linck, Wenzeslaus
1483 - 1547
1. evang. Pfarrer in Altenburg
Mitstreiter Luthers in der Reformation

Lingke, Gotthold Friedrich
9.9.1784 - 6.4.1865
Bankier, Finanzrat

Löbe, D. Dr. Augustus Julius und D. Ernst Conon
„Geschichte der Kirchen und Schulen des Herzogtums Sachsen-Altenburg"

Marcuson, Erwin
bis 29.1.1976
Von 1927 bis 1930 Stadtschularzt in Altenburg
Erarbeitete Grundlagen zum Verbot der Kinderarbeit

Pierer, Heinrich August
1791 - 1850
Inhaber der Hofbuchdruckerei
Herausgeber des Universallexikons 1824 - 1836

Reichenbach, Ernst Ludwig
1789 - 28.1.1881
Finanzrat
Durch seine Stiftungen wurden Schule und Hospital geschaffen

Reinesius, Thomas
13.12.1587 - 13.2.1667
Altenburger Bürgermeister und Pestarzt

Persönlichkeiten der Stadt Altenburg

Runkwitz, Karl August Benno
25.2.1821 - 11.1893
Oberschulrat, Seminardirektor

Sagittarius, Paul Martin
5.11.1645 - 31.7.1694
Stiftsprediger in Altenburg
Chroniken geschrieben, Geschichtsforscher

Schadewitz, Christian Friedrich
7.3.1779 - 11.4.1847
Bildchronist

Schlegel, Hermann
10.6.1804 - 17.1.1884
Naturforscher, Zoologe

Spalatin, Georg (eigentlich Burkhard)
1482 - 1545
1. Superintendent und evang. Pfarrer, Mitstreiter Luthers zur Reformation

Tauchwitz, Johann
21.2.1558 - 8.2.1633
Pfarrer in Monstab
Sechs Bände chronikartige Manuskripte zur Stadtgeschichte

Thierfelder, Franz
11.9.1886 - 10.1.1968
Studienrat, Oberlehrer am Seminar
Ab 1957 wissenschaftlicher Assistent im Mauritianum
Forscher auf vielen Gebieten

Thümmel, v., Hanss Wilhelm
17.2.1744 - 1.3.1824
Geheimrat und Kammerpräsident, ließ sich ein klassisches Palais bauen

Watzdorf-Bachoff v., Erika
6.5.1878 - 5.12.1963
Schriftstellerin
Ehrenbürgerin von Altenburg

Grundriß der Stadt Altenburg von Reibstein aus dem Jahr 1821
(Quelle: Staatsarchiv Altenburg, Kartenarchiv)

Der älteste erhaltene Stadtplan Altenburgs, gezeichnet von Reibstein im Jahre 1821, verdeutlicht, wieviele Gebäude zu dieser Zeit innerhalb der Stadtgrenze, sprich Stadtmauer, vorhanden waren. Numeriert sind 588 Grundstücke nebst Gärten, die zu den einzelnen Grundstücken dazugehörten. Auch alle Stadttore und -pforten sind hier eingezeichnet.

Die Altenburger Strassenbahn 1895 bis 1920

Von Dr. Karl-Heinz Gehlauf

Am 24.12.1893 schloß die Stadtgemeinde Altenburg mit dem Kaufmann B. Sombold-Sturz, Leipzig, einen Konzessionsvertrag zur Errichtung und Inbetriebnahme der Anlage einer Straßenbahn für Personen- und Gepäckverkehr ab. Dieser wurde am 24. April 1894 in einem Zusatzvertrag an die Allgemeine Elektrizitätsgesellschaft Berlin AEG übertragen. Am 18.9.1894 wurde mit Unterstützung der AEG und der Leipziger Bank die Altenburger Straßenbahn und das Elektrizitätswerk Alten-

Straßenbahn in der Burgstraße

burg, Ziegelstraße 6, gegründet und am 31. Januar 1895 im Handelsregister eingetragen (vgl. Herzogl. Sachsen Altenburgisches Amts- und Nachrichtenblatt, Nr. 14, 1895).
Der regelmäßige Verkehr war ab 18. April 1895 möglich, das 1. Betriebsjahr begann aber bereits am 1. Juli 1894. Damit hatte Altenburg als 7. deutsche Stadt eine Straßenbahn, was für die Größe der Stadt mit 35000 bis 40000 Einwohnern, als kleine Residenzstadt des Herzogtums Sachsen-Altenburg, Bedeutung hatte. Gleiches gilt für den seit dem 16. September 1900 erfolgten Postpakettransport vom „Königlich Sächsischen Staatsbahnhof" zur Neuen Post durch zwei Posttriebwagen, erstmalig im kaiserlichen Deutschland praktiziert, desgleichen erstmalig: Beheizung und elektrische Beleuchtung.
Am 31. März 1920 wurde nach reduziertem Betrieb am Ende des ersten Weltkrieges die Straßenbahn stillgelegt.
Nachdem - auch im Zuge des Abbaus anderer Straßenbahnen, hoher Unkosten, Folgen der inflationären Entwicklung - 1921 mehrmals vergeblich versucht worden war, den Straßenbahnverkehr wieder zu eröffnen (das hätte 300 000 bis 400 000 Goldmark gekostet), wurde im Mai 1921 endgültig der Beschluß gefaßt, die Straßenbahn aufzugeben, den Vertrag aufzuheben und die Anlage mit den Wagen zu verkaufen. Bis zum 22. Juni 1923 wurden schließlich auch Schienen und Leitungen abgebaut.

Zum Baugeschehen

Vom 28. August 1894 bis zum 11. November 1894 erfolgte durch den Bauunternehmer Speer der Einbau der Gleise in einer Spurweite von 1 m. Dabei wurde 1894 das Schienenprofil Phönix 7a genutzt. 1904/05 wurde der Unterbau verstärkt, die Fahrleitung verdoppelt und das Schienenprofil Phönix 25b einge-

Straßenbahn auf der Fahrt zum Bahnhof

baut. Die Gleislänge für die Verkehrsstrecke betrug 3,9 km; die gesamte Betriebslänge der Gleise umfaßte jedoch durch das doppelte Stumpfgleis am Bahnhof, die Abzweigung zum Postamt am Bahnhof (110 m), die Einfahrt zur Pakethalle an der Neuen Post (50 m) und die Ausweichstellen in der Ernst-, Amalien- und Schützenstraße (je 40 m) sowie in der Teichstraße (96 m) insgesamt 4,98 km.

Das Verteilungsnetz hatte eine Länge von 6 000 m; es waren verlegt: 18 500 m eisenbandarmierte Kabel, 5 500 m blanke unterirdische Kupferleitung und 1 500 m blanke oberirdische Leitung. Als Aufhängevorrichtung für die Leitung waren entlang der Strecke konisch geschweißte Rohr- bzw. Gittermasten aufgestellt oder Rosetten an den Häusern angebracht, die für die Trägerlitzen zum Aufhängen notwendig waren. Sie sind in einigen Straßen noch heute zu sehen.

Ab 1. September 1895 war die elektrische Beleuchtungsanlage für die Straßen installiert bzw. für den Anschluß „von gleichzeitig 2 600 brennenden Lampen“ vorbereitet.

In den Anlagen gegenüber dem Bahnhof (Reste noch in den 50er Jahren zu sehen) und im Garten des Hauses Johannisstraße 42, wo sich die Geschäftsstelle der Altenburger Straßenbahn- und Elektrizitätsgesellschaft befand, wurden Batteriestationen gebaut, die beim Ausfall der Stromversorgung den weiteren Verkehr ermöglichten. Auf dem Grundstück Ziegelstraße 6 wurden errichtet: die Kraftstation mit Maschinen-, Kessel- und Akkumulatorenraum, Wohnung für den Maschinenmeister, zwei Kühltürme, der Dampfschornstein von 36 Metern (später auf 42 Meter erhöht). Hier befand sich auch das Depot mit der Reparaturwerkstatt, der Halle mit zwei Aufstellgleisen für 10 Wagen und der Schiebebühne zur Ein- und Ausfahrt (die Zufahrt ab Agnesplatz, 350 m, war eingleisig). Über der Halle befanden sich die Verwaltungsräume der Gesellschaft.

Für die Inbetriebnahme des Pakettransportes hatte die Kaiserliche Post am 5. Dezember 1898 den Antrag gestellt, die Gleise mit benutzen zu dürfen. Das Nebengleis führte von der Wallstraße zur Rampe an der Pakethalle. Auch am 1912 fertiggestellten Postamt am Bahnhof war baulich Vorsorge getroffen worden, daß die Paketpostwagen auf dem Zufahrtsgleis neben der Packkammer bis zur Laderampe am Bahnsteig fahren konnten. Das heißt, das Zufahrtsgleis war zur Laderampe hin allmählich um 60 cm gehoben worden. Der Boden des Motorwagens war 80 cm hoch. Damit wurde der 140 cm höhere Bahnsteig erreicht.

Später fuhr die Bahn direkt zum Postamt. An der Pflasterung läßt sich noch heute der Lauf nachvollziehen.

Vom Bahnhof aus wurde die Straßenbahn bis zum Theater auf der linken Straßenseite geführt; ab Theater führte sie meist rechtsseitig, aber in der Teich- und Schützenstraße wieder linksseitig.

Die Straßenbahn hatte zwei beträchtliche Steigungen zu überwinden: in der Burgstraße betrug sie 10:100 und in der Teichstraße, Schmöllnsche Straße 9:100. In der polizeilichen Vorschrift von 1895 war die Geschwindigkeit der Bahn auf 5 km/h festgelegt, konnte in den ebenen Straßen auch 8 km/h erreichen; in anderen Angaben wird von durchschnittlich 10, in steigenden Strecken 9 und in den ebenen Straßen von 11 km/h gesprochen.

Die Routen der Altenburger Straßenbahn

Tour 1 (alle 12 Minuten, Wagen mit weißen Schildern, roter Schrift, abends grünes Licht):
verkehrte ab Bahnhof zum Theater, über die Teichstraße zur Schützenstraße, von dort über die Burgstraße zum Bahnhof zurück.

Tour 2 (alle 12 Minuten, Wagen mit roten Schildern, weißer Schrift, abends rotes Licht):
verkehrte ebenfalls ab Bahnhof und fuhr die Strecke ab Theater in umgekehrter Richtung. Zwischen Bahnhof und Theater fuhren die Bahnen alle 6 Minuten. (Kurzstrecke Tour 3) (vgl. Kartenskizze)
Die Verkehrszeit war von 6.22 Uhr bzw.

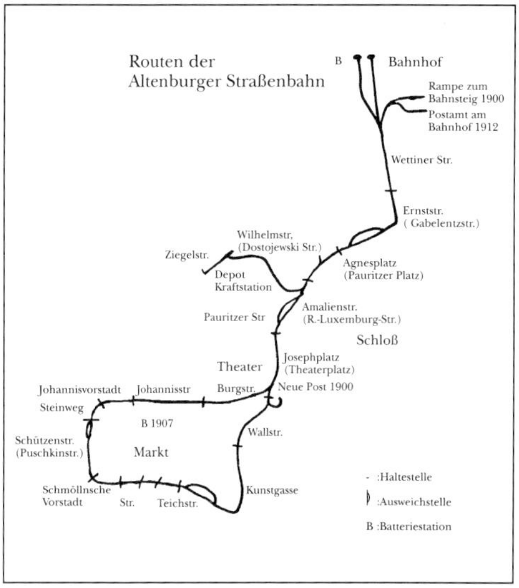

Lageplan unter Nutzung des Stadtplans im Adreßbuch von 1914 von K.-H. Gehlauf

7.08 Uhr bis 22.27 Uhr festgelegt. Die Paketpostwagen verkehrten zwischen 5.40 Uhr und 2.15 Uhr. Die Fahrtzeit über die 16 Haltestellen betrug für eine volle Runde ca. 30 Minuten.

Der Wagenpark

Die Altenburger Straßenbahn hatte zunächst 6 dunkelgrüne Wagen mit je 16 Sitz- und 14 Stehplätzen auf dem hinteren Perron. Später kamen noch 2 Personen- und 1900 die beiden Paketposttriebwagen - angeschafft für je 10 000 Mark - hinzu. Die Gesellschaft besaß auch noch einen ausgedienten Wagen, der Reparaturzwecken diente.

Die Fahrzeuge lieferte die Hannoversche Waggon-Fabrik AG. Die Triebwagen hatten eine Länge von 6,90 m. Beiwagen waren wegen des großen Anstiegs in der Burg- bzw. Teichstraße nicht im Einsatz. 7 Personenwagen hatten ein Gewicht von je 5 Tonnen. Der Motor leistete 12 PS; Der 8. Wagen (1902 gebaut) wog 6 Tonnen mit einer 18-PS-Leistung. Die Postpaketwagen waren gelb angestrichen. Sie wurden 1900 gebaut, ihre Motoren leisteten 12 PS. Diese Wagen waren mit 2 Briefkästen versehen, um auch während der Fahrt die Möglichkeit zu geben, Post einzuwerfen. Alle erstmals in Deutschland elektrisch beheizten Wagen besaßen drei unabhängig voneinander funktionierende Bremsen, die Radbremse (Kettenbremse), die Schienenbremse und die elektrische Bremse. Die Personenwagen hatten Schiebetüren und Zahlboxen. Zur Beleuchtung gehörten innen 5 Glühlampen, eine Reservebeleuchtung und außen eine abnehmbare Signallaterne. Zur Dienstkleidung des Personals (dunkelgrauer Stoff, zweireihig mit blanken Knöpfen, dunkelgraue Schildmützen mit dunkelgrünem Rand) gehörte auch die „richtiggehende Taschenuhr“. Der Fahrer mußte auch das Einwerfen des Geldes bzw. der Fahrmünzen kontrollieren.

Die finanzielle Seite des Unternehmens

Das investierte Kapital betrug 718 320,18 Mark, die sich u.a. verteilten auf: Grund-

Fahrmarken für Beamte (zum ermäßigten Tarif)

Straßenbahnmarke für den Einwurf

stücke und Gebäude 119 000 Mark; Bahnkörper 145 000 Mark; Werkstatt 8 700 Mark; Stromzufuhranlagen 42 600 Mark; Kraftstation 144 000 Mark; Wagenpark 87 500 Mark. Das Aktienkapital der Leipziger Bank betrug 330 Aktien à 1 000 Mark, dazu kamen 700 Obligationen zu je 500 Mark. Obwohl die Werte bis 1920 beträchtlich stiegen, ersetzte der Verkaufspreis 1920 mit 925 000 Mark gerade die Kosten für die Neupflasterung der Straßen.
Die Fahrmarken kosteten 10 Pfennige bzw. im Dutzend 8 Pfennige, Kinder ab 4 Jahren zahlten die Hälfte. 1918/19 erhöhte sich der Preis auf 15, 20 schließlich 25 Pfennige. Die Fahrmarken (insgesamt 14 Arten) waren aus Messing, Zink, Eisen oder Aluminium und rund, oval (Stadtrats- und Beamtenmarken für Dienst- und Gepäckfahrten), recht-, sechs- und achteckig. Auf ihnen war in der Regel der Preis und die Straßenbahn abgebildet.
Vom 18.4.1894 bis zum 30.6.1895 nutzten die Bahn 189 473 zahlende Gäste, in den folgenden Geschäftsjahren (jeweils 1. Juli bis 30. Juni) zahlten

1895/96 737 170
1896/97 686 845
1900/01 721 406
1906/07 778 676
1909/10 848 736
1915/16 rund 974 000
1.7.1919/31.12.1919 463 000 Personen.
Das brachte in diesem Jahre 77 632,12 Mark Einnahmen sowie für den Postpakettransport 7 289,25 Mark.

Die Geschichte der Altenburger Straßenbahn war kein Residenzstadtidyll. Davon zeugen Streiks und Streikandrohungen, Beschwerden von Fußgängern, von Pferdefuhrwerkbesitzern, Auseinandersetzungen um Preise, Gehaltserhöhungen, Streitigkeiten zwischen Gesellschaft und Stadtrat und vieles andere.
Nur ein Straßenbahnwagen blieb übrig; sein Kasten wurde mit einem Untergestell der Naumburger Straßenbahn in Halle rekonstruiert, und im April 1991 hatte der Triebwagen Nr. 4 seine zweite Premiere.

Die Steigung betrug in der Burgstraße 10 : 100

Die Regenten des Altenburger Landes

1. Altenburg als Reichsgau unter deutschen Kaisern (Burgwarde)

Um 950	Eingliederung ins Deutsche Reich (als Reichsland)
976	Ersterwähnung Altenburgs
Um 1100	Gründung einer Kaiserpfalz (Einsetzung eines Burggrafen)
1132	Zusammenkunft deutscher Fürsten unter Lothar II. in Altenburg
Seit 1152	Ausbau der Kaiserpfalz und Siedlung Altenburg unter Kaiser Friedrich I.
1172	Hugo von Wartha (pleißnischer Landrichter), Heinrich I. als Burggraf
1329	Tod Albrecht IV. (letzter Burggraf vom Altenburger Geschlecht)

2. Altenburg unter den Markgrafen von Meißen

1307-1324	Friedrich der Freidige (Verwalter des Pleißenlandes)
1324-1349	Friedrich der Ernsthafte
1349-1381	Friedrich der Strenge
1381-1423	Friedrich der Streitbare
1411-1425	(zugleich mit ihm sein Bruder Wilhelm d. Reiche)

3. Altenburg unter den Kurfürsten von Sachsen

1423-1428	Friedrich der Streitbare
1428-1464	Friedrich der Sanftmütige
1464-1486	Ernst (bis 1485 zus. mit seinem Bruder Albrecht)
1486-1525	Friedrich der Weise
1525-1532	Johann der Beständige
1532-1547	Johann Friedrich der Großmütige
1486	Tod Kurfürstin Margaretha von Österreich

4. Altenburg unter den Herzögen von Sachsen

1547-1554	Johann Friedrich der Großmütige
1554-1567	Johann Friedrich der Mittlere und sein Bruder Johann Wilhelm
1567-1572	Johann Wilhelm
1572-1602	Friedrich Wilhelm und sein Bruder Johann

5. Altenburg unter dem alten Fürstenhause Sachsen-Altenburg
(erste Altenburger Dynastie)

1603-1639	Johann Philipp
1639-1669	Friedrich Wilhelm II.
1669-1672	Friedrich Wilhelm III.

6. Altenburg unter den Herzögen von Sachsen-Gotha-Altenburg

1672-1675	Ernst I. der Fromme
1675-1691	Friedrich I.
1691-1732	Friedrich II.
1732-1772	Friedrich III.
1772-1804	Ernst II.
1804-1822	August
1822-1825	Friedrich IV.

7. Altenburg unter den Herzögen von Sachsen-Altenburg
(zweite Altenburger Dynastie)

1826-1834	Friedrich (1780-1826 Herzog von Sachsen-Hildburghausen)
1834-1848	Joseph
1848-1853	Georg
1853-1908	Ernst I.
1908-1918	Ernst II.

ALTENBURG OHNE REGENTSCHAFT

1. Altenburg als Freistaat
1918-1920 Freistaat Sachsen-Altenburg

2. Altenburg in Thüringen
1920-1952 Landkreis Altenburg im Land Thüringen mit Schmölln

3. 1952-1990 Altenburg - Kreisstadt
im Bezirk Leipzig, ohne Kreis Schmölln
Seit 1990 dem Land Thüringen wieder zugeordnet

4. 1990-1994 Kreis Altenburg in Thüringen

5. Seit 1994 Kreis Altenburger Land
(Altenburg und Schmölln)

Altenburg im Jahre 1746, Fotomontage nach Hans Löbe.

Chronik der Stadt Altenburg

Zur Entstehung der Stadt
Es gibt wenige gesicherte Erkenntnisse über die Frühgeschichte des Altenburger Gebietes.
Sicher ist, daß der Boden, auf dem das türmereiche und bergige Altenburg steht, in den ersten Jahrhunderten nach Christi Geburt zum alten Thüringer Reich gehörte. Mit dem Untergang des Thüringer Reiches im Jahre 531 wurde unser Heimatboden frei für die Einwanderung der slawischen Sorben. Diese drangen in den Pleißengau ein und besiedelten jahrhundertelang die fruchtbaren Flußauen.

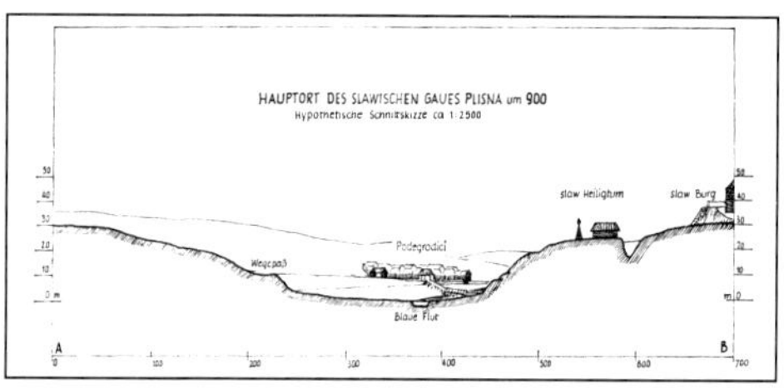

Altenburg um 900 (Schnittskizze v. E.W. Huth)

Noch heute erinnern viele Dorfnamen im ehemaligen altenburgischen Ostkreis, die auf a, en, ern, is, itz, itzsch, schütz enden, an diese einstige Fremdherrschaft. Der Pauritzer Teich und die Pauritzer Straße weisen auf die alte sorbische Siedlung Pauritz hin, die nördlich vom Schloßfelsen lag.
Auf der südlichen Seite des Burgberges, so geben alte Aufzeichnungen Auskunft, entstand die deutsche Siedlung oder das Dorf Naschhausen (zwischen Leitergasse und Jungferngasse). Doch dieses wurde bald den deutschen Ansiedlern zu eng, und sie zogen hinüber über die Blaue Flut, die damals in offenem breitem Bett vor dem Burgberg nach der Siedlung Pauritz zu floß.
Sie siedelten sich um 1100 schließlich um den Brühl, dem ältesten Handels- und Marktplatz unserer Stadt, herum an und bauten sich dort eine Kirche, aus der später die Bartholomäikirche hervorging. Diese Kirche ist sicherlich älter als 900 Jahre.
Brühl ist die Bezeichnung eines „feuchten Platzes“ oder einer „Sumpfstätte“. Der Platz mußte also erst einmal angeschüttet und trockengelegt werden, um ihn überhaupt als Kaufmannssiedlung nutzen und ausbauen zu können.
Die heutige Burgstraße muß schon um 1000 als unbefestigte Straße existiert haben. Sicherlich gab es auch schon Eingangstore am Brühleingang, in Richtung der heutigen Johannisstraße und Ringstraße.
Nach 1100 wurde die Stadt (wenn von einer Stadt überhaupt schon die Rede sein kann) nach Westen (Richtung Weibermarkt) und nach Süden (etwa zwischen oberer Marktseite und Johannisstraße) erweitert. Das wäre eine Ausdehnung von 200 m x 200 m. Um dieses gesamte Terrain wurde die erste Stadtmauer errichtet, die 1,20 m stark und 2 m hoch gewesen sein muß.

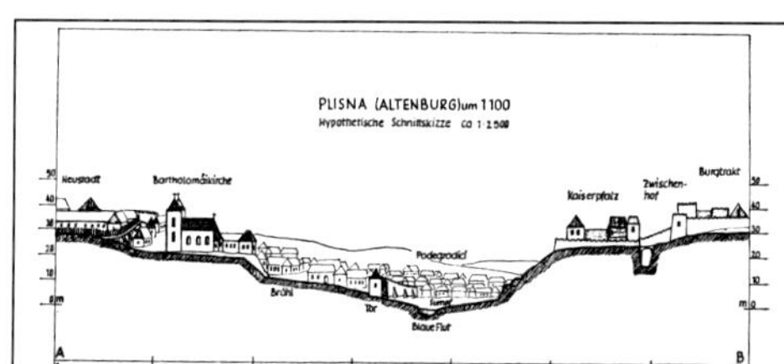

Altenburg um 1100 (Skizze von E.W. Huth)

Eine weitere Ausdehnung der Stadt erfolgte etwa um 1200 nach Westen zum Johannisgraben und nach Süden Richtung Langengasse. Um diese Zeit entstand durch die Altenburger Bürger die zweite Stadtmauer mit ihren 6 Toren (Pauritzer Tor, Burgtor, Teich- oder Fischtor, äußeres und inneres Schmöllnsches Tor und das äußere und innere Johannistor) und 3 Pforten (Bergerpforte, Klosterpforte und Mühl- oder Eselspforte) sowie die Pohlheimpforte und die Pforte neben dem Casino.

1. Altenburg als Reichsgau unter deutschen Kaisern (Burgwarde)

10. Jahrhundert. Ein deutscher Burgward wurde unter Otto II. (936-973) gebildet.

976. Altenburg erhielt die erste urkundliche Erwähnung durch Kaiser Otto II. (973-983).
Dieser überträgt die Rechte des Burgwards auf das Bistum Zeitz. In dieser Schenkungsurkunde werden auch neun bei Altenburg liegende Dörfer genannt: Podegrodici (Pauritz), Zehma, Drescha, Masceltorp (Monstab), Roduie (Großröda), Bousendorf, Zebecuri, Gödissa und Leesen.

Um 1000 entstand ein romanischer Wohn- und Fluchtturm, die sogenannte „Flasche“, auf dem nördlichen Burggelände.

1030. Das Bistum Zeitz, dem Altenburg in kirchlicher Hinsicht unterstand, wurde nach Naumburg verlegt und Altenburg diesem neugegründeten Bistum wieder unterstellt.

1064/65 fand die Stadt im Tafelgüterverzeichnis des Königs Heinrich IV. Erwähnung.

Erwähnungsurkunde aus dem Jahre 976

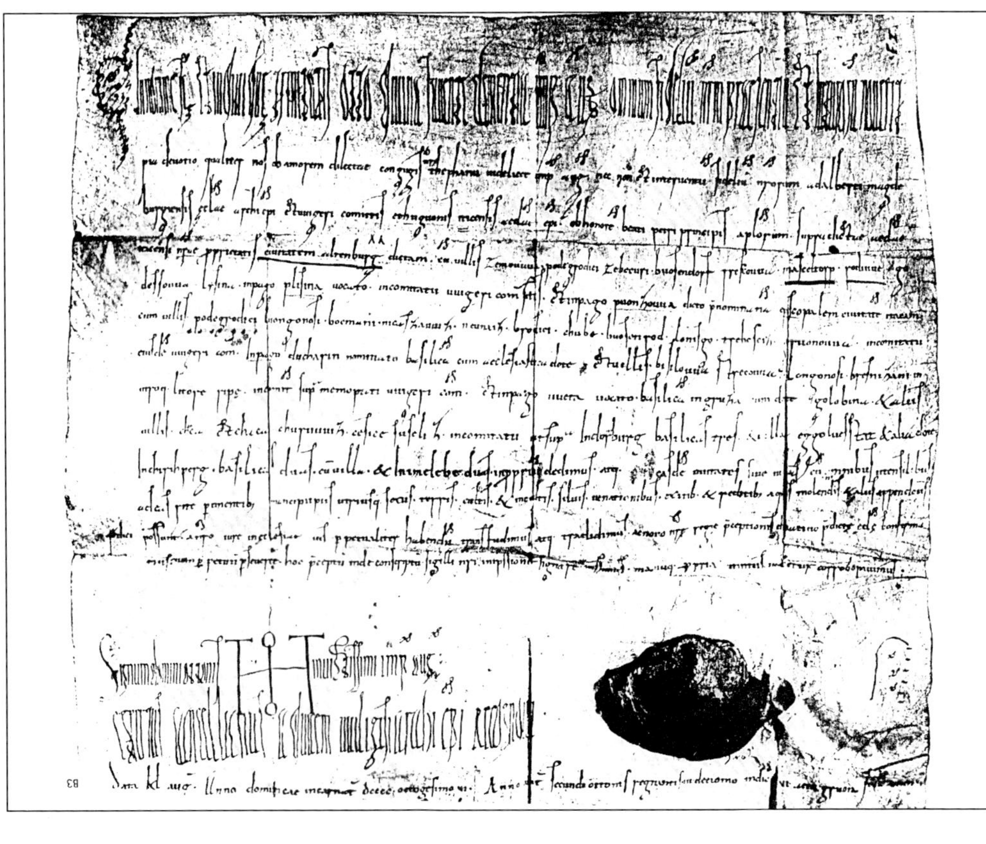

Um 1100 entstand am heutigen Brühl eine kleine Marktsiedlung.

1132. Die Kaiserpfalz Altenburg wurde als „Castrum Plysn" erwähnt. König Lothar II. hielt sich mit seiner Gemahlin Richenza und mehreren Reichsfürsten in der Stadt auf und hielt hier einen Hoftag ab.

Anf. 12. Jahrhundert erfuhr die Burg eine zweite Erweiterung. Errichtet wurde eine Pfalzanlage auf dem westlichen Teil des Burgberges mit einer romanischen Pfalzkapelle. Diese war dem heiligen Georg gewidmet.

Erste Hälfte 12. Jahrhundert. In dieser Zeit entstand wahrscheinlich die dreischiffige romanische Basilika der St. Bartholomäikirche. Die Kirche war ursprünglich mit einer Doppelturmanlage versehen.

1151. 13. November. Konrad III. (am 6. März 1138 in Aachen zum Deutschen König gekrönt) besuchte die Kaiserpfalz Altenburg und hielt hier einen Reichstag ab. Sein Begleiter soll der von seinen Brüdern vertriebene Polen-König Wladislaw II. gewesen sein.

1165-1172. Kaiser Friedrich I. Barbarossa (auch Rotbart genannt) verordnete während seines ersten Aufenthaltes in Altenburg am 26. Februar 1165 die Gründung des Marienklosters auf dem Berge. Am 21. Juli 1172 weilte Barbarossa zum zweiten Mal in der Pfalz Altenburg.
Die Einweihung dieses Klosters, der Kirche „Unserer Lieben Frauen St. Marien", nahm Bischof Udo II. von Naumburg am 8. September 1172 vor, bei der auch Barbarossa anwesend war. Barbarossa besetzte das im Volksmund genannte Bergerkloster (Rote Spitzen) mit Augustinermönchen aus dem Peterskloster auf dem Lauterberg bei Halle. Auch gestattete er dem Bergerkloster nicht nur die freie Wahl seines Probstes und die völlige Gerichtsbarkeit, sondern stellte es unter den unmittelbaren Schutz des Kaisers und des Reiches.
Altenburg, welche zur Hauptstadt des Pleißnerlandes erhoben wurde, erhielt auch unter der Regierung Friedrich I. das Recht, jährlich einen Jahrmarkt halten zu dürfen.

Um 1170/80. Die St. Bartholomäikirche (auch Unterkirche genannt) wurde als romanische Saalkirche errichtet.

1180. Friedrich Barbarossa belehnte bei seiner Anwesenheit in Altenburg am 16. September den Pfalzgrafen Otto von Wittelsbach mit dem Herzogtum Bayern, das er seinem Vetter Heinrich dem Löwen entzogen hatte. Am 19. Oktober verließ Barbarossa die Stadt.

1181. Vom 10. bis 13. November weilte „Rotbart" zum fünften Mal in Altenburg. Das von Friedrich Barbarossa erbaute Marienhospital in der Johannisgasse wurde eröffnet und im Jahre 1213 dem Deutschen Orden übergeben.

1183 kam Friedrich I. Barbarossa abermals in die Stadt, um hier am 25. Januar einen Hoftag abzuhalten.

1188. Am 29. September besuchte Barbarossa zum letzten Male die Stadt Altenburg.

1190 war König Heinrich VI., der Sohn Friedrich Barbarossas, in der Stadt.
Die älteste, urkundlich nachweisbare Mühle in der Stadt mit mehreren nebenstehenden kleinen Häusern wurde abgebrochen. Die Mühle befand sich beim jetzigen Marienbad und mußte abgebrochen werden, um einen Staudamm, der

Die Fischhalter zwischen Frauenfels und Kunstturm hinter der Staumauer.

die Fischhalter zwischen Frauenfels und Kunstturm und dem Kleinen Teich trennt, errichten zu können. Die sogenannte Kunstmühle wurde vom rechten zum linken Ufer verlegt.

1192. Kaiser Heinrich VI. (1190-1197) besuchte die Stadt Altenburg. Die Stadt verdankt ihm die Vergrößerung des Marien- und Augustinerklosters (Rote Spitzen). Auch fand die Erwähnung des heutigen Hauptmarktes als „Novum Forum" („Neuer Markt") statt. Der Brühl, auf dem bis 1192 die Marktgeschäfte abliefen, hat seine ursprüngliche Form bis heute beibehalten.

Um 1200 wurde die von Altenburger Bürgern errichtete Stadtmauer vollendet.

Nach neusten Erkenntnissen wurde der Hausmannsturm im 12. Jahrhundert errichtet

Im ausgehenden 12. Jahrhundert soll der Hausmannsturm erbaut worden sein. Bisher hatte man angenommen, daß der Bau nur bis zum 15. Jahrhundert zurückreicht. Doch im Zuge der Instandsetzungsarbeiten am Hausmannsturm im Jahre 1994 wurde der alte Putz abgehackt. Dabei stellte die ausführende Firma Ochsenfahrt aus Erfurt fest, daß es sich bei der Außenhaut des Turmes um ein Sichtmauerwerk gehandelt hat. Diesen Befund bestätigte das Landesamt für Denkmalpflege. Nachweislich ist, daß dieser Turm erst im 16. Jahrhundert seine heutige Gestalt erhielt. Das ursprüngliche Erscheinungsbild bestand in einem dunkelroten Mauerwerk mit weißem Fugennetz. Die Ausführung des Materials zeigt eine auffällige Übereinstimmung mit dem Bergerkloster, den „Roten Spitzen". Allerdings ist am Hausmannsturm auf eine bewußt schmückende Wirkung des Mauerwerks verzichtet worden. Die Übereinstimmung von Ziegelformat und Mauertechnik von Hausmannsturm und Rote Spitzen weist auf eine Datierung in das ausgehende 12. Jahrhundert hin. Der Hausmannsturm besaß ursprünglich keinen Helm, sondern Zinnen als oberen Abschluß. Die Breite dieser Zinnen dürfte 1,40 bis 1,50 m betragen haben. Auf einen hölzernen Umgang deuten vermauerte Öffnungen am Turmschaft hin.
Dieser schlanke Rundturm hat eine Höhe von 32 Metern und befindet sich auf dem Grund und Boden eines früher dort bestandenen slawischen Walls, der heute zum Teil noch sichtbar ist.
Der Hausmannsturm besitzt einen schneckenförmigen Aufstieg und eine Türmerwohnung und kennzeichnet den höchsten Punkt des Schloßberges.

1203. 23. April und 1206 weilte Phillip von Schwaben in der Stadt.

1204 wird die Altenburger Stadtmauer erstmalig erwähnt.

Die Lindenaustraße um 1870 (rechts im Bild ist die Außenmauer des Pohlhofgartens mit Gartenhaus zu sehen)

1209. Am 2. Mai wurde von Kaiser Otto IV., der nach der Ermordung Phillips von Schwaben Alleinherrscher in Deutschland gewesen war, in der Pfalz Altenburg ein Hoftag abgehalten.

1214. Seit diesem Jahre war der Kanonikerstift und die Missionskirche St. Georg dem Augustinerkloster auf dem Berge untergeben.

1215, 4./5. Mai. Friedrich II. hielt sich in der Stadt auf.

1216. 23. September und 6. Oktober. Kaiser Friedrich II., der mehrmals in Altenburg war, beschenkte hier das Hospital des Deutschen Ordens mit Gütern.

1217, 8. und 17. November. Friedrich II. weilte abermals in Altenburg.

1223, 30. September. Friedrich VII. kam in die Stadt.

Wachturm neben der ehemaligen Nikolaikirche

Es erfolgte die erste Erwähnung der Nikolaikirche, die zweite Altenburger Stadtkirche. Sie ist dem Heiligen Nikolaus geweiht. Der Wachturm dieser Kirche ist viel älter. Das damalige Kirchenschiff erstreckte sich gen Westen, was am romanischen Eingangsportal festzustellen war. Im zweiten Geschoß an der Ost-, West-, und Südseite weist der romanische, quadratische Unterbau des Turmes erst gepaarte Rundbogenfenster auf.
Der Turmaufbau ist im vierten Geschoß (24,67 m) umrahmt mit einem Umgang, der von einem Eisengeländer umsäumt ist. Dort befindet sich die damalige Türmerwohnung, darüber der abschließende Kuppelaufbau. Die Höhe vom Turmfuß bis Spitze Wetterfahne beträgt ca. 45 m, und der Grundriß des Turmes am Fußpunkt mißt 9,20 m x 9,60 m.

1229 wurde die St. Martinskapelle unter dem Schloß urkundlich erwähnt. Sie befand sich an der Stelle, an der sich jetzt das Postgebäude auf dem Keplerplatz befindet.

1231-1279. Es ist anzunehmen, daß in dieser Zeit das Kloster der Franziskaner oder Minoriten und ihre Kapelle, die sogen. Brüderkirche, entstanden sind.

1233 war ein harter Winter und große Teuerung.

1234 hielt sich Friedrich VII. vom 27. bis 30. Juni und vom 2. bis 12. Juli in Altenburg auf.

1255 wurde die Agathenkapelle, welche auf dem Frauenfels stand, erstmals urkundlich erwähnt.

1256. 3. Dezember. Heinrich der Erlauchte, Markgraf zu Meißen, bestätigte der Stadt Altenburg die Stadtrechte und das in diesem enthaltene Bannmeilenrecht.

1262 übergab Heinrich seinem ältesten Sohn Albrecht das demselben rechtlich zustehende Pleißenland mit Altenburg. Letzterer war oft mit seiner Gemahlin hier.

1263 erfolgte die Belagerung Altenburgs durch Herzog Albrecht von Braunschweig, Heinrichs Gegner.

1272. Der Altenburger Stadtrat überließ dem Deutschen Ordenshause einen Hof zur Errichtung einer Schule. Damit wurde in der Johannisstraße die Johannisschule gegründet.

1274 gab Albrecht das Pleißenland mit Altenburg seinem ältesten Sohn Heinrich, nahm es ihm jedoch 1275 wieder und war bis 1279 Herr von Land und Stadt, wo er es Heinrich und dessen jüngerem Bruder Dietrich wieder übergab.

1279 wurde das Marien- und Magdalenenkloster zwischen Sporenstraße und Johannisstraße urkundlich erwähnt und in der Mitte des 13. Jahrhunderts gegründet.

1288. Eine Kupfermühle des Deutschen Ritterordens (heute Standpunkt Minol-Tankstelle) sowie eine Malzmühle am Malzberg (zwischen Theater und Pauritzer Straße gelegen) fanden Erwähnung.

1289 ist erstmals die Rede vom Mantelturm (Flasche) auf dem Schloß.

1290. Am 10. November kam König Rudolph I. von Habsburg nach Altenburg.
Er nahm Schloß und Stadt nebst dem Pleißenlande für das Reich wieder in Besitz. Die Wettiner hatten sich in dieser „kaiserlosen, schrecklichen Zeit" des herrenlosen Landes zu bemächtigen verstanden.

Die Städte Altenburg, Chemnitz und Zwickau schlossen ein Schutzbündnis.

1295/96 weilte König Adolf von Nassau in der Stadt. Dieser berief den Markgrafen Friedrich den Freidigen gegen die Zusicherung freien Geleites hierher, um sich mit ihm über Meißen zu einigen.
Kurz bevor er mit dem König zusammentraf, übte man auf Friedrich den Freidigen einen Mordanschlag aus. (Der Sage nach soll dies in seiner Herberge im „Schwarzen Bär" am Markt stattgefunden haben.) Friedrich blieb aber unversehrt.

1303 verlegte man das Nonnenkloster des Ordens St. Mariae Magdalenae, welches sich zwischen Johannisstraße und Sporenstraße befand, nach der Teichstraße in die Nähe des Teichtores.

2. Altenburg unter den Markgrafen von Meissen

1307 fand die Schlacht bei Lucka zwischen dem wettinischen Markgrafen Friedrich I. (dem Freidigen) und seinem Bruder Diezmann statt. Hier unterlag das Heer König Albrecht I. Die Stadt öffnete kurz darauf den Wettinern die Tore. Das Pleißenland mit Altenburg blieb seitdem in den Händen der Wettiner.

1308 wütete ein großer Brand, bei dem ein Drittel der Stadt vernichtet wurde.

1314 wurde das Franziskanerkloster urkundlich erwähnt, welches den Abschluß des Westendes vom Hauptmarkt bildet.

1329. Kaiser Ludwig der Bayer verzichtete auf alle Ansprüche betreffend Altenburg und das Pleißenland. Markgraf Friedrich der Ernsthafte belehnte nämlich diesen mit dem Altenburger Burggrafenamt und gab ihm seine Tochter Mathilde zur Frau.

1356. Das Altenburger Stadtrecht ist durch Friedrich III. erneuert worden.

1367. Die größte von drei Glocken für das Innere des Schloßtores wurde gegossen und zierte einen der ältesten Teile des Schlosses.

1379. Friedrich der Strenge erläßt neue Verordnungen für die Stadt.

1390 wütete ein großer Brand in der Stadt.

1396. Am 15. Mai brannten über 800 Häuser in der Stadt nieder.

1399 wurde die Bergerklosterkirche erneuert.

Um 1400 begann der Bau der Kirche auf dem Schloß, welche dem hl. Georg geweiht ist.

1403. Am Pfingstsonntag, dem 3. Juni, brannte die halbe Stadt oberen Teils mit der Nikolaipfarrei.

1405-1408 entstand auf dem Burgberg ein Glockenturm.

1411. Am 31. August fand eine Länderteilung unter den Enkeln Friedrichs des Ernsten, Wilhelm der Reiche und Friedrich (1423 Kurfürst von Sachsen), statt. Altenburg kam dabei an Wilhelm den Reichen. Dieser nahm kurz darauf auf dem Altenburger Schloß seine Residenz. Er ließ sich kurz nach dem Antritt seiner Regierung am 20. Oktober diesen Jahres von den Abgeordneten der Städte eine anstatt der Steuern damals gewöhnliche Beisteuer bewilligen.

1412. Am 29. Mai erhob Wilhelm der Reiche mit diesem Geld und der Hilfe seines Bruders und Friedrich des Einfältigen die Kapelle „Zu Unserer Lieben Frauen“ und „St. Georg“ auf dem Altenburger Schloß zu einer Dom- und Stiftskirche. Diese wurde bereits am 13. Juni 1413 von Bischof Nicolaus von Merseburg eingeweiht und auf der Kirchenversammlung zu Costnitz am 24. August 1414 förmlich bestätigt. Das Personal dieses Kollegiatstiftes bestand am Anfang aus 12 Domherren und ebensoviel Vikaren. Der erste Probst wurde der Hofkaplan Wilhelms, Falco von Gladis, welchem auf Lebenszeit der Gründer des Stiftes jährlich 12 Fuder (Wagenlast) Holz aus der Leina verlieh. Auch in der Folgezeit sorgte Wilhelm II. für das Georgenstift, dessen Befreiungen und Begnadigungen sämtlich vom Kaiser Sigismund im Jahre 1420 bestätigt wurden. Das äußere Torhaus (Schloßtor) entstand.

Über den Schloßzwinger gelangt man zum Torhaus

1414. Altenburg bestimmte man zum Obergerichtshof der Stadt Crimmitschau.

1419 gewährte Markgraf Wilhelm II. der Residenzstadt Altenburg die Abhaltung eines freien Jahrmarktes von achttägiger Dauer in der vorletzten Woche vor Pfingsten auf drei Jahre.

3. Altenburg unter den Kurfürsten von Sachsen

1425. Am 30. März starb Markgraf Wilhelm II., genannt der Reiche, Landgraf von Thüringen, Markgraf zu Meißen und Pfalzgraf zu Sachsen, unvermählt auf dem Altenburger Schloß und wurde vor dem Altar des von ihm gegründeten Georgenstiftes beigesetzt. Er war der dritte Sohn des Markgrafen Friedrich des Strengen.
So erhielt Markgraf Wilhelm II., seinem Wunsche entsprechend, die Grabstätte in der von ihm gegründeten Kirche in der Mitte des Chores unmittelbar vor den Stufen des Hochaltars. Eine Tumba wurde über seiner Gruft aufgestellt. Die Deckplatte dieser Tumba trug die lebensgroße Figur des Markgrafen Wilhelm II., abgebildet in voller Rüstung, jedoch ohne Helm, mit dem Kopf auf einem Kissen ruhend, mit den Füßen auf einem Löwen stehend. Die stark verwitterte Platte trug folgende Umschrift:
Die palmarum a. domini MCCCCXXV obiit illustris princeps ac dns. dns. Wilhelmus marchio Misnensis.
Wahrscheinlich befand sich an jeder Ecke des Sarkophags ein Wappenschild in Erzguß, und eine fünfte Platte, ebenfalls aus Erzguß, muß sich auf der Vorderseite befunden haben. Die Wappen von Thüringen, Meißen, der Pfalzgrafschaft Thüringen sowie der Markgrafschaft Landsberg zierten die erstgenannten vier Erzgußplatten. Die fünfte Platte, welche sich am Fußende befand, trug folgende Inschrift (mit Auflösung der Abkürzungen):
Anno milleno C. quater vicesimo quinto collegii hujus fundator justicie et pacis amator Wilhelmus princeps illustris marchioque misnensis humatus loco isto. in requie requiescat in Christo.
Außerdem wurde noch eine steinerne Inschrift-Platte mit 40 lateinischen Versen auf dem Grabmal Markgraf Wilhelms in der Kirche angebracht, welche aber vom Zahn der Zeit wahrscheinlich so benagt worden war, daß diese schon vor langen Jahren entfernt wurde. Bei der Erneuerung und Verschönerung, besonders des Inneren der Schloßkirche, ist der Wortlaut dieser Platte durch Herzog Friedrich Wilhelm II. gerettet worden.
Dieser hatte nämlich im Jahre 1649 diese Grabschrift in Versen auf eine Holztafel, die 2,6 m hoch und 1,3 m breit ist, in Gold malen und oberhalb der Verse die nachstehenden Worte anbringen lassen:
Epitaphium
Dni. Wilhelmi March. Misnens.
Occasione aedis hujus pietate et sumtu Serenissemi
Principis ac Domini Dn. Friderici Wilhelmi Saxon.
Jul. Cliv. et Montium Ducis etc. renovatae ad exemplar
formae veteris reparatum et suo huic loco restitutum.
Anno O. R. MDCXLIX in Sept.
Diese genannte Inschrift-Steinplatte ist sicherlich an der Stelle eingesetzt gewesen, wo sich in heutiger Zeit die Gedenktafel aus Holz befindet, an der Wand links vom Altar.
Aber schon 60 Jahre nach ihrer Aufstellung wurde die Tumba des Markgrafen Wilhelm auf kurfürstliche Anweisung, zum größten Leidwesen der Domherren, von ihrem Platze entfernt.
An diesem Platz (in der Mitte des Chores vorm Altar) fand später die Gemahlin des Kurfürsten Friedrich des Sanftmütigen, Kurfürstin Margarethe, als sie am 12. Februar 1486 starb, ihre letzte Ruhestätte.

1425. Die Kunde vom baldigen Eintreffen der Hussiten ging herum, und so ließ Friedrich das Schloß in einen Verteidigungszustand versetzen.

1426. Am Sonntag, dem 16. Mai, verlor die Stadt hundert Mann und zehn Rüstwagen in der unglücklichen Schlacht bei

Aussig gegen die Hussiten, wo letztgenannte siegten. Den Gefallenen zum Gedächtnis wurde jährlich in den beiden Stadtkirchen eine feierliche Messe, die St. Veitsmesse, gehalten.

1427. Am 16. Mai brannte die halbe Stadt, unteren Teils, ab.

1428. Kurfürst Friedrich der Streitbare, der tapfer gegen die Hussiten kämpfte, starb am 4. Januar auf dem Altenburger Schloß. Begraben wurde er im Dom zu Meißen.
Im gleichen Jahr brannte die Nikolaikirche aus.

1430. Bereits im Jahre 1429 zogen die Hussiten in raschem Zuge durch die Lausitz auf Dresden, Riesa, Strehla, Belgern, Torgau bis in die Nähe von Magdeburg. Dann bogen sie, durch brandenburgisches Gebiet marschierend, wieder nach der Lausitz ab und kehrten Mitte November nach Prag zurück. Die Hussiten zogen nach einer einmonatigen Rast über die erzgebirgischen Pässe auf Dresden, Pirna und Meißen, dann über Oschatz, Mügeln zur Mulde. Am 6. Januar 1430 gingen sie bei Grimma über die Mulde, wandten sich in Richtung Leipzig und trafen am Donnerstag, dem 12. Januar, vor Altenburg ein. Hinter der Leiste (ein sich in Richtung Leipziger Straße ziehendes Gehölz) bezogen sie auf den Probsteifeldern, in der Nähe des Magdalenenstiftes, ihr Lager. Die mit großen Vorräten gefüllte Stadt fanden sie verlassen, da die Bewohner mit Weib und Kind in die benachbarten Städte oder in die dichten Wälder der Umgebung geflohen waren oder auf dem gut befestigten Schloß eine Zuflucht gefunden hatten. Am Tage nach ihrer Ankunft drangen sie in die Stadt ein, verwüsteten sie und plünderten hier ohne jede Störung. Es wurden kirchliche Geräte und Bilder, Kranke und Alte, die nicht mehr fliehen konnten, und, wie einige Geschichtsschreiber meldeten, auch neun Mönche auf Scheiterhaufen verbrannt. Ein Sturm auf das feste Schloß wurde abgewiesen oder gar nicht erst gewagt.
Die Hussiten zogen nach einem viertägigen Aufenthalt am 16. Januar früh wieder ab, sollen aber zuvor die Stadt „an allen vier Ecken" angezündet haben. Die Überlieferung, daß die Stadt mit Ausnahme der drei Klöster, des Johannitersitzes und eines einzigen großen Hauses vollständig niedergebrannt worden sei, ist sicherlich stark übertrieben. Die Zerstörung der Bartholomäikirche und des angrenzenden Viertels ist geschichtlich nachweisbar. Die Kirche mußte sich einer vollständigen Erneuerung unterziehen. Der Schaden muß aber dennoch sehr groß gewesen sein, denn noch im Rechnungsjahr 1467/68 stellte der Kurfürst Ernst der Stadt Altenburg 100 Stämme zum Wiederaufbau der im Hussitenkrieg zerstörten Häuser zur Verfügung.
Raubend zogen die Zerstörer von Altenburg über Schmölln hinauf ins Vogtland, dann wieder nach Franken und Bayern.
Erst am 21. Februar 1430 kehrten sie mit reicher Beute wieder nach Prag zurück.
Gewaltigen Eindruck hat der Hussitenzug auf unser Land gemacht. So lebt die Bezeichnung „Hussitengraben" noch heute im Volksmund fort.

1431. Nachdem Kurfürst Friedrich der Sanftmütige mit dem Landgrafen von Hessen eine Erbverbrüderung errichtet hatte, von der allerdings das Kurland Sachsen ausgeschlossen war, leistete am 17. November 1431 die Stadt Altenburg dem Landgrafen Ludwig von Hessen die Huldigung.
Am 3. Juni desselben Jahres fand in Leipzig die Vermählung des Kurfürsten Friedrich des Sanftmütigen mit der Erzherzogin Margarethe von Österreich, welche eine Wohltäterin der Stadt wurde, statt.

1433. Langandauernde Nässe und ein kalter Winter verursachten große Teuerung.

1437. Friedrich und Wilhelm teilten das Land, wobei Altenburg an Wilhelm kam.

1442. Altenburger Schützen und Schützenverein sind erstmals in den Altenburger Stadtrechnungen nachweisbar.

1444. Am 8. Januar vernichtete ein Schloßbrand den spätgotischen Chor der Schloßkirche und auch die Martinskirche sowie die Schloßschule unter dem Schlosse. Später ließ Kurfürst Friedrich der Sanftmütige die beschädigten Gebäude wieder herstellen.

1445. Am 10. September fand zwischen dem Kurfürst Friedrich und dem Herzog Wilhelm wieder eine Länderteilung statt. Diese Teilung gab Anlaß zu einem fünfjährigen unglückseligen „Bruderkrieg", wobei Altenburg mit dem Osterlande an den Kurfürsten fiel. Das Schloß wurde in einen Verteidigungszustand versetzt. Der Vertrag wurde am 26. August beschlossen und am 10. September in Kraft gesetzt.
Auch erlebte die Stadt mehrmals Einquartierungen und Truppendurchzüge.

1446 brach der fünfjährige Bruderkrieg aus.

1447 hatte Altenburg wieder mehrmals Einquartierungen.
Auch wurde die Stadtmauer ausgebessert. (Von der zum Teil bis zu 4 Meter hohen Stadtmauer sind heute nur noch geringe Reste sichtbar, wie zum Beispiel in der Kunstgasse, Langengasse und im Pohlhof hinter der Reichenbach-Schule. Auch sind in Altenburg bis in die heutige Zeit noch 2 Stadtmauertürme [auch Hussitentürme genannt] in der Kunstgasse und in der Langengasse erhalten geblieben.)

Zwei Hussitentürme (Kunstgasse und Langengasse) sind erhalten geblieben

1450. Am 6. Januar erfolgte durch Bischof Peter von Naumburg die Einweihung der Rathauskapelle. In ihr pflegten die Ratsherren vor Beginn der Sitzungen eine Messe zu hören.

1451. Helfrich von Meckau legte am 8. Juli einen Teil der Stadt im Bartholomäikirchspiel in Asche.

1452. Die Nikolaikirche erhielt zwei neue Glocken.

1455. In der Nacht vom 7. zum 8. Juli fand auf dem Altenburger Schloß der sächsische Prinzenraub statt.
Ritter Kunz von Kauffungen versuchte, seine Rechte und Forderungen gegen den Kurfürsten Friedrich den Sanftmütigen durchzusetzen, da er sich ungerecht behandelt fühlte. Aus Rache schmiedete er einen Plan zum Raub der beiden kurfürstlichen Prinzen.

Der spektakuläre sächsische Prinzenraub läßt viele Fragen offen

So stieg er nachts mit Helfershelfern über Strickleitern ins Schloß ein und raubte die beiden Söhne des Kurfürsten Friedrich des Sanftmütigen, den 14jährigen Prinzen Ernst und den 12jährigen Prinzen Albrecht.
Auf dem Weg nach Böhmen trennten sich die Wege der Entführer.

Kunz von Kauffungen wurde mit dem Prinzen Albrecht in der Nähe der Grenze von Köhlern überwältigt.
Nachdem Kurfürst Friedrich II. den anderen Entführern Begnadigung zugesichert hatte, lieferten sie den Prinzen Ernst aus. Die Prinzen wurden unversehrt ins Altenburger Schloß zurückgebracht. Kunz von Kauffungen wurde in Freiberg in einem kurzen Verfahren als Landesfriedensbrecher zum Tode verurteilt und am 14. Juli 1455 auf dem Freiberger Marktplatz mit dem Schwerte hingerichtet.

1459 wurde die von den Hussiten zum größten Teil zerstörte Bartholomäikirche wieder hergerichtet.

1460. Am 27. Mai, zwischen 3 und 4 Uhr nachmittags, kamen zwei große Gewitter. Die Hagel waren so groß wie Hühnereier und vernichteten einen großen Teil des Getreides in und um Altenburg.

1463 wurde die städtische Wasserleitung, die aus hohlem Rundholz bestand, eingerichtet.
Auch wütete die Pest in der Stadt.

1465 starben 1700 Menschen an der Pest.

1468. Die Kurfürstin Margarethe von Österreich ließ ein Kornhaus neben dem Prinzenpalais errichten. Sie beabsichtigte darin Getreidevorräte aufzuspeichern, damit davon die Teuerung der Hungersnot in der Stadt gesteuert werden konnte. Später wurde das Kornhaus zu einem Rüstboden für das Militär eingerichtet.

1470. Kurfürstin Margarethe ließ auf dem Brühl das Geleitshaus erbauen.
Das Altenburger Stadtrecht wurde noch einmal bestätigt, diesmal durch Kurfürst Ernst und Herzog Albrecht. Es mußte viel in ihm geändert werden.

1473. Der Herzogin Agnes von Sagan wurde eine Metallplatte gewidmet, die folgende Aufschrift trägt:
„Anno 1473 obiit illustris Domina Agnes Ducissa Slesial et de Sagan“ - daneben ein Adelswappen im Metall.

1474 erfolgte die erste urkundliche Erwähnung eines Theaterspieles in Altenburg. Auf dem Markt fanden durch eine herumziehende Gesellschaft auf einem Brettergerüst Passionsspiele statt.
Altenburg hatte etwa 2300 Einwohner.

1475. Am 16. Juli brannten 45 Häuser im unteren Teil der Stadt, die Häuser unter dem Berg (Berg- und Frauenfelsgasse) und vor dem Burgtor (Wallstraße, Keplerplatz, Unterm Schloß) nebst der Schloßschule ab. So blieben auch viele Häuser im Bartholomäikirchspiel vom Brand nicht verschont.

1479. Am 6. Oktober fand die Wiedereinweihung der Nikolaikirche durch Margarethe von Österreich statt.

1480 wurde die Margarethenkapelle fast ganz neu hergestellt. Sie befand sich nahe bei der Johannisgasse auf einem freien Platz.
Nach der Kapelle wurde die Gasse benannt, das Margarethengäßchen, welches vom Markt in die Johannisgasse (jetzt Johannisstraße) führt. Dort ist noch ein Teil des Mauerwerks dieser Kapelle an einem Hintergebäude zu erkennen. Diese ist von der Johannisstraße 48 aus erreichbar.

1482. Die erste gedruckte Landes- und Polizeiordnung erließen Kurfürst Ernst und Herzog Albrecht für das Kurfürstentum Sachsen.

1484 war ein großes Sterben im Osterlande.

1485 fand eine „Leipziger Landesteilung“ zwischen dem Kurfürsten Ernst und dem Herzog Albrecht statt, die bis dahin gemeinsam die wettinischen Lande beherrscht hatten. Dabei kam Altenburg an den Kurfürsten Ernst und blieb mit einer kurzen Unterbrechung bis zum Jahre 1918 in den Händen der Ernestiner.

1486 starb Kurfürstin Margarethe, eine Wohltäterin der Stadt, die Gemahlin Friedrichs des Sanftmütigen, auf dem hiesigen Schloß. Ihre letzte Ruhestätte fand sie vor dem Altar der St. Georgenstiftskirche (heutige Schloßkirche). Die Tumba (Überbau eines Grabes mit Grabplatte) des Markgrafen Wilhelm II. des Reichen ließ man anläßlich der Beisetzung der Kurfürstin Margarethe abbrechen und die fünf darauf befindlichen Erzgußplatten auf die rechtwinklige Sandsteinplatte der Gruft der Kurfürstin einsetzen. Die Steinplatte mit dem Bildnis des Markgrafen wurde in einer Nische links hinter den Altar aufgestellt, wo sie, von einer hölzernen beweglichen Tür bedeckt, noch steht. Die stark beschädigte Umschrift der Platte lautet: „Anno Domini 1425 obiit illustris Princeps ac Dominus, Dominus Wilhelmus Marchio Misnensis die palarum".

1487. Die erste Pflasterung des Hauptmarktes wurde durchgeführt.

1489. Wegen schlechten Verhaltens der Mönche wurde das hiesige Franziskanerkloster an der Westseite des Marktes visitiert.

1490 wurde die Kapelle des St. Jakobshospitals gestiftet.

1494 entstand vor dem Teichtor das St. Jakobshospital.

1501 erfolgte die Erweiterung der Brüderkirche in Richtung Johannisgraben.

1505 wurde die St. Jakobskapelle errichtet. Sie war die Beichtkirche des danebenstehenden Jakobshospitals.
Es starben 1494 Personen an der Pest. Sie wurden auf den Friedhöfen in großen Gruben bestattet. Die Stadt hatte nur noch wenige Einwohner.

1508. Die Hoch- und Niedergerichtsbarkeit erwarb die Stadt Altenburg vom sächsischen Kurfürsten für 2000 Gulden.

1511 brannte der Brauhof am Markt (Marktgasse/Ecke Markt) nebst den beiden nördlich anstoßenden Häusern und dem Rathaus (dem früheren Waagegebäude in der Sporenstraße).

1512 wurde der Fürstenkeller auf dem Brühl errichtet.

1516. Der Schloßbau, den Friedrich der Sanftmütige nach 1444 errichten ließ, brannte in diesem Jahre ab.

1518 begann die Errichtung eines Renaissanceschlosses auf dem westlichen Burgberg.

1519. Anfang Januar traf sich Martin Luther in Altenburg mit dem päpstlichen Kammerherren Karl von Miltitz. Die Unterredung soll im Hause von Georg Spalatin stattgefunden haben. Nach einem bedingten Schweigegelöbnis gingen beide in Freundschaft auseinander.

1520 brannten 20 Häuser in der unteren Stadt ab.

1521 war Luther auf seiner Reise nach Worms abermals in Altenburg, wo er im April in der Brüderkirche predigte.

1522 wurde die Reformation in der Stadt eingeführt. Im April kam Luther wieder hierher, als er in Zwickau die „Bilderstürmer-Bewegung" niederwerfen wollte. Er predigte am 28. April hier. Er war dem Stadtrat beim Aufsetzen einer Beschwerdeschrift an den Kurfürsten gegen das Bergerkloster behilflich und schickte Gabriel Didymus als ersten Geistlichen der neuen Lehre hierher. Da Didymus ohne einen kurfürstlichen Befehl nach Altenburg kam, wurde er wieder abberufen, und es trat an seine Stelle ... (1523)

... 1523, am 28. Januar Martin Luthers Studienfreund Dr. Wenzeslaus Linck, der Generalvikar des Augustinerordens.
Wenzeslaus Linck heiratete noch im gleichen Jahr eine Altenburgerin, eine Tochter des Rechtsgelehrten Suicer. Luther kam mit Bugenhagen, Lucas Cranach d.Ä., Justus Jonas und Phillip Melanchton am 14. April nach Altenburg und traute am folgenden Tag in der Bartholomäikirche das Paar.

1524. Vier Jahre, nachdem die Ratswaage in das Friesische Haus in der Sporen-

straße verlegt worden ist, vermietete die Stadt mehrere Räume dieses Gebäudes an den Drucker Gabriel Kantz, der dort die erste Offizin (Buchdruckerei) der Stadt eröffnete.
Der Altenburger Superintendent Georg Spalatin heiratete die Bürgerstochter des Altenburgers Streubel. Die Trauung nahm Martin Luther im Beisein von L. Cranach und P. Melanchton vor.

1525. Der Domherr M. Georg Spalatin beim St. Georgenstift kam als Oberpfarrer nach Altenburg. Wenzeslaus Linck ging nach Nürnberg. G. Spalatin ordnete mit Unterstützung von M. Luther das altenburgische Kirchenwesen. In diesem Jahr spielte auch die Stadt im Bauernkrieg eine große Rolle. Da jener Aufstand der Bauern besonders gegen die Geistlichkeit und den Adel gerichtet war, plünderten die Bauern bei ihrem Vordringen Richtung Altenburg das hiesige Bergerkloster und die Stiftshäuser unter dem Schloß, sie nahmen sich hauptsächlich die Keller der Domherren am Georgenstift vor, weil sich diese gegen das Brauprivileg der Stadt vergangen hatten. Kurfürst Johann der Beständige kam nach seinem Regierungsantritt nach Altenburg, um Gericht über die Aufrührer zu halten. Am 12. Juli diesen Jahres wurden vier fremde Rädelsführer mit dem Schwerte auf dem hiesigen Marktplatz hingerichtet.

1527 sowie 1555, 1562, 1572, 1662, 1673 und 1771 wurde der Nikolaiturm durch Blitzschläge beschädigt.

1528. Am 19. März besuchte Luther in Altenburg seinen Freund Georg Spalatin. Die erste Kirchenvisitation hielt Spalatin ab. Die Visitatoren tagten im ehemaligen Gasthof „Zum Roten Hirsch“, auf dessen Grund und Boden sich jetzt die Löwenapotheke, die älteste Apotheke Thüringens, befindet. Wegen Baufälligkeit mußte die Nikolaikirche geschlossen werden. Die Brüderkirche wurde dadurch zweite Stadtkirche.

1529. Johann der Standhafte hob mit Unterstützung seines Sohnes Johann Friedrich das Franziskanerkloster zu Altenburg auf. Er übergab es dem Altenburger Stadtrat als Wohnung für die Stadtgeistlichen und Schuldiener.
In die Gebäude des Franziskanerklosters wurde nun die Nikolaischule (gestiftet 1525) und die lateinische Bartholomäischule (gestiftet 1522) verlegt und zu einer Stadtschule vereint, welche bereits am 1. Februar 1529 ihre Pforten öffnete.
Der städtische Friedhof wurde angelegt und damit das Bestatten der Leichen auf den Kirchhöfen innerhalb der Stadt verboten.

1529-1901 diente der Nikolaiturm als Glockenturm für die alte Brüderkirche.

1530. Am 4. Mai weilte Luther mit Melanchton, Justus Jonas und Johann Agricola im Gefolge des Kurfürsten Johann des Beständigen in der Stadt. Kurfürst Johann war auf der Reise nach Augsburg, wo Luther nur bis Coburg reiste. Melanchton verfaßte die „Augsburger Confession“, welche am 25. Juni dem Reichstag zu Augsburg überreicht wurde. Auf der Rückreise von Coburg weilte Luther abermals im Gefolge des Kurfürsten und in Begleitung von Bugenhagen und Melanchton am 8. und 9. Oktober im Hause Georg Spalatins als Gast.
Am 9. Oktober predigte Luther in der Schloßkirche. Melanchton hingegen arbeitete hier an der Apologie (Verteidigungsschrift) der vom Reichstag verworfenen Confessio Augustana.
Die Martinskirche, welche sich unter dem Schloß befand, ist seit diesem Jahr nicht mehr in Benutzung.

1531. Man begann, die wegen Baufällig keit im Jahre 1528 geschlossene Nikolaikirche abzutragen.
Der Kurfürst Johann der Beständige stellte den Einwohnern Altenburgs 2200 Scheffel Korn für den halben Marktpreis aus seinen Magazinen zur Verfügung, da in diesem Jahr eine sehr große Teuerung herrschte.

1532. Am 16. August starb Kurfürst Johann der Beständige auf dem Schweinitzer Schloß. Begraben wurde er in der

Schloßkirche zu Wittenberg. Nach dessen Tode nahm kurz darauf Kurfürst Johann Friedrich der Großmütige auch in unserer Stadt die Huldigung entgegen.

1532/33 wurde die Malzmühle städtisch.

1533. Kurfürst Johann Friedrich ordnete die zweite große Kirchenvisitation an. In der Kommission waren von den Altenburgern der Superintendent M. Georg Spalatin, der bereits bei der ersten Visitation anwesend war, sowie der Altenburger Bürgermeister Michael Alber vertreten.
Zwei Klöster hatten sich bisher der Reformation widersetzt, und zwar das Berger- und das Nonnenkloster. Im St. Georgenstift auf dem Schloß hatten alle Domherren geheiratet, von den Vikaren nur einer. Sonst hatte sich nichts wesentliches verändert. Mit ein paar Ausnahmen hatten sich die Bewohner der neuen Lehre angeschlossen. Nachdem das St. Georgenstift aufgehoben wurde, führte man in der Schloßkirche den evangelischen Gottesdienst ein. Die Kirche hatte lange Zeit leer gestanden und sollte ursprünglich abgebrochen werden, doch auf Fürbitte der Stadt blieb sie stehen und erfuhr in diesem Jahre eine umfangreiche Erneuerung, bei der einige in der Kirche befindlichen Altäre entfernt wurden.
Auch führte man den großen und kleinen Katechismus Luthers ein.

1535. Die erste Altenburger Mädchenschule, frühere Knabenschule und Johannisschule, gründete der Altenburger Bildschnitzer Franz Geringswalde.

1537 erfolgte die förmliche Auflösung des St. Georgenstiftes auf dem Schloß. Im Februar und März weilte Luther in Altenburg.

1538 wurde die erste Wasserkunst in Altenburg am Kleinen Teich angelegt. Diese bestand zunächst aus einem einfachen Pumpwerk und entstand auf dem Grund und Boden einer alten Mühle, die dem Bergerkloster gehörte und nun Kunstmühle genannt wird.

1539 erfolgte die Aufhebung des deutschen Ordenshofes.

1541 erhielt der Kanzler Dr. Melchior von Ossa vom Kurfürsten Johann Friedrich den Frauenfels, auf dem sich die Agathenkapelle befand.

Auf dem Frauenfels befindet sich heute die gleichnamige Schule

Nach der Hochwasserflut begann der Wiederaufbau der Kupfermühle.

1542 erfolgte die förmliche Aufhebung des Marien-Magdalenen-Nonnenklosters in der Teichgasse (jetzt Teichstraße).

1542-1551 bebaute der kurfürstliche Kanzler Dr. Melchior von Ossa den Frauenfels und bestimmte ihn als Witwensitz für seine Frau.

1543. Unter Hinzuziehung der Landstände unternahm Johann Friedrich die Aufhebung des reichen Augustinerklosters auf dem Berge. Die sich noch darin befindlichen Mönche bekamen eine jährliche Rente. Der letzte Probst, der Altenburger Benedictus Bischof, bekam ein Haus in der Burgvorstadt, nämlich vom Burgtor aus das zweite Gebäude rechter Hand. Nach Auflösung des Klosters ließ der Kurfürst Johann Friedrich aus den Glocken Kanonen gießen.

1545 ging die unter dem Schloß befindliche Martinskirche nebst Schule gänzlich ein und die Gebäude wurden in Bürgerhäuser verwandelt.
Am 16. Januar starb Spalatin, der Freund Luthers. Er wurde vor dem Altar der Bartholomäikirche beigesetzt.
Luther war kurz vor seinem Tode zum letzten Mal in Altenburg.

4. Altenburg unter den Herzögen von Sachsen

1547. Am 16. April öffnete die Stadt Altenburg im Schmalkaldischen Krieg ihre Tore dem Herzog Moritz von Sachsen, der mit der Vollziehung der Reichsstadt an Kurfürst Johann Friedrich beauftragt worden war. Die Stadt blieb nun bis zum Jahre 1554 in den Händen der Albertiner.
Durch die hier einquartierten Truppen der sächsisch-albertinischen Eroberer wurde das Gebälk und die Innenausstattung der dreischiffigen, kreuzförmigen Pfeilerbasilika, der sogenannten „Roten Spitzen“, vernichtet.

1549 und 1790 fuhren Blitzschläge in den Turm des Johannistores.

1552 soll das Teichtor neu errichtet worden sein. Die Erwähnung des Tores fällt in das Jahr 1340.

1554 kam Altenburg durch den Naumburger Vertrag wieder an den Kurfürsten Johann Friedrich zurück.

1557 erfolgte auf dem Schießanger an der Schmöllnschen Landstraße der Bau einer Windmühle.

1559. Die bereits erwähnte Kupfermühle besaß kein Hammerwerk mehr, sondern nur noch drei Mahlgänge.

1561 richtete man die „Flasche“ auf dem oberen Schloßhof zu zwei Gefängnissen ein. Die „Flasche“ bekam eine hölzerne, mit Schiefer bedeckte Haube, die sie heute noch besitzt.
Die Brüderkirche erhielt eine zierliche Kanzel, die bis 1684 bestand und dann durch eine neue ersetzt wurde.

1562 erfolgte der gänzliche Abbruch der Nikolaikirche. Die Steine wurden teilweise beim Bau des Rathauses verwendet.

1563-1564 wurde nach Plänen des Weimarer Hofbaumeisters Nikolaus Grohmann das Rathaus erbaut, welches sich auf der Nordseite des Marktes befindet.

Das Altenburger Rathaus zählt zu den bedeutendsten Bauwerken der deutschen Renaissance

Kaspar Böschel aus Chemnitz übernahm die Bauleitung dieses bedeutendsten Profanbauwerkes der deutschen Renaissance. Baubeginn war am 27. Juni 1563 und Bauende am 15. Mai 1564. Im Jahre 1570 wurde die Inneneinrichtung fertiggestellt. Das Rathaus hat einen annähernd quadratischen Grundriß. In der Mitte wird die Hauptfassade durch einem achteckigen Treppenturm (Höhe: 46,3 m) gegliedert. Dieser sitzt auf einem vorspringenden, rechteckigen Sockelgeschoß auf. Das Rathaus besitzt ein Zeltdach und zweigeschossige runde Übereckerker, mit Welchen-Hauben besetzt. Diese Erker sind mit plastischem Schmuck reich verziert. Auf jedem Erker sind fürstliche Halbfiguren zu sehen.
Der Glockenturm (Nikolaiturm) neben der Nikolaikirche brannte aus.

1569. Am 25. Februar starb hier die Prinzessin Sibylle Marie (geboren am 7. November 1563 zu Weimar), die Tochter des Herzogs Johann Wilhelm, und wurde in Weimar beigesetzt.

1572 brannten in der Hillgasse viele Häuser ab.
Der Wiederaufbau der alten Mädchenschule begann.

1573 starb Herzog Johann Wilhelm auf dem Schloß.

1577. Die erste städtische Hochzeitsordnung trat in Kraft.

1578 legte man den Hospitalteich beim Hohen Hospital, am kleinen Anger, zum Feuerlöschen an. Auch war der Bau der Wasserkunst am Kleinen Teich notwendig.

Der Hospitalteich befand sich auf dem heutigen Hospitalplatz

1581 erließ die Stadt die erste Begräbnisordnung.

1588. Am 4. Dezember zerstörte ein Blitz den nördlichen Turm und die dreischiffige, kreuzförmige Pfeilerbasilika der hiesigen Bergerklosterkirche (Rote Spitzen). Nach 22 Stunden stürzte der Nordturm zur Hälfte ein. Seit dieser Zeit war die Bergerklosterkirche Ruine. Nur der Nordturm, dessen Unterbau zum Teil aus gebrannten Ziegeln besteht, wurde wieder hergestellt.
Mehrmals trafen Blitzschläge den Turm der Brüderkirche.

1589-1592 wurde unter Herzog Johann der große nach der Stadt gerichtete Altan vor der Schloßkirche errichtet. Die Kosten dieses ansehnlichen Baues sollen nur 2938 Gulden betragen haben.

1590 sowie 1644, 1704, 1732, 1782 und 1810 trafen Blitze den Turm der Bartholomäikirche. Es brannten auch in der Schmöllnschen Straße viele Häuser ab.

1592 wurde der Nordflügel des Altenburger Schlosses, der im Volksmund „Junkerei" genannt wird, im Stil der Spätrenaissance erbaut. Dieses zweigeschossige Gebäude schließt am Mantelturm (Flasche) an. Ursprünglich als Marstall genutzt, erfolgte um 1740 der Ausbau von Zimmern für Junker und Kavaliere. Aus dieser Zeit stammt der Name „Junkerei".

1593. Der größte Teil der Leiste (ein von der Peniger Straße nach der Leipziger Straße sich hinziehendes Gehölz) wurde abgeholzt und damit der Anfang zur Anlage eines Schloßgartens im italienischen Renaissancestil geschaffen.
Herzog Johann ließ eine Schloßwasserkunst am nordwestlichen Fuße des Schloßberges anlegen.

1594. Am 24. August brannten 20 Häuser am Brühl.

1595 entstand in der Schloßkirche die Kanzel neu, die eine Herkules-Figur trägt und reich mit Reliefs, Fratzen, Masken, Wappentieren u. Vögeln verziert ist.

1597/98 erfolgte die Schlämmung des Großen Teiches.

1598 erfolgte der Abriß der Margarethenkapelle im Margarethengäßchen. Nur der Giebel ist bis in die heutige Zeit erhalten geblieben.

1599. Am 14. August brannten 10 Häuser auf dem Brühl, das Pauritzer Tor sowie zwei Scheunen in der Vorstadt.

In der Schloßkirche wurde die Orgel erneuert.

1601. Der Gottesacker erfuhr eine Erweiterung nach der Westseite.
Herzog Ernst (der Fromme), ein Sohn Herzog Johanns, wurde am 25. Dezember im hiesigen Schloß geboren.

5. Altenburg unter dem alten Fürstenhause Sachsen-Altenburg
(Erste Altenburger Dynastie)

1603, 13. November, bis 1672 war Altenburg die Haupt- und Residenzstadt eines selbständigen Herzogtums.

1605-1609. Das Renaissanceschloß erfuhr Erweiterungen und Umbauten.

1606. Am 26. Mai wurde der Grundstein für den Bau gelegt, der an die Schloßkirche anschließt. Dieser vierstöckige Bau ist 1609 vollendet worden.

1606-1609 entstand auf dem großen Schloßhof der Neptunbrunnen durch den Bildhauer Heinrich Honfelder aus Leipzig. Den Brunnenstock schmücken Gestalten aus der antiken Meeresmythologie. Die mit vier Tritonen, Fischen und Krebsen kunstvoll ausgestattete Sandsteinsäule, an deren Schaft Fratzen als Wasserspeier sitzen, trägt auf einer Deckplatte die Figur des Meeresgottes Neptun, der mit seinem Dreizack hochaufgerichtet auf seinem zweiköpfigen Seepferd reitet.

Der Neptunbrunnen ist alljährlich Anziehungspunkt für Touristen

1609 ließ die Herzogin Anna Maria zwei der drei Glocken vom inneren Schloßtor in Erfurt gießen. Der Turmaufsatz und die Haube des Nikolaiturmes erhielten von Wulf Rieth seine heutige Gestalt.

1614 erfolgte der Bau des Hohlschen Brauhauses in der Kronengasse.

1615/16 wurde am Südturm der Roten Spitzen die vordere Seite zur Stadt neu gedeckt.

1616. Am 29. März wurde durch den Schieferdecker Caspar Meyern der Knopf auf den Südturm der Roten Spitzen aufgesetzt.

1618. Die Spitze des nördlichen Turmes der „Roten Spitzen“ erhielt ihre jetzige Gestalt.
Die Turmspitze bekam eine geschweifte Haube, die sie heute noch besitzt. Wahrscheinlich ist auch die Bedeckung des südlichen Turmes nicht die ursprüngliche, sondern sie hatten wohl beide steinerne Spitzen als Bedeckung. Der sie verbindende Zwischenbau ist zwar alt, hat aber bis zu seiner jetzigen Gestalt viele Veränderungen durchlebt.
Beginn des Dreißigjährigen Krieges.

1622. Altenburg hatte in diesem Jahr die erste Einquartierung im Dreißigjährigen Krieg (1618-1648). Die ungeheure Teuerung war viel schlimmer als die Einquartierungen. Altenburg erlebte die erste Inflation. Stadt und Land waren mit minderwertigem Geld überschwemmt. Der Herzog ließ dadurch sämtliche Münzstätten des Landes schließen und schuf eine feste Währung. Die Preise gingen langsam zurück.

1625 sowie 1627, 1661, 1667, 1755 und 1868 wurden verschiedene Teile des Schlosses durch Blitzschläge vernichtet.

1628 waren kaiserliche Truppen in der Stadt einquartiert.

1629, Dezember, bis 1630, April, lagen im Amt Altenburg acht Kompanien kaiserlicher Soldaten.

1630. Kaiserliche Soldaten kamen am 3. Mai in die Stadt und stritten sich mit den Altenburger Handwerksburschen. Die Soldaten wurden mit Steinen beworfen und aus der Stadt gejagt.
Die Pest forderte, als sie im August in der Stadt wütete, 164 Opfer.
Die hundertjährige Wiederkehr des Tages, an dem die Augsburgische Konfession überreicht wurde, feierte man am Ende des Monats Juni drei Tage lang in Altenburgs Schulen und Kirchen.

1631. Am 7. September wurde der kaiserliche Feldherr Tilly von dem Schwedenkönig Gustav Adolf bei Breitenfeld geschlagen. Die geschlagenen, flüchtenden Truppen zogen durch Altenburg. Einen Tag nach der Schlacht wurde dieser Sieg der protestantischen Sache durch ein Sieges- und Dankfest gefeiert.
Auch begann der Neubau des Pohlhofes auf alten Resten. Der Pohlhof war ein um 1300 erwähntes Freihaus und ehemaliges Rittergut mit eigener Gerichtsbarkeit und lag innerhalb der Stadtmauer. Die Frontseite des neuen Gebäudes besitzt einen treppenartigen Ziergiebel aus Backstein. Der Pohlhof unterstand unmittelbar dem Landesherren und war von allen städtischen Lasten und Abgaben befreit.

1632 war eines der schlimmsten Jahre, die die Stadt im Dreißigjährigen Krieg erlebte.
So lagen vom 26. bis 28. Juni vor Altenburg ca. 12000 Schweden unter dem Befehl des Herzogs Wilhelm von Weimar und mußten von der Stadt verpflegt werden. Die Kavallerie nahm ihr Quartier in den Dörfern bei Altenburg und die Infanterie auf der Hellwiese. Kaiserliche Truppen unter dem Befehl des Feldherrn Oberst Coloredo nahmen in der Nacht vom 28. zum 29. September in der Stadt Quartier. Oberst Coloredo forderte von der Stadt 10000 Taler und für die kaiserliche Artillerie 100 Pferde. Bevor die Truppen am 30. September weiterzogen, plünderten sie in der Stadt und in den Vororten.
Am 16. Oktober kamen 200 wallensteinische Dragoner (leichte Reiter) hierher und besetzten das hiesige Schloß. Feldmarschall Wallenstein kam einen Tag später und quartierte sich in dem auf dem Markt befindlichen Backsteinhaus (dem früheren „Schwarzen Bär“) ein.
Er verlangte von der Stadt eine Brandschatzung von 22000 Gulden, bekam aber nur 6000 Gulden meißnischer Währung.
Die Truppen unter Wallenstein plünderten einige Häuser nebst dem hiesigen Schloß und brachten die Beute wagenweise fort.

Herzog Johann Philipp zu Sachsen-Altenburg flüchtete zuvor mit seiner Gemahlin und den Hofleuten nach Dresden.
Am 27. Oktober brannten zwei Scheunen im Schloßvorwerk.
Erst Anfang November zogen die kaiserlichen Truppen ab. Bis 12. November kamen nach der Schlacht bei Lützen zurückkehrende Truppen durch Altenburg. Wallenstein wurde vom Heer unter Gustav Adolf bei Lützen geschlagen. Herzog Bernhard von Weimar, der nach dem Tode Gustav Adolfs den Oberbefehl über die Schweden übernahm, schlug am 27. November hier mit einem Teil seiner schwedischen Armee sein Hauptquartier auf und ließ sich im Milkischen Hause in der Sporengasse und sein Bruder im Försterschen Hause auf dem Kornmarkt nieder. Die Schweden zogen nach einem fünfwöchigen Aufenthalt in und um Altenburg in Richtung Weida ab.
Sie hinterließen der Stadt eine Seuche, die sogenannte „schwedische Krankheit", an der zahlreiche Menschen starben.

1633. Am 7. Januar hatte der schwedische Reichskanzler Orenstierna mit dem Herzog Johann Philipp auf dem Schloß eine Zusammenkunft, bei der sie die neugeschaffene politische Lage besprachen. Am 12. Januar verließen darauf die Schweden die Stadt und das Amt Altenburg, in der sie fürchterlich wüteten, und der verarmten und verödeten Stadt die Pest zurückließen, welche vom Juni bis Dezember 2104 Opfer - nicht mitgezählt die fremden Soldaten - forderte.
Am 7. August überfielen die Stadt vier kaiserliche Regimenter, die 11 Tage lang plünderten und mordeten.
Der kaiserliche General Holcke hauste am 16. August mit seinen Truppen furchtbar in der traurigen Stadt.
Altenburg glich einem Friedhof. Die herzogliche Familie floh nach Schleusingen, viele Altenburger Bewohner suchten sich in der näheren Umgebung eine sichere Zufluchtsstätte.
So war das Jahr 1633 das schlimmste des ganzen Krieges, das die Stadt erlebte.

1634. Am 16. Oktober marschierten 400 Kroaten unter Oberst Tischler in der Stadt ein. Sie brandschatzten, plünderten und räumten schließlich die Rüst- und Silberkammer auf dem Schloß vollends aus.
Im Dezember bezog eine kursächsische Armee hier Winterquartiere, ohne Rücksicht auf die überall herrschende Not.

1635. In der Hoffnung, die in seinem Lande herrschende Not zu lindern, trat Herzog Johann Philipp zu Sachsen-Altenburg dem Separatfrieden bei, den der Kurfürst von Sachsen mit dem Kaiser Ferdinand II. am 20. Mai 1634 zu Prag geschlossen hatte.

1635/36. Der Große Teich wurde erneut entschlämmt.

1636. Am 24. Oktober vermählte sich Herzog Ernst der Fromme mit der Prinzessin Elisabeth Sophie, der einzigen Tochter des Herzogs Johann Philipp von Sachsen- Altenburg.
In diesem Jahr erbaute Iusua Ibach in der Schloßkirche eine Orgel.

1637. Im Januar kam der schwedische Oberst Wittenberger in die Stadt und befahl den Einwohnern Altenburgs, Bier und Viktualien ins Lager bei Leipzig zu liefern.
Eine Brandschatzung von 4500 Rthlr. mußte die Stadt dem schwedischen General Banner und dem Oberst Wittenberger erstatten.
Am 7. Mai raubten die kaiserlichen Soldaten viel Vieh.
Am 17. Mai brach ein Feuer in der Johannisgasse (jetzt Johannisstraße) aus und vernichtete zwei Malz- und Brauhäuser, zwei Scheunen und einige Ställe.

1638. Am 18. September vermählte sich der Bruder des Herzogs Johann Philipp von Sachsen-Altenburg, Herzog Friedrich Wilhelm II., mit der Tochter des Markgrafen Christian von Brandenburg, der Prinzessin Sophie Elisabeth, auf dem Altenburger Schloß.
Der Nikolaiturm erhielt eine Stundenglocke.

1639. Die in der Stadt seit Februar befindliche schwedische Besatzung unter Oberst Duval wurde am 21. März von dem kursächsischen Oberstleutnant von Rohrscheid, der aus Richtung Leipzig kam, überfallen und Oberst Duval im Deutschen Hof mit mehreren Offizieren von obigem gefangen genommen. Auf diese Nachricht hin kamen die Schweden, die auf dem Lande Quartier bezogen hatten, in die Stadt, um die kursächsischen Soldaten aus dieser zu vertreiben. Der kursächsische Oberstleutnant von Rohrscheid zog mit seiner Besatzung und reicher Beute nach Leipzig zurück.
Da die Schweden Verrat bei dem genannten Überfall vermuteten, befahl am 25. März der schwedische Feldmarschall Torstenson drei Regimentern, die Stadt vollkommen auszuplündern und dem Erdboden gleichzumachen. Die gefangenen schwedischen Offiziere schworen, daß die Altenburger Bewohner und der Fürst von diesem Überfall der kursächsischen Soldaten nichts gewußt hätten, worauf der Feldmarschall Torstenson seinen Befehl zurücknahm und die Stadt vor solchem Unglück bewahrt blieb. Altenburg mußte an die Schweden 18000 Taler zahlen. Ende März verließ die schwedische Besatzung die Stadt.
Altenburg mußte im August 6000 Mann beim Durchmarsch durch die Stadt verpflegen.
Am 1. April starb Herzog Johann Philipp nach einer schweren Krankheit im Alter von 42 Jahren.
Kurze Zeit darauf, am 12. Juni, nahm Herzog Wilhelm II. von den Landständen des Herzogtums Altenburg die Erbhuldigung entgegen. Dieser war nun der alleinige Regent des Altenburger Landes.
In Gegenwart der hohen Landesherrschaft wurde am 28. August vom damaligen Bürgermeister Johann Christoph Richter der Grundstein für die Gottesackerkirche gelegt. Die Rede hielt der Generalsuperintendent Dr. Hunius. In den Grundstein wurde eine Metalltafel mit sechs darauf gestochenen Namen eingelegt:
„Seine herzogliche Durchlaucht Friedrich Wilhelm II., Herzog zu Sachsen-Altenburg, 1639-1669; Dr. Bernhard Bertram, geheimer Rat und Kanzler; als Bauverordnete Herr Johann Christoph Richter, Bürgermeister; Herr David Faber, Stadtvogt; Herr Jacob Meise, Kämmerer; Herr Ernst Böttger, Geschoßherr".

Städtische Prominenz war bei der Grundsteinlegung der Gottesackerkirche anwesend

1640. Viele Landbewohner flüchteten vor dem schwedischen General Bauer nach der Stadt Altenburg. Schließlich mußte die Stadt am 12. November dem schwedischen Generalmajor von Pfuel 2000 Taler an Kontribution zahlen.

Um 1640 legte man die steile Schloßauffahrt auf der südlichen Seite des Gebäudekomplexes an.

1641. General Bauer schlug hier sein Hauptquartier auf.

1642 ließen sich kaiserliche und bayerische Truppen unter General Wahl 15 Wochen lang von der Stadt verpflegen.

1644. Im September brannten 10 Häuser am Brühl.

1645 bezog der schwedische Feldmarschall Torstenson mit seiner Truppe in Altenburg Winterquartiere.
In der Schloßkirche wurden die Emporen mit dem Fürstenstuhl an der West-

seite der Kirche, der Altar und die beiden Betstühle im Altarraum eingebaut.

1646. Am 14. April brannten 6 Häuser und 4 Scheunen vor dem Burgtor.

1648. Anfang September zog durch das Amt Altenburg zum letzten Mal eine größere Truppe Schweden.
Blitzschläge trafen die Jakobskirche.

1650. Die Kirche zur Auferstehung Christi, die Gottesackerkirche, wurde am 28. August eingeweiht.

1651. Am 21. Juli ist das Türmchen auf der Gottesackerkirche gerichtet und am 1. September der Knopf und die Fahne aufgesetzt worden.

1656 erhielt die Brüderkirche einen neuen Altar, welchen am 27. Juli die Fürstin Magdalena Sybilla stiftete. Die Geschichte des vorhergehenden Altars ging bis ca. 1230 zurück.

1659. Am 21. Februar stürzte der von einem Blitzschlag 1644 getroffene nördliche Bartholomäikirchturm ein.
Nach dem Einsturz des Turmes soll später in der Nähe der Glockengasse eine der herabgestürzten Glocken gefunden worden sein.
Die Gottesackerkirche wurde vollendet.

1660 wurde auch der andere Turm der St. Bartholomäikirche abgetragen und der Grundstein für den jetzt noch stehenden Kirchturm gelegt. Dieser mächtige Barockturm, der unter der Leitung des Hofbaumeisters Christoph Richter entstand, konnte im Jahre 1668 vollendet werden.

1663. Unter dem Schiff der Schloßkirche wurde unter der Regierung Friedrich Wilhelm II. die Fürstengruft eingebaut.
Am 5. Juni fand die Beisetzung von Prinz Christian, welcher der erste Sohn Friedrich Wilhelm II. war, in der Fürstengruft statt. Prinz Christian war am 27. Februar 1654 geboren und starb schließlich an den Masern.
Der Gasthof „Das Scheckental" erhielt seine Schankgerechtigkeit.

1665 entstand beim Marstall ein Gebäude als Witwensitz für die damalige Herzogin Magdelene Sibylle von Sachsen- Altenburg. Dieses Gebäude diente später als Kornhaus, da die Herzogin vor dem Herzog starb (jetzt Magdalenenstift).

1666 wurden in der Fürstengruft der Schloßkirche, in der oberen Nische, der Oberhofmarschall von Harstall und seine vor ihm verstorbene Gemahlin, geborene von Metzsch, beigesetzt.

1669/70. In einem Teil des Gebäudes der Roten Spitzen erfolgte der Ausbau und die Einrichtung eines Armen- und Waisenhauses.
Die Einweihung fand 1671 statt. 20 bis 30 arme Kinder wurden unter der Aufsicht eines Waisenvaters und seiner Frau verpflegt.

1671 erfolgte eine weitere Schlämmung des Großen Teiches in Altenburg.

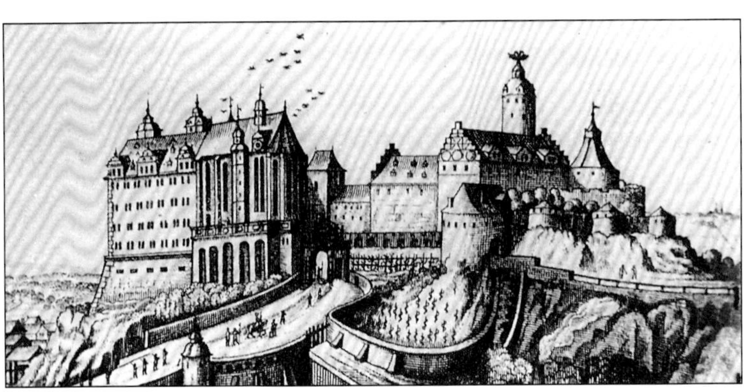

Das Schloß und die Auffahrt nach 1600

6. Altenburg unter den Herzögen von Sachsen-Gotha-Altenburg

1672. Am 14. April. Mit dem Tode von Friedrich Wilhelm III. zu Sachsen-Altenburg erlosch die älteste Linie Sachsen-Altenburg. Das Land fiel nun an Herzog Ernst den Frommen von Sachsen-Gotha.

1673. Am 14. Juli fand die Ersterwähnung des Gasthofes „Zum Goldenen Löwen" in der Pauritzer Gasse statt.

1673 und 1679 brannten in der Teichstraße Häuser ab.

1679 erteilte man für ein Gartenhaus in Unterpauritz die Schankgerechtigkeit, welches unter dem Namen Kamprat in die Überlieferung einging.

1683-1688 wurden unter der Regierung Friedrich I. die beiden Stadtkirchen zu Altenburg durchgängig erneuert.

1684. Am 19. Juli wurde die größere Glocke (Durchmesser 1,65 m) des Nikolaiturmes gegossen. Diese schmolz man im 1. Weltkrieg ein. (Die kleinere Glocke stammte aus dem Jahre 1452.)

1686. Am 16. September heiratete Dr. Johann Andreas Eysenbarth in der Brüderkirche.

1690 zählte die Stadt Altenburg 4942 Einwohner.

1691. Am 16. Juni brannten zwei Häuser auf dem Weibermarkt.

1695. Die Stadt bekam eine neue Marktordnung. In ihr waren Bestimmungen festgelegt, die die Ein- und Ausfuhr, den Ein- und Verkauf von Getreide, Holzwaren und vielem anderen mehr an den Markttagen regelten.

1702-1712 wurde von Herzog Friedrich II. im Schloßgarten ein Blumengarten mit Pavillon, die Orangerie, ein Opernhaus sowie ein Teehaus errichtet und der Schloßgarten im französischen Barockstil angelegt.

Teehaus mit Orangerie im Schloßpark

1703. Herzog Friedrich II. von Sachsen-Gotha-Altenburg stationierte hier das „Erbprinzen-Regiment", welches aus 12 Kompanien Infanterie bestand.

1704. Am 22. September beraubten Unbekannte die Schloßkirche.
In der Sporengasse brannten Häuser ab.

1705. Der Witwensitz der verstorbenen Herzogin Magdalene Sibylle wurde zu einem freiadligen Magdalenenstift eingerichtet. In ihr erzogen Stiftsdamen die Töchter adliger Familien.
Vor dem Johannistor enstand der Gasthof „Pelikan". Heute befindet sich an dieser Stelle das Volkshaus „Goldener Pflug".

1706 begann der Neubau der Schloßwasserkunst (auch Hofwasserkunst) unter Herzog Friedrich II. Die Wasserkunst wurde mit einem größeren Wasserrad ausgestattet und speicherte die Bassins des Schloßgartens.
Am 17. November zog der schwedische Oberst Björnschild mit 1500 Mann durch die Stadt.

1706/07. Schlämmung des Großen Teiches.

1706-1744. Das Altenburger Schloß erhielt seine heutige Gestalt durch die beiden Herzöge Friedrich II. und Friedrich III.

1708. Im Rathaus wurde eine Bühne für Theateraufführungen errichtet.

1712 fand der Umbau des Ballspielhauses zum Schloßgartentheater statt.

1713. Die fürstliche Stadt- und Landschule wurde zum Gymnasium erhoben.

1714. Am 18. November erhielt die hiesige Garnison die Gottesackerkirche als Garnisonskirche zu ihrem Gottesdienst.

1717. Eine Zucht- und Irrenversorgungsanstalt wurde in den „Roten Spitzen" eingerichtet und das darin befindliche Armen- und Waisenhaus erneuert.
Am 30. August erfolgte durch das Herzogliche Amt die Aufstellung eines neuen Galgens auf dem Markt.

1718 ließ Herzog Friedrich II. ein Prinzenpalais auf dem Schloßhof als Wohnung für den Schloßhauptmann erbauen, das im Jahre 1826 für den Prinzen Georg eingerichtet und später durch den Prinzen Moritz bewohnt wurde. Der Bau einer Wachstube auf dem Schloß für die Schloßwache begann.
Im Januar stahlen Unbekannte bei einem Einbruch in die Gottesackerkirche die Altarbekleidung.

1722. Die künstlich angelegte Insel auf dem Großen Teich wurde erstmals als vorhanden bezeichnet. Es ist nicht ausgeschlossen, daß man den Schlamm der Schlämmung von 1706/07 zur Anlegung der Insel genutzt hatte.

1724. Auf dem Brühl wurde von Ratsbaumeister Johann Georg Hellbrunn für den Generalfeldmarschall Reichsgraf Friedrich Heinrich v. Seckendorff das Seckendorffsche Palais im Barockstil erbaut.
Im Giebeldreieck befinden sich aus Rochlitzer Porphyr zahlreiche Waffen, Kugeln, Kanonen, Fahnen sowie Kesselpauken, die auf den kriegerischen Beruf von Seckendorffs hinweisen.

Seckendorffsches Palais

1724-1744 wurde das Residenzschloß im barocken Stil erweitert und neu ausgestattet und die jetzt noch bestehende bequeme Schloßauffahrt angelegt.

1725. Am 9. Juni entzündete Flugfeuer das Amtshaus und 15 Häuser in der Burgstraße sowie 2 Häuser auf der Neuen Sorge, wobei ein großer Teil des Amtsarchives Opfer der Flammen wurde. Der Ratsbaumeister Hellbrunn erbaute anstelle des zerstörten Amtshauses ein Landschaftshaus.

1727. Am 6. August. Mit viel Feierlichkeit erfolgte die Grundsteinlegung eines neuen Gymnasialgebäudes am Franziskanerkloster. Die Erbauung dieses Gebäudes, welches 1729 vollendet wurde, kostete 5000 Mark.
Seit diesem Jahr gelangte der Insel-Besucher über eine hölzerne Brücke zum „schönsten Fleckchen Erde".

1728. Am 30. Juni brannten in der Baderei, auf dem Markt und auf der nördlichen Seite des Kornmarktes insgesamt 49 Häuser, 4 Brauhöfe, die Fronfeste und die halben Fleischbänke sowie Ställe vor dem Schloß ab.

1728-1778 und 1843-1864 wurde im Schloßgarten das höfische Theater bespielt.

1729. Am 17. September fand die Vermählung des Erbprinzen Friedrich mit der Prinzessin Louise Dorothea von Sachsen-Meiningen, einer Tochter Herzog Ernst Ludwigs, statt.

1730, 25.-27. Juni. Anläßlich der 200jährigen Wiederkehr des Tages, an dem die Augsburgische Konfession überreicht wurde, fanden in Altenburg Feierlichkeiten statt.
Am 17. Juli war Friedrich Wilhelm I. von Preußen und dessen Sohn, der spätere Friedrich der Große, zu Gast beim Herzog Friedrich II.
Die auf dem Großen Teich befindliche Insel erhielt einen Pavillon.

1730/31. Der altenburgische Landesbaumeister Gottfried Samuel Vater, der verantwortlich für den Neu- und Umbau des Altenburger Schlosses war, ließ das Schönhaus im Schloßgarten errichten.
Unter Herzog Friedrich II. begann der Bau des Großen Saales im Schloß.

Bild oben: Schönhaus im Schloßgarten, von dem heute nur noch eine Ruine steht

Bild unten: Ein Teil des Inneren vom Schönhaus

1732. Am 23. März starb Herzog Friedrich II. auf dem hiesigen Schloß und wurde am 31. März nach Gotha überführt.
Vom 10. bis 13. Juni waren 2300 Salzburger Emigranten mehrere Tage in der Stadt, die ihres evangelischen Glaubens wegen aus ihrem Vaterland vertrieben wurden. Sie mußten nach Ostpreußen (Litauen), weil sie der König Friedrich Wilhelm I. von Preußen nach dort gerufen hatte. Sie wurden von den Bewohnern Altenburgs auf das herzlichste empfangen, beherbergt, beköstigt und gekleidet. Jeder Salzburger erhielt vom hiesigen Stadtrat beim Weggang als Geschenk 21 gute Groschen als Wegzehrung.

1733. Durch einen Vertrag vom 27. Juni 1733 verpflichtete sich Herzog Friedrich III. von Gotha-Altenburg dem Kaiser Karl VI. gegenüber, diesen drei Regimenter Truppen von Gotha und Altenburg für seinen Feldzug gegen Frankreich zu stellen. In der Stadt sollten 800 Mann Fußvolk und 200 Reiter stationiert werden.

1734 erhielt die Stadt Altenburg ihre erste Straßenbeleuchtung, die aus Öllaternen bestand.

1735-1738 ließ Herzog Friedrich III. vom Hoforgelbaumeister Heinrich Gottfried Trost die jetzt noch in der Schloßkirche befindliche Orgel erbauen.

1737 wurde die Trostorgel durch Gottfried Silbermann besichtigt und begutachtet.

1739. Johann Sebastian Bach und Johann Adolf Scheibe spielten nach einer Besichtigung auf der Trostorgel.
Die Orgel weihten Gottfried Heinrich Stölzel und Johann Gottfried Golde.

1740 verkleinerte man den Großen Teich, er erhielt seine heutige Form durch die Aufschüttung des Wäldchens.

1742 wurde die Freimaurerloge, eine der ältesten in Deutschland, im Johannisgraben von den Freiherren Johann August von Echt (preußischer Kammerherr und Prälat), Ludwig Heinrich Bachoff von Echt (dänischer Geheimrat) und Kanzler Albrecht Anton von Rüxleben (Konsistorialpräsident, Geheimrat und Kanzler) gegründet.

1744 vollzog sich unter der Regierung Herzog Friedrich III. der Ausbau und die Verschönerung des Altenburger Schlosses, namentlich die Verzierung der Außenseiten und die Malerei des Großen Saales. Die Deckengemälde stammen vom Hofmaler Ritter. Durch den Baumeister Samuel Gottfried Vater wurde der Bau des Altenburger Schlosses in seiner heutigen Gestalt beendet.
Ein Blitz beschädigte den Turm der Brüderkirche.

1745. Das innere Johannistor entstand neu.

1749 wurde das Wachhaus des Schmöllnschen Tores zu einem Stockhaus für Soldaten eingerichtet.
Die adligen Frauen bekamen unter der herzoglichen Kapelle besondere Stühle angefertigt.

1754 fand die Eröffnung eines Frühjahresroßmarktes statt.
Prinz Moritz von Sachsen-Gotha-Altenburg ließ sich ein barockes Stadtpalais am Markt/Ecke Kronengasse errichten (jetzt Commerzbank).

Jährlich fanden auf dem Roßplan Roßmärkte statt

1756 begannen nach dem Ausbruch des Siebenjährigen Krieges Truppendurchzüge und Einquartierungen.
Im September zogen preußische Truppen durch die Stadt.

1756-1780 wirkte hier als Hoforganist der bedeutendste Bachschüler Johann Ludwig Krebs.

1757. Am 3. September rückten österreichische Truppen in Altenburg ein, und am 9. September zog ein Kroatenkorps von insgesamt 3000 Mann durch die Stadt.

1760. Vom 2. Dezember bis 30. April 1761 lagen zwei preußische Regimenter in der Stadt in Winterquartieren.

1761-1764 wurde das Wasser des Großen Teiches abgelassen, da von 1762 bis 1764 Erdarbeiten auf dem Großen Teich stattfanden. Die Insel wurde um etwa das Doppelte vergrößert. Der Gothaische Baumeister Johann David Weidner ließ den Großen Teich durch Aufschüttung des gewonnenen Schlammes verkleinern.

1761-1769 erhielten der Große Teich und die ihn umgebende Promenade (Teichpromenade) ihre jetzige Gestalt unter Herzog Ernst II. (1745-1804).

1761. In der Stadt und Umgebung gab es mehrfach kleine Auseinandersetzungen zwischen preußischen und Reichstruppen. Die Preußen zogen ab.

1762. Am 16. Januar besetzten die Preußen abermals die Stadt. Diese wurden am 26. Januar nach einer kurzen Verteidigung der Stadt von den Österreichern vertrieben.
Am 22. Juni räumten die Österreicher abermals vor den Preußen die Stadt. Die Preußen blieben dann bis 15. Februar 1763, bis zum Abschluß des Friedens zu Hubertusburg, in der Stadt Altenburg.

1765, Herbst, bis 1766, Frühjahr, wurden an den langen Dämmen des Großen Teiches Kastanienbäume gepflanzt.

1768 brannten in der Pauritzer Gasse Häuser ab.

1769 erhielt die „Insel" einen neuen Pavillon.

1771. Am 11. Mai wurde der Grundstein für das jetzt noch stehende Hospital „Zum Heiligen Geist“ vor dem Johannistor gelegt.

1773 erhielt das innere Johannistor eine Schlaguhr.
Auf dem Markt wurde abermals ein neuer Galgen errichtet, da der alte schadhaft war.

1775 ließ Herzog Ernst II., der Sohn Friedrich III. (1699-1772), neben der Orangerie im Schloßgarten das Ballhaus zu einem Schauspielhaus umbauen.
Wenn Herzog Ernst II. in Altenburg residierte, trat im Schauspielhaus die Seylersche Gesellschaft aus der Stadt Gotha auf, zu der unter anderem auch Eckhof und Iffland gehörten.
Blitzschläge trafen den kleinen Turm der oberen Hospitalkirche.

1776. Am 7. Oktober erfolgte der Abriß des Galgens für Militärverbrecher auf dem Marktplatz.
Dieser wurde auf dem Anger, gegenüber dem Hospital, wieder aufgestellt. Er blieb bis 1835 dort stehen.

1777. Am 9. September starb Prinz Moritz von Sachsen-Gotha-Altenburg in seinem Palais am Markt und wurde am 12. September in der fürstlichen Gruft der Schloßkirche beigesetzt.

1779. Das Schmöllnsche Tor und andere Stadttore wurden repariert.

1781 erfuhr das innere Johannistor eine Erneuerung.

1781 und 1782 wurde die Bartholomäikirche erneuert.

1782 erfolgte die Renovierung des steinernen Turmes der Wasserkunst am Kleinen Teich.
Es brannten Häuser in der Spiegelgasse.
Eine ausführliche Feuerordnung für die Stadt erschien.
Der Gasthof „Pelikan“ am Johannistor wurde in „Goldener Pflug“ umbenannt.

1783. Am 20. Oktober brannten in der Kesselgasse, in der Breiten Gasse (heutige Moritzstraße) sowie auf der südlichen Seite des Kornmarktes insgesamt 39 Häuser ab.
Man erbaute in der Pauritzer Gasse ein Theater. In diesem wurde bis zum Winter des Jahres 1813/14 jeden Winter ein paar Monate gespielt. Nach einer Wiederherstellung des Theaters im Jahre 1819 fanden bis 1842 in ihm Aufführungen statt.
Eine Fährverbindung zur Insel des Großen Teiches wurde geschaffen.

1784 wurde wieder ein Zucht- und Arbeitshaus für Sträflinge aus dem altenburgischen Gebiet, deren Strafzeit nur wenige Jahre betrug, in den Türmen und Gebäuden des ehemaligen Bergerklosters eingerichtet.
Eine Mühlenordnung und eine neue Geleitsordnung wurde für das Fürstentum Altenburg herausgegeben.

1785. Am 19. November brannten 2 Häuser vor der Bergerpforte. Es begann der Neubau der am Kornmarkt am 20. Juni 1728 abgebrannten Häuserreihe.
Im selben Jahr folgte eine Vormundschaftsordnung für das Fürstentum Altenburg.

1787. Herzog Ernst II. (1745-1804) begründete das Schullehrerseminar.

1788 wurde der Thümmelsche Garten an der Neugasse angelegt. Dieser Garten dehnte sich von der Mauerstraße und zwischen der jetzigen Thümmelstraße bis zur Käthe-Kollwitz-Straße aus. Dieser Garten soll der schönste in Altenburg gewesen sein. Er besaß Grotten, Bassins, Wasserfälle sowie Häuser in verschiedenen Stilen.

1789 erhielt das Wohnhaus im Thümmelschen Garten einen Blitzableiter.
Die Turmspitze des Nikolaiturmes wurde erneuert.

1790. Das Gebäude des Frauenfels wurde ein Privathaus.

1791-1797 befand sich neben der Malzmühle eine Roß- und Ölmühle. Da die Malzmühle nicht immer genug Wasser bekam, sollte die Roß- und Ölmühle das Malzschroten unterstützen. Doch diese hatte ihren Zweck nicht erfüllt.

1792 trug man die alten Gebäude des Deutschen Ordenshofes ab. Die sogenannte Kammerleihbank wurde gegründet. Aus dieser ging später die Landesbank hervor.
Im Thümmelschen Garten entstand ein Palais.
Vom 21. August bis 29. September wurde in Gegenwart Herzog Ernst II. von Sachsen-Gotha-Altenburg ein Landtag abgehalten. Auf Anordnung des Geheimrates und Kammerpräsidenten Hans-Wilhelm von Thümmel wurde in kürzester Zeit der Weg vom Burgtor bis zu der Mühlpforte aufgeschüttet und gepflastert.

1796 entstand in der Leipziger Straße ein Armenhaus, aus dem später das allgemeine Krankenhaus hervorging. Am 3. Mai legte man den Grundstein dafür (Ecke Leipziger/Remsaer Straße).
Am 30. Juli, früh 1 Uhr vernichtete ein Feuer das alte Schützenhaus auf dem Schießanger, welches fast ganz aus Holz bestand.
In diesem Jahr wurde der gesamte Nikolaiturm erneuert.

1797 erfuhr die Brüderkirche eine umfangreiche Restaurierung.
Der alte Weg von der Stadt bis zu dem bereits erwähnten Armenhaus wurde in eine Chaussee verwandelt und diese mit englischen Pappeln besetzt.

1798. Die Schützengesellschaft legte im März den Grundstein für ein neues Schützenhaus, das am 25. Juli gerichtet wurde.

1799 erwarb der Hofrat Dr. Johann Friedrich Pierer die Richtersche Druckerei in den Roten Spitzen.

1801. Am 4. Januar starb in Gotha die Erbprinzessin Louise Charlotte zu Sachsen-Gotha und Altenburg, geborene Prinzessin von Mecklenburg-Schwerin (1780-1801). Sie wurde in der fürstlichen Gruft der Schloßkirche zu Gotha beigesetzt.
Im Januar begann das Scharlachfieber in der Gegend auszubrechen, an dem in kurzer Zeit viele Menschen, vorwiegend Kinder, starben.
Ab 14. Februar wurden die auf dem Johannisgraben stehenden hundertjährigen Linden öffentlich verkauft und weggeschlagen. Der Johannisgraben längs der Stadtmauer wurde im Juli aufgefüllt und zur einen Seite in Gärten verwandelt. Vom Johannistor bis zum Schmöllnschen Tor entstand nun ein gerader Weg, der mit Bäumen besetzt wurde.
Im Herbst erfolgte die Anlegung des Dammes am Kleinen Teich, der kurz darauf mit italienischen Pappeln besetzt wurde. Es entstand ein Verbindungsweg mit den Anlagen um den Großen Teich.
Das Kammerhaus, welches früher ein Privathaus war, wurde von der herzoglichen Kammer gekauft. Dieses Gebäude befand sich an der Stelle des jetzigen Theaters.

1801-1803 ließ Herzog Ernst II. von Gotha das allgemeine Landeskrankenhaus mit dazugehöriger Kirche erbauen.

1802. Fortlaufend war man um die Verschönerung der Stadt bemüht. So wurde eine alte vor dem Johannistor stehende, von einem ehemaligen Tor herrührende Mauer abgetragen, die dort befindliche Pfütze ausgefüllt und eine gerade Straße (Johannisvorstadt) angelegt.
Die Ruhr wütete in Altenburg, wodurch sehr viele Kinder starben.
Anläßlich des Geburtstagsfestes von Herzog Ernst am 30. Januar diesen Jahres wurde das neu errichtete Lokal des Friedrichs-Gymnasiums eingeweiht und die neuen Lehrer in ihr Amt eingeführt.
Am 20. September besuchte Erbprinz Emil Leopold August nebst seiner Gemahlin und in Begleitung des Prinzen Friedrich die Stadt.

1802-1804 wurde das Logengebäude am Johannisgraben von dem in Altenburg geborenen Maler und Architekten Heinrich Wilhelm Schmidt errichtet. Die Grundsteinlegung erfolgte am 12. August 1802.

Das Logengebäude im Johannisgraben

1803. Ein Teil des zu den Roten Spitzen gehörenden Gebäudes war zu einem Zuchthaus benutzt worden.
Auch riß man das Gebäude der Bergerpforte nieder.
Am 21. Oktober erfolgte die Einweihung der Kirche des Krankenhauses.

1804. Am 20. April starb Herzog Ernst II. (1745-1804) zu Gotha, nach einer 32jährigen Regierung. Ihm folgte Herzog Emil Leopold August in der Regierung seiner hinterlassenen Lande nach. Zu Ehren des verstorbenen Herzogs Ernst II. wurde am 20. Mai, dem ersten Pfingstfeiertag, in allen Kirchen der Fürstentümer Gotha und Altenburg eine Predigt gehalten.
Auch wurden die Särge und Gräber in der Schloßkirche geöffnet.

1804 und 1805 erhielten das Altenburger Schloß und dessen Türme einen Blitzableiter.

1805. An den Roten Spitzen wurde das Waisenhaus aufgehoben. Ein Teil des Gebäudes blieb Zuchthaus und der andere Teil wurde zu einem Werk- und Arbeitshaus eingerichtet.
Am 19. Oktober traf Herzog August aus Gotha kommend in Altenburg ein, um vom 22. Oktober bis 20. Dezember an dem von ihm eröffneten Landtag teilzunehmen. An diesem Landtag erschienen die hohen Landesherren des saalfeldischen Landesteiles letztmalig. Sie wurden am 13. November auf immer verabschiedet und der saalfeldische Landesteil durch eine Entschädigung an Sachsen-Coburg abgetreten.
Am 4. Dezember feierte das freiadlige Magdalenenstift in Gegenwart der hohen Landesherrschaften seinen hundertjährigen Stiftungstag.
Erster Einmarsch königlich-preußischer Truppen war bereits am 13. November. Diese Einquartierungen hielten den ganzen Winter an.

1806 durchzogen vor Beginn des Krieges zwischen Preußen und Frankreich viele Truppen die Stadt Altenburg.
Flüchtende Truppen kamen nach der unglücklichen Schlacht bei Jena und Auerstedt durch die Stadt. Die ersten Franzosen trafen am 23. Oktober diesen Jahres in Altenburg ein. Am 28. Oktober mußte eine badische Truppe von 3286 Mann mit 1 General und 130 Offizieren sowie 598 Pferden von der Stadt Altenburg untergebracht und verpflegt werden.

1806-1807 und 1813 wurde das Schützenhaus als Lazarett benutzt.

1806-1807. Anbau eines neuen herzoglichen Waschhauses an das Kammerhaus am Fuße des Schlosses.

An der Stelle des jetzigen Theaters befand sich das herzogliche Kammer- und Waschhaus

1807. Am 25. Februar rückte das herzogliche Bataillon aus, um auf den Schlachtfeldern für Napoleon in Preußen, Rußland, Tirol und Spanien zu kämpfen. Das ganze Jahr hindurch hielten die Truppendurchzüge durch die Stadt an. Diese waren am Ende des Jahres 1807 besonders stark, da die Rheinbundtruppen und französischen Truppen aus dem preußischen Feldzug in ihre Heimat zurückkehrten. Im Schieß- und Schützenhaus auf dem Anger und in zwei neu errichteten großen Holzbaracken wurde ein französisches Militärlazarett für 400 bis 500 Menschen eingerichtet.

1808. Wie das Jahr 1807 endete, fing das neue Jahr an. Das ganze Jahr hindurch marschierten verschiedene Truppen durch Altenburg, z.B. traf am 21. August das 69. französische Infanterieregiment mit 74 Offizieren und 2527 Mann in der Stadt ein. Am 29. Oktober traf eine Abteilung französischer Truppen (36 Mann, 28 Pferde) auf ihrem Rückmarsch nach Frankreich hier in der Stadt ein.

1809. Die ersten Monate verliefen verhältnismäßig ruhig. Ab März fingen wieder Durchzüge und Einquartierungen verschiedener Truppen an. So lagen z.B. vom 19. bis 21. April während des französisch-österreichischen Krieges sächsische Truppen hier.
Am 16. Juni und in den folgenden Tagen kamen österreichische Kavaliere durch, und vom 15. bis 18. Juli lagen wieder Sachsen in Quartier. Am 24. Juli, nachmittags, kam Herzog Friedrich Wilhelm von Braunschweig auf seinem Zuge nach Norddeutschland mit einem Regiment Husaren, zwei Bataillonen Fußvolk, einer Abteilung Scharfschützen und einer Batterie (Batterie = taktische Einheit der Artillerie) reitender Artillerie nach Altenburg und lagerte am Krankenhaus. Nachdem er Wagen, Pferde und Geld beschlagnahmt hatte, zog er am Tage darauf in Richtung Leipzig wieder ab.

Das Regiment der Herzöge von Sachsen durchschreitet am 4.8.1809 den „Sack" in Tirol. Es verliert am 4. und 5.8.1809 dreiviertel seiner Offiziere und die Hälfte der Mannschaften.

1810. Vom 9. bis 29. Januar gab es Truppenverschiebungen von Altenburg nach Gotha und einiger herzoglicher Truppen von Österreich nach Spanien, während königlich-sächsische Truppen in ihr Vaterland zurückgeführt wurden und größtenteils aus den Lazaretten Entlassene in die Stadt Altenburg kamen, um den Dienst im Landesregiment zu verrichten. Am 25. Februar, nach einem regnerischen Nachmittag, erhob sich abends gegen 7 Uhr bei Schneegestöber ein heftiger Sturm, verbunden mit einem Gewitter. Der Blitz schlug in den Turm der Bartholomäikirche, fuhr am Dach herab und erfaßte schließlich den Klingeldraht, der in glühenden Stücken herabfiel. Es war ein Wunder, daß der Blitz nicht zündete und somit der Turm nicht beschädigt wurde. Dieses wundersame Ereignis gab Veranlassung dafür, daß die Bartholomäikirche und andere öffentliche Gebäude (Kirchen, Rathaus, Türme) mit Blitzableitern versehen wurden. Das Schloß erhielt bereits 1804/05 einen Blitzableiter.
Vom 1. bis 19. März fanden abermals Truppenverschiebungen von Altenburg nach Gotha statt. Den Befehl erhielt eine hundert Mann starke Reserve.
Die bisher aufbewahrten Lazarettgerätschaften wurden am 9. April öffentlich versteigert und die Lazaretteffekte nach Gera zurückgegeben. Am 24. April, dem 3. Osterfeiertag, nachts gegen 10 Uhr, brannte das Werkhaus (vormals Waisenhaus) in den Roten Spitzen. Das Gebäude wurde fast ganz zerstört. Mit großen

Anstrengungen konnten die beiden Türme nebst Zwischenbau und ein Teil der vorrätigen Waren der Werkhausanstalt gerettet werden.
In den Gebäuden der Roten Spitzen wurde am 8. Mai eine höhere Töchterschule eingerichtet, die Generalsuperintendent Demme eröffnete. Herzog August billigte die Einrichtung und stiftete acht Freistellen.
Vom 4. Juli bis 2. August tagte ein ständiger Ausschuß, der die bedeutenden Lasten des Landes behandelte.
Zwei Tage später rastete einen Tag eine bedeutende Ergänzungsabteilung der französischen Garde vom polnischen Ulanenregiment in der Stadt, die ihren Weg von Warschau nach Paris tags darauf fortsetzte.
Am 30. November wurden auf Befehl Napoleons zur Durchführung der Kontinentalsperre auf dem Altenburger Anger alle englischen Waren, die im Besitz hiesiger Kaufleute waren, zerschlagen oder verbrannt.
Auch begann der Bau der Schützenloge auf dem Schützenanger.

1810-1826. Häftlinge und Zwangsarbeiter nutzen die Jakobskirche zu ihrem Gottesdienst.

1810-1818. In dieser Zeit wurde das Skatspiel in Altenburg erfunden. Der Skat wurde erstmals 1818 in den „Osterländer Blättern" erwähnt.

Trotz des Kriegstreibens wurde in Altenburg Karten gespielt. Als Spielbezeichnung für eine derart angereicherte Dreiervariante „Schafkopf mit Rest" taucht der „Scat" zum ersten Mal am 4. September 1813 in der Spielkladde des Herzoglichen Regierungsrates und späteren Kanzlers Hans Leopold von der Gabelentz auf. (Dies fand Gerd Matthes aus Altenburg heraus.)

Die Wiege des Skatspiels stand in den Mauern Altenburgs

1811. Am 24. April traf eine Ergänzungsmannschaft der französisch-polnischen Garde, die sich auf dem Weg von Warschau nach Paris befand, zum Nachtquartier in der Stadt ein.
Am 11. Juli kehrte ein Stamm des hiesigen Bataillons des herzoglichen Feldregiments aus dem Feldzug zurück. Rund 19 Mann nahmen am Feldzug in Spanien teil.
Am 15. August wurde auf höchsten Befehl der Geburtstag des Kaisers Napoleon begangen. Auf dem Altenburger Anger fand ein öffentliches Vogelschießen statt, zu dem der regierende Herzog Preise für die besten Schützen stiftete.
Am gleichen Tag traf der Herzog von Sachsen-Weimar und Eisenach, der auf der Rückreise von Böhmen nach Weimar war, in der Stadt ein. Tags darauf setzte er seine Reise fort.
Im oberen Teil der Johannisgasse brach am 12. September nachmittags ein Feuer aus, bei dem das Braunsche Haus sowie ein Teil des Wildschen Vorwerks abbrannte. Nur durch großen Einsatz konnte die Verbreitung des Feuers zur Innenstadt verhindert werden.
In diesem Jahr gab es einen heißen Sommer.

1812. Trotz ruhigen und stillen Jahresanfanges mußte die Stadt ab Februar wieder mehrmals Einquartierungen und Truppendurchzüge über sich ergehen lassen.
Das hier liegende 2. Bataillon des herzoglichen Feldregiments erhielt am 20. Februar, nachdem es im Vorjahr durch Rekruten ergänzt wurde, den Befehl, sich marschfertig zu halten und brach nach Gotha auf. In der Stadt traf gleichzeitig eine Abteilung des Landesregiments ein, um den Wachdienst zu über-

nehmen. Es begann der Zug der französischen und rheinischen Bundestruppen nach Preußen zu dem Krieg gegen das russische Reich. Dieser Krieg ging in die Geschichte ein.
Im März begannen Durchzüge der Rheinbund- und französischen Truppen auf ihrem Feldzug nach Rußland.
Am 18. März begann der Einmarsch der 1. Infanteriebrigade unter dem Generalmajor Graf Minucci in Altenburg. Das 2. bayerische leichte Infanteriebataillon von Wrede zog durch die Stadt und nach gehaltenem Rasttage am 20. März weiter, worauf das zu dieser Brigade gehörige 6. bayerische Linieninfanterieregiment Herzog Wilhelm durch Altenburg zog. Es folgte die Brigade der Kavallerie unter dem Generalmajor von Preysing.
Zugleich traf General von Preysing, der das Armeekorps befehligte, mit seinem Generalstab, dem Kriegskommissariat und dem chirurgischen Personal ein. Dadurch erhielt die Stadt eine Einquartierung von 2 Generälen, 34 Offizieren und 315 Mann.
Am 21. März marschierten sämtliche Truppen ab. An diesem Tag zog das 5. Chevauxlegersregiment (leichtes Reiterregiment) Fürst Leiningen durch die Stadt. Es traf am gleichen Tag die 2. Infanteriebrigade dieses Korps unter Generalmajor von Vincenti ein. Mit ihm nahm das 3. bayerische Linieninfanterieregiment Prinz Karl in der Stadt Quartier.
Am 22. März zog das 7. Infanterieregiment Fürst Löwenstein durch die Stadt.
Zwei Tage danach traf unter dem Generalmajor Graf Beckers die 3. Infanteriebrigade zusammen mit 2 Bataillonen des 5. und 11. bayerischen Linieninfanterieregiments in der Stadt ein.
Am 26. März war Rasttag für die Kranken (1 Offizier, 52 Mann) des bayerischen Armeekorps, die hier eintrafen und am 28. März weiterzogen.
Am 29. März trafen die Quartiermacher des königlich-württembergischen Armeekorps (3 Offiziere, 21 Mann) ein.
Am folgenden Tag traf der Stab, die 1. reitende und die 1. und 2. Fußbatterie nebst Reserveartillerie in Altenburg ein.
Eine kaiserlich-französische Division marschierte unter dem Divisionsgeneral Broussier in Begleitung des Brigadegenerals la Croix und des Chefs des Generalstabes Fenestrier mit 18 Offizieren, einer Abteilung Bäcker und Schlächter hier ein.
Am 31. März nahm Brigadegeneral Gautrin mit seiner 11. Brigade leichter Kavallerie, bestehend aus acht Chasseurs (Jäger) und dem 6. Husarenregiment, Nachtquartier in der Stadt.
Am folgenden Tag darauf nahm der kaiserlich-französische Divisionsgeneral Broussier mit den drei Brigadegenerälen le Croix, Almeras und Legendre mit seinem Stab sein Hauptquartier in der Stadt.
Am Morgen des 2. April zog das 53. Linieninfanterieregiment durch Altenburg.
Am 3. April traf Divisionsgeneral Graf Pino mit Gefolge in der Stadt ein, und am folgenden Tage setzten sie ihren Marsch fort. Ihm folgte die 15. Infanteriedivision.
Zwei Tage später zogen sämtliche Truppen mit 700 gestellten Vorspannpferden ab. Es traf ein Regiment polnischer Ulanen von der kaiserlich-französischen Garde, die von den Generälen Krasinsky und Konopka befehligt wurden, in der Stadt ein. Zugleich kam auch der General Cressini zur Einquartierung hierher.
Am 6. April verließen die Truppen des Generals Cressini die Stadt, gefolgt von anderen Truppenteilen, die in den benachbarten Dörfern untergebracht wurden. Es blieben 35 kranke Soldaten in der Stadt zurück.
Bis zum 27. April trat eine relative Ruhe ein. An diesem Tag kam eine Abteilung französischer Garde Mariniers (3 Offiziere, 132 Mann) in die Stadt und verließ diese am 29. April nach gehaltenem Rasttage wieder.
Ein zum 4. französischen Armeekorps gehöriger Artilleriepark kam am 20. April in die Stadt und hielt am 1. Mai hier Rasttag.
Nachdem am 2. Mai der Artilleriepark abzog, trafen sächsische Soldaten und französische Offiziere in Altenburg ein.
Die am 1. Mai eingetroffenen italienischen Chasseurs (Jäger) brachen am 4. Mai endlich auf. Es wurden ein Offizier und 14 Mann zurückgelassen. Einquar-

tierungen und Durchzüge waren nunmehr vom 5. bis 12. Mai täglich in geringer Zahl.
Am 13., 14. und 15. Mai hielten eine Kompanie Equipagen-Train (Ausrüstungswagenzug) der kaiserlich-französischen Garde und ein königlich-bayerischer Montierungstransport sowie 41 französische und polnische Soldaten Rasttag.
Da die Pleiße am 16. Mai die weiterziehenden Truppen einer französischen Abteilung der Reserveartillerie durch Überschwemmung zurückgehalten hatte, zog diese am 18. Mai weiter.
Vom 21. bis 25. Mai gab es kleinere Truppendurchzüge von französischen, italienischen und bayerischen Truppen.
Vom 25. Mai bis 20. Juli gab es Einquartierungen einzelner Offiziere und Soldaten von französischen, italienischen und Rheinbundtruppen. Zwei Abteilungen des französischen 22. leichten Infanterieregiments kamen am 4. August in der Stadt an, worauf sie am 5. August Rasttag hielten und den folgenden Tag wieder abmarschierten. Am 6. August kamen Abteilungen des 1. und 3. französischen Sappeurbataillon (Bausoldaten) mit mehreren französischen und italienischen Rekonvaleszenten (Reservesoldaten), die am darauffolgenden Tag die Stadt Altenburg verließen. Es trafen Mannschaften des 21. französischen Linieninfanterieregiments ein, denen am 9. August französische Employes (Helfer) und Sappeurs (Grabensoldaten) folgten. Französische Soldaten und Mannschaften des 6. illyrischen Jägerregiments sowie des 3. Provinzialcroatenregiments kamen am 17. August zum Nachtquartier.
Am 20. August trafen 33 Mann französischer und dalmatischer Truppen ein. Die Durchzüge und Einquartierungen hielten bis Ende des Jahres an.
Am 26. September kamen neapolitanische Truppen, am 9. Oktober eine Abteilung der kaiserlich-französischen Garde, am 27. Oktober abermals eine Abteilung Neapolitaner und am 2. November 24 Mann fürstlich-reußischer Ergänzungsmannschaften an.
Die Stadt erhielt im November die höchste Erlaubnis, jährlich im November einen zweiten privilegierten Roßmarkt halten zu dürfen. Erstmalig im Jahre 1812 wurde davon Gebrauch gemacht.
Am 20. Dezember brannte in einer Seitengasse unweit des Nikolaikirchhofes ein Haus.
Die Kaserne in der Leipziger Straße wurde als Werkhaus errichtet.

1813. Das Jahr 1813 ist wie das Vorjahr vom Kriegstreiben geprägt, deshalb werden zusammenfassende Ausführungen einzelner Tage wie beim Vorjahr gemacht.
Altenburg zählte zu Anfang diesen Jahres insgesamt 9000 Einwohner und war zu dieser Zeit die zweite Stadt im Herzogtum Sachsen-Gotha-Altenburg.
Durch die Flucht der französischen Heere aus Rußland gab es mehrfach Einquartierungen und Rasttage verschiedener Abteilungen bereits Anfang des Jahres. So traf am 4. Januar eine erste Abteilung zurückkehrender württembergischer Jäger hier ein. Eine zweite Abteilung folgte am 5. Januar, die dritte Abteilung am 6. Januar, denen einige Tage Rast gestattet wurden.
Die vierte Abteilung folgte am 7. Januar und am 8. Januar die fünfte Abteilung, die nach gehaltenem Rasttag wieder in ihre Heimat aufbrachen. Die Generäle Spaur und Waldisleben trafen am 11. Januar mit einer Abteilung württembergischer Jäger (2 Offiziere, 123 Mann, 328 Pferde) in der Stadt zum Rasttag ein.
Am 4. Februar kam eine Abteilung französischer Truppen in Altenburg an. Einige Tage vorher trafen rückkehrende französische und Rheinbundtruppen, sowie vom herzoglichen Regiment, das in der Gegend von Wilna von den Franzosen im Stich gelassen wurde, im elenden Zustand in der Stadt Altenburg ein.
Am 11. Februar kam eine Abteilung Italiener, Kroaten und Franzosen in der Stadt an, die sich hier nach langer Flucht erholten. Hingegen trafen am 12. Februar Ergänzungsmannschaften für vier französische Infanterieregimenter in der Stadt ein.
Soldaten aus allen Nationen, woraus das französische Heer bestand, kamen bis

zum 26. Februar, infolge des Rückzuges, durch die Stadt. Tags darauf traf eine Abteilung polnischer Gardeulanen hier ein. Die ersten 53 russischen Kriegsgefangenen hatten in Begleitung von 24 Frohburger Schützen in Altenburg Aufenthalt und wurden am folgenden Tag nach Frankreich abgeführt. Mit Wirkung vom 23. Februar wurden vom hiesigen Amtsbezirk zur Ergänzung der Magazine und Einbeziehung der Rittergüter die Lieferung von 4 Dresdener Scheffeln Hafer und 400 Zentner Heu ausgeschrieben.

Am 1. März erfolgte der Befehl zur Vorbereitung eines Lazaretts für die königlich-bayerischen Truppen.

Es wurden das Schützenhaus und dazugehörige Gebäude sowie das neuerbaute Werkhaus dafür benutzt, um die bereits am 2. März eintreffenden Kranken, die nach und nach bis auf 800 Mann anstiegen und von einem starken Lazarettpersonal gepflegt wurden, aufzunehmen. Zu gleicher Zeit trafen das königlich-bayerische Kriegskommissariat, ein Depot dieser Truppen sowie dazugehörige Rekonvaleszenten hier ein, um sich zu erholen und ihre Bestimmung abzuwarten (45 Offiziere und 635 Mann). In Anbetracht weiterer hunderter Kranker mußte am 3. März ein Teil der königlich-bayerischen Truppen auf nahe gelegene Dörfer verlegt werden.

197 gefangene Russen kamen am 4. März mit einzelnen Abteilungen und Truppen im kranken Zustand hier an.

Die königlich-bayerischen Truppen verblieben am Ort. Zudem trafen täglich rückkehrende Truppen mit Verwundeten in der Stadt ein.

Neun am Wege nach Wilchwitz gelegene Scheunen brannten am 12. März nieder. Alle darin befindlichen Vorräte wurden Opfer der Flammen. Es konnte lediglich das daneben stehende herrschaftliche Holzmagazin gerettet werden.

Bestrebungen, die bayerischen Truppen zum Abmarsch in ihr Vaterland zu bewegen, gelangen am 13. März. Die Lazarette derselben verblieben im Ort. Am gleichen Tage trafen Reste des 1. und 3. polnischen Gardeulanenregiments unter General Fürst Radzivil sowie 110 französische Kranke in der Stadt ein. Diese Truppen zogen am 15. März mit einer Abteilung des bayerischen Depots ab. Reste des Depots folgten am 16. März nach.

Während der Zeit der Verwundetenpflege waren in der Stadt das Werk- und Krankenhaus, die Offiziersloge, das Schützen- und Schießhaus auf dem Anger - das die Bayern belegten -, das Komödienhaus und das Opitzsche Gartenhaus - das die Franzosen im Beschlag hatten -, die bedeutenden Lazarette in dieser Zeit.

Die aus Rußland zurückkehrenden Truppen brachten am 26. März das Nervenfieber mit, worauf sich die Polizeikommission der Stadt veranlaßt sah, eine Bekanntmachung zum Verhalten der Einwohner Altenburgs zu erlassen. Diesem Umstand entsprechend wurde der Weg um die Stadt hinter dem Pohlhof fahrbar gemacht, um die Kranken nicht mehr durch die Stadt zu fahren. Durch den französischen General Regnier wurde eine Übereinkunft abgeschlossen, wonach das bayerische Lazarett die Stadt verließ und ein französisches von der Division Regnier aufgenommen wurde.

Vom 27. bis 29. März trafen ein Teil dieser Division ein und zog eiligst weiter. Reste der 32. französischen Division trafen in Altenburg ein und die gesamte Division zog ab, um neuen Platz zu schaffen. Durch den Keim des Todes, da aus Rußland das Nervenfieber mitgebracht wurde, verstarben in kurzer Zeit 150 Personen und 32 Krankenwärter. Vor der Stadt wurde kanoniert und stündlich das Einrücken feindlicher Truppen erwartet.

Am 30. März, nachmittags, marschierten die französische Division Durutte und die königlich bayerische Brigade Rechberg, die tags zuvor mit dem Feind gekämpft hatten, in die Stadt ein und nahmen hier Quartier. Die tags zuvor angekommenen französischen Truppen waren im Abmarsch begriffen, als auf mehreren Türmen der Stadt die Glocken läuteten, um ein Feuer, das im Elleschen Hause in der Johannisgasse (jetzt Johannisstraße) ausbrach, anzuzeigen. Die Nachhut, aus bayerischem Fußvolk bestehend, verblieb in der Stadt, da man der Meinung war, es gelte dem Anrücken feindlicher Truppen. Es wurde

Auch auf dem Brühl rasteten die Soldaten

sich, den Feind erwartend, auf der Höhe der Burggasse (jetzt Burgstraße) aufgestellt. Nach Bekanntwerden des Grundes eilte die Kolonne, um sich den bereits Abmarschierten anzuschließen.
Am Mittag des 1. April wurde die kurze, ruhige Zeit gestört, als 3 Kosaken, die aus Borna kamen, in Altenburg eintrafen und von den Bürgern freundlich begrüßt wurden. Die Menschen der Stadt sahen in den 3 Kosaken die Abwälzung der französischen Zwangsherrschaft. Nach einem kurzen Aufenthalt zogen sie nach Borna zurück.
Um 11 Uhr abends brannte wieder das Ellesche Haus in der Johannisgasse. Dieser Entstehungsbrand konnte sogleich von den Bürgern gelöscht werden.
Am 3. April, früh 10 Uhr, traf unter dem Befehl des Grafen Löwenstern, ein Trupp Kosaken ein, mittags folgte ein zweiter Trupp. Es wurde königliches Eigentum, in bezug auf Militärwesen, in Beschlag genommen. Staats-, Landschafts- und Privateigentum war laut Befehl zu respektieren. Mitglieder des Stadtrates brachten in Begleitung von Kosaken die bare Kammerkasse nach Rochlitz zum kommandierenden Oberst Prendel. Um die Stadt wurden Wachen der Kosaken aufgestellt.
Fürst Ockmannskoy traf am 4. April in der Stadt ein und forderte zum Bedarf der russischen Artillerie 60 Pferde gegen einstige zugesicherte Vergütung.
Nach anfänglichen Schwierigkeiten, die Pferde zu beschaffen, konnten diese am 5. April zur Verfügung gestellt werden.
Die Pferde wurden nach Grimma gebracht. Die Kosaken, die hier lagerten, zogen teils nach Zeitz, teils nach Gera ab.
Mittags traf eine Abteilung preußischer Husaren vom 1. schlesischen Husarenregiment in Altenburg ein, die nach Beköstigung wieder abzog. Durch den königlich-preußischen Kriegskommissar Bräutmann wurde eine bedeutende Lieferung Lebensmittel zur Verpflegung der oberschlesischen Brigade unter General Ziethen, nebst 1640 Brotbeuteln für zwei preußische Bataillone gefordert. Die Lieferung sollte bis zum 6. April abends an Bräutmann geleistet werden. Gleichfalls wurden 2 gute Reitpferde mit Sattel für zwei preußische Offiziere zur Rekognoszierung (Erkundung der Lage) gefordert, die nach getanem Dienst dem Besitzer im guten Zustand zurückgegeben worden sind. Weitere Forderungen an Verpflegung stellte am gleichen Tage der Kriegskommissar Krahmer für die niederschlesische Brigade.
Am 7. April verließ diese die Stadt, und zugleich erfolgte der Einmarsch und die Einquartierung des preußischen leichten Gardekavallerieregiments unter Oberstleutnant von Werder. Die eingerückte Reiterei aus Schwadronen von Dragonern, Husaren, Kosaken, Ulanen und freiwilligen Jägern zu Pferd wurde täglich in den Waffen geübt.
Krahmer forderte eine erneute Lieferung von 8000 Pfund Reis, bekam jedoch nur 2 Zentner.
Großfürstin Maria Paulowna, Erbprinzessin von Sachsen-Weimar, traf am 8. April in Altenburg ein. Hier stieg sie, nachdem sie von den Preußen mit Ehrenbezeugung empfangen wurde, in dem herzoglichen Schloß ab und setzte ihre Reise nach Teplitz fort.
Der preußische Feldverpflegungsrendant Krügel forderte für die Brigade Dolfs eine Lieferung Verpflegung, da die preußischen Truppen in der Stadt länger zu verweilen schienen.
Am 9. April zog ein Regiment preußischer Husaren durch die Stadt, teils nach Gera, teils nach Zeitz. Alle in der Gegend liegenden preußischen Truppen standen unter dem Oberbefehl des General Blücher, gemäß Order des Königs von Preußen, die in Breslau am 17. März 1813 erlassen wurde. Aus ihr geht hervor, daß Personen, die Verbindungen mit

den Franzosen unterhielten, vor ein Kriegsgericht gestellt werden sollten. Der russische General Lanskoy, der am 4. April 60 Pferde nach Leipzig zugeführt bekommen hatte, schickte mit den Bauern 30 Pferde zurück sowie 29 Kosakenpferde, die sogleich öffentlich versteigert wurden.

Am 10. April erfolgte die Ernennung des königlich-preußischen Leutnants v. Esbeck zum Platzkommandanten. Auf Befehl des Oberstleutnant v. Werder mußte am 11. April eine Proklamation des Prinzen von Schweden veröffentlicht werden, die das Bündnis zwischen Schweden, Rußland und Preußen gegen Frankreich bekundete.

Die Annäherung eines bedeutenden französischen Heeres wurde am 12. April gemeldet.

Durch eine Abteilung Bürger wurden am 14. April drei französische Offiziere und 17 Soldaten, die von Gotha nach Altenburg gebracht wurden, nach Wermsdorf abgeführt. Während die in den nahen Dörfern gelegene Reiterei nach Ronneburg aufbrach, kam am 15. April die preußische Garde du Corps (1000 Mann stark) durch die Stadt. In den umliegenden Dörfern in Richtung Gera und Zeitz lagen nun die Soldaten.

General Blücher, Goethe und andere nahmen im Gasthof „Stadt Gotha" Quartier

Das Hauptquartier von General Blücher mit den Generälen v. Scharnhorst und v. Gneisenau traf nachmittags hier ein und Blücher nahm im Gasthof „Zur Stadt Gotha" in der Johannisstraße (neben dem Bankgebäude) sein Quartier. Am gleichen Tag trafen der Kronprinz von Preußen, die Prinzen Wilhelm und Friedrich, Prinz August, Prinz von Mecklenburg-Strelitz und der Prinz von Nassau-Oranien im hiesigen herzoglichen Schloß ein und nahmen dort Hauptquartier. Zu Ehren der hier eingetroffenen Prinzen wurde am 17. April abends ein Ball gegeben, an dem auch der englische General Wilson teilnahm. Der gleiche Personenkreis nahm am 18. April am Konzert teil.

Die am 20. April auf dem Marktplatz aufmarschierten Gefangenen zogen am 21. April als 1. thüringisches Bataillon nach Schlesien ab. Der königlich-preußische Oberst v. Müffling wurde am 22. April zum Stadtkommandanten ernannt, worauf er strenge polizeiliche Maßnahmen ergriff und die Stadttore und Pforten stark besetzen ließ, selbst die Post wurde vom Kommandanten zensiert.

Eine Parade des 2. Bataillons des 1. westpreußischen Infanterieregiments zog am 23. April an den Prinzen und den Generälen v. Blücher und v. Gneisenau vorbei.

Russische Truppen zogen am 1. Mai durch Altenburg. Bereits um 5 Uhr kam die Reiterei und das Fußvolk aus Richtung Zeitz hier durch. An der Spitze des Heeres stand General Milloradowitsch. Verwundete wurden in einem für 400 Mann geschaffenen Lazarett am 3. Mai untergebracht. Vom russischen Heer mußte die Stadt am 4. Mai 30000 bis 40000 Menschen verpflegen und an die Truppen 2000 Pferde und 500 Kühe liefern und schlachten. Unter dem Marschall Oudinot, Herzog von Reggio, marschierten am 6. Mai 45000 Mann aus Borna kommend in die Stadt und lagerten hinter dem Stift und dem Bauhof nach Münsa. Das französische Korps zog am 7. Mai ab, und am 8. Mai kam der französische General Kolberg mit 10 Gefangenen und 17 Verwundeten in Altenburg an. Erstmals wurden wieder Lebensmittel in der Stadt zum Verkauf angeboten. Auf dem Pohlhof und dem Anger zog am 9. Mai französische Artillerie auf, wo sie am 10. Mai, früh, wieder abzog. Wegen der unruhigen Lage in der Stadt wurde am 12. Mai verkündet, daß der Frühlingsjahrmarkt um 14 Tage verschoben wird und erst am 14. Juni stattfindet.

Die Franzosen hielten die Stadt bis zum 6. Juni in Bewegung. An diesem Tag traf die Nachricht in Altenburg ein, daß die Stadt Roda von preußischen Truppen besetzt worden sei. Die Nachricht bestätigte sich am 9. Juni. Der Gedanke einer Minderung der Einquartierung war ein Trugschluß.

Im Gasthaus „Stadt Gotha" kehrte Johann Wolfgang von Goethe auf seiner Rückreise von Dresden nach Weimar am 18. August 1813 ein.

Bis 25. August hielten Truppendurchzüge und Einquartierungen der Franzosen an.

Die in den Lazaretten ihren Dienst versehenden Ärzte mußten die Fälle des Nervenfiebers am 5. Juli bekanntgeben.

Am 27. Juli wurden russische und preußische Kriegsgefangene in Altenburg untergebracht.

Am 5. August forderten französische Behörden eine neue Lieferung von Heu und Stroh von den Herzogtümern Gotha und Altenburg. Anläßlich des Geburtstags Napoleons fand am 10. August in der Bartholomäikirche eine Andacht statt, die von General Broussier veranstaltet wurde. Von der Kirche bis zum Gasthof „Stadt Gotha" bildeten französische Soldaten eine Doppelreihe.

Am 25. August trafen Kosaken ein, die eine Anzahl gefangener Russen, Österreicher und Preußen befreiten.

Bis 2. September 1813 genoß die Stadt Altenburg Ruhe.

Aber bereits am 5. September rückten 500 Kosaken in die Stadt ein. Tags zuvor ließ der Kommandant Major Jounau, der bereits einige Tage vorher aus der Stadt geflohen war und am 1. September zurückkehrte, die Tore schließen und nahm die Schlüssel an sich. Gegen 12 Uhr floh der Kommandant mit 25 französischen Offizieren und 310 Mann. Durch 300 Kosaken wurde die Stadt Altenburg gestürmt, ein Teil der Tore wieder geöffnet und ein anderer Teil aufgesprengt, da der Kommandant die Schlüssel mit sich genommen hatte. Als Zahlungsmittel für die Truppen wurde österreichisches Papiergeld anerkannt sowie Silbergeld ausgezahlt. Preußen und Kosaken bestimmten die Lage in der Stadt bis zum 24. September, wonach ein erneutes Gefecht mit französischer Reiterei in Höhe des Deutschen Baches geliefert wurde. Die Franzosen lagerten am Großen Teich und an der Straße nach Zeitz mit ca. 5600 Mann. Die Franzosen raubten bis 12 Uhr nachts in den Mauern Altenburgs. Durch ihre Unvorsichtigkeit wurde im Beierleinschen Hause in der Burggasse ein Brand entfacht, den die aufmerksame Bürgerwache entdeckte und löschte.

Bei einem Gefecht am 28. September beschoß das Heer unter Attaman Platow mit Kanonen das französische Lager, wobei vier Kugeln die Stadt trafen und die Franzosen sich danach auf die Höhe Oberlödla zurückzogen. Die Franzosen verloren 500 Mann.

Am 2. Oktober zog sich das Thielemannsche und Mensdorfsche Korps zurück, Richtung Zwickau, da polnische Ulanen und Kosaken unter dem Fürsten Poniatowsky, die vom General Uminsky und Prinz Sulkowsky befehligt wurden, in der Stadt Einzug hielten. Fürst Poniatowsky nahm mit seinen Adjutanten im Gasthof „Zum Roten Hirsch" (heutige Löwenapotheke am Topfmarkt) Quartier.

Der ehemalige Gasthof zum „Roten Hirsch"

Das 25. russische Jägerregiment lagerte vom 7. bis 11. Oktober auf dem Altenburger Markt, wonach es dem öster-

reichischen Heer unter den Generälen Giulai und Meerveld, das mit 60000 Mann eintraf, Platz machte.
Abends desselben Tages traf Kaiser Alexander I. von Rußland auf dem herzoglichen Schloß in Altenburg ein. Nachdem alle bedeutenden Generäle auf das Schloß gerufen wurden, kamen der Kaiser von Österreich und der König von Preußen nicht zum Empfang. Dafür kam der Obergeneral der verbündeten Heere, Fürst Schwarzenberg, auf das Schloß.
Einige hundert polnische Gefangene wurden am 13. Oktober in die Brüderkirche eingesperrt. Der österreichische Hauptmann Neuber wurde zum Kommandanten der Stadt ernannt, nachdem Graf Rockow, der diese Geschäfte bisher verwaltete, mit dem Obergeneral Fürst Schwarzenberg die Stadt verließ. Nachmittags 4 Uhr trafen Kaiser Franz II. von Österreich mit seiner Nobelgarde und 6 Uhr Friedrich Wilhelm III. von Preußen ein und stiegen auf dem herzoglichen Schlosse ab. Aus diesem Anlaß wurde die ganze Stadt hell erleuchtet.
Am 16. Oktober kamen Verwundete aus der Schlacht bei Leipzig. Die Stadt befand sich in einer traurigen und angstvollen Lage. Das Logenhaus und das Schützenhaus mußten geräumt und als Lazarette hergerichtet werden.
Am 18. Oktober kamen der Freiherr v. Stein und v. Hardenberg in die Stadt.
Am folgenden Tag mußte für 4000 Verwundete Unterkunft geschaffen werden, dazu nutzte man das Logenhaus, das Werkhaus, das Armen- und Krankenhaus, die Gebäude auf dem Anger, das Schauspielhaus und die Brüderkirche, weiterhin mehrere Scheunen und Gartenhäuser. Die verwundeten Russen wurden durch eigenes Lazarettpersonal betreut. In den Scheunen zwischen dem Johannistor und dem Schmöllnschen Tor lagerte das fliegende Lazarett Nr. 7.
Am 21. Oktober kamen 2000 französische Gefangene unter Bewachung von Baschkiren und Kirgisen, die hinter dem Gottesacker lagerten, hier an. Sieben russische Batterien unter General Oiler trafen drei Tage später in der Stadt ein, um sich von der Schlacht bei Leipzig zu erholen. Die Stadt mußte sich Repressalien dieses Generals gefallen lassen, der bis 7. Januar 1814 hier lagerte.
Die Ernennung des hiesigen Regierungsrates Herrn Hans Carl Leopold von der Gabelentz zum Gouvernementskommissar des Kreises wurde am 4. November öffentlich bekanntgegeben.
Das Fürstentum Altenburg bildete den neunten Kreis des Generalgouvernements Sachsen.
Die Erbprinzessin von Sachsen-Weimar und Großfürstin von Rußland Maria Paulowna traf am 8. November von Prag kommend in Altenburg ein und setzte am 9. November ihre Reise über Naumburg nach Weimar fort.
Der Kommandant Hauptmann Neuber wurde vom österreichischen Hauptmann v. Golitschek abgelöst.
Gemäß einer Vorladung des Generalgouvernements vom 14. November versammelten sich am 15. November, 8 Uhr, alle

Auf dem Altenburger Schloß wurden zu dieser Zeit Bälle veranstaltet. Hier die Ansicht vom Übergang der Lindenaustraße in die Gartenstraße (heutige Külzstraße)

wehrpflichtigen Männer von 18 bis 45 Jahren in der Bartholomäikirche. Eine Landwehr wurde gebildet. Die Landwehrrekruten fanden in der Bürgerschule und im Gymnasium Unterkunft.
Am 28. November, abends 6 Uhr, brannten sieben Häuser in der Schmöllnschen Gasse nieder.
Durch einen feierlichen Gottesdienst wurde der Namenstag des Kaisers Alexander am 24. Dezember in der Schloßkirche begangen. Einen feierlichen Gottesdienst hielt man in der Bartholomäikirche am 25. Dezember. Das geschah aus Anlaß der Vertreibung der Franzosen aus Deutschland. Anläßlich des Geburtstages Kaiser Alexanders von Rußland wurde auf dem Schloß ein großer Ball gegeben.
Der Verleger F. A. Brockhaus gab die erste deutsche, bürgerlich-liberale Zeitung, die „Deutschen Blätter", heraus.
Der Baumeister Heinrich Wilhelm Schmidt errichtete an der Mauergasse als Remise im maurischen Stil das sogenannte Kachelhaus.

1813/14 Der russische Kommandant Prendel logierte im Pohlhof.

1813-1817 diente die Gottesackerkirche als Heeresmagazin.

1814. Die Regierungsgeschäfte, die bis dahin ein russischer Gouverneur geführt hatte, übernahm Herzog August wieder. Die im November 1813 gegründete Landwehr kehrte nun am 5. Juni aus dem Felde heim. Das ganze Jahr über zogen Truppen durch Altenburg und Genesende verließen die Lazarette.

1815 wurde das Wiesenschlößchen (auch Siechhaus genannt), das an der Zeitzer Straße gelegen war, neu erbaut. Es diente vor allem armen Personen und Familien, die kein Obdach hatten, bzw. Personen, die von schlimmen Krankheiten befallen waren. Durch die Stadt zogen wieder Truppen, da von neuem der Krieg ausbrach.
Es erfolgten Einquartierungen und erneut Einlieferungen in die Lazarette, die 1817 geräumt wurden.

1816 brach man die Bergerpforte und einen Teil der anstoßenden Stadtmauer ab.

1817 wurde die Mühlpforte mit angrenzendem Wächterhaus abgetragen.
Die Naturforschende Gesellschaft des Osterlandes wurde gegründet. Diese Stiftung diente zur Vereinigung der Freunde der Naturkunde für naturwissenschaftliche Studien des Osterlandes.
Der Bartholomäikirchturm bekam ein neues majestätisches Geläut.

1818. Öffentliche Bestätigung der Naturforschenden Gesellschaft des Osterlandes.

1819 erfolgte die Erhebung der Kammerleihbank auf dem Brühl zur Landesbank. Es begann die Verschönerung der Gartenreihe in der Langengasse.

1820/21. Auf dem Bartholomäikirchturm ersetzten Handwerker das starke, schwere, mit Kugeln besetzte steinerne Geländer durch ein neues eisernes Geländer, welches am 23. Oktober 1821 feierlich eingeweiht wurde.

1824. Die Herzogin Agnes, Gemahlin des Herzog Ernst I., erblickte am 24. Juni das Licht der Welt. Sie war die älteste Tochter des Herzogs Leopold und der Herzogin Frederike, geborene Prinzessin von Preußen.
Es erfolgte die Gründung eines Sparkassenvereins in der Stadt.
Im Alter von 73 Jahren verstarb der herzogliche Geheimrat Wilhelm von Thümmel und wurde auf seinen Wunsch in der 1000jährigen Eiche von Nöbdenitz bei Schmölln begraben.
Im Wolfenholz entstand die künstliche Ruine Alexisburg.

1825 erfolgte der Abbruch des Pauritzer Tores. Am 11. Februar starb Herzog Friedrich IV., der nie in Altenburg gewesen war. Mit ihm starb das Gotha-Altenburgische Fürstenhaus aus.
Am 28. April brannte das Wirtschaftsgebäude im Wildschen Vorwerk am Johannistor ab.

7. Altenburg unter den Herzögen von Sachsen-Altenburg
(Zweite Altenburger Dynastie)

1826 erfolgte der Abriß der St. Jakobskapelle und deren Kirche unterhalb der Teichstraße. Im Juli wurde die daraufstehende Spitze mit Hilfe von zwei Winden unter einer großen Zuschauermenge heruntergezogen, zuvor der Schiefer abgenommen. Die Spitze trug man auf das hiesige Rathaus.
Auf dem Lästermarkt wurde die alte baufällig gewordene Pfütze (Wasserbehälter) abgebrochen und dem Boden gleich gemacht.
Am 16. September wurde zu Hildburghausen der Herzog Ernst I. geboren.
Durch den Teilungsvertrag von Hildburghausen kam Altenburg an den bisherigen Herzog zu Hildburghausen, der als Herzog Friedrich I. von Sachsen-Altenburg am 23. September seinen feierlichen Einzug in der Stadt hielt.
Im gleichen Jahr wurde das äußere Johannistor abgerissen.

1828 erfolgte der Abriß des Burgtores. Dieses befand sich unmittelbar am Haus der Gaststätte „Volkstädt".

Das Burgtor bestand bis 1828

1830. Die feierliche Grundsteinlegung des Landesbankgebäudes fand am 28. Juli statt (Standort neben Wohnheim für Studenten der Agraringenieurschule).
Herzog Friedrich, der mit der herzoglichen Familie an dieser Grundsteinlegung teilnahm, tätigte die ersten Hammerschläge.
Großes Aufsehen erregte in der Stadt die Ankunft des ersten Eilpostwagens der Leipzig-Hofer Linie, der von Leipzig aus am 5. September hier ankam.
Im September kam es in der Stadt zu Unruhen und stürmischen Auftritten. Die Bürger fanden ihren Anlaß in Mißstimmung gegen mehrere Beamte und in der Unzufriedenheit mit einigen Steuern. Die Ruhe konnte leicht wieder hergestellt werden.
Herzog Friedrich feierte am 23. September sein 50jähriges Regierungsjubiläum. Auf Wunsch des Herzogs blieben große Feierlichkeiten aus.
Seit 1. Oktober wurden die „Altenburger Blätter", wöchentliche Mitteilungen für das Herzogtum Sachsen-Altenburg, von d. Gabelentz, Huth und Jacobs, herausgegeben. Auch fand die Renovierung der Militärkirche in der Leipziger Straße, die dann ihren Namen Garnisonskirche erhielt, statt.
Das 1796 erbaute Armenhaus in der Leipziger Straße wurde ein Krankenhaus.

Das Armenhaus in der Leipziger Straße wurde später als Lazarett, Garnisonskirche, Feldwebelwohnung und Verwaltungsgebäude genutzt.

1831 erfolgte der Abbruch des Schmöllnschen Doppeltores, welches oberhalb der Sterlsgasse gestanden hatte. Das Stockhaus blieb stehen und wurde später zu einem Spritzenhaus genutzt.
Eine neue Verfassung erhielt das Herzogtum Sachsen-Altenburg am 29. April, als Auswirkung des Jahres 1830.
Am 29. April trat das neue Staatsgrundgesetz (Verfassung) für das Herzogtum Sachsen-Altenburg in Kraft.
Am 30. Juni wurde in der Stadt, unter großen Feierlichkeiten, mit kirchlicher Feier und weltlichen Festlichkeiten, eine neue Stadtordnung eingeführt (beschlossen am 17. Juni). Bei dieser Gelegenheit wurde vom Erbprinzen Joseph eine goldene Kette mit anhängendem Medaillon, das Brustbild des damals regierenden Herzog Friedrich enthaltend, übergeben. Die Kette sollte bei feierlichen Gelegenheiten der jeweilige Oberbürgermeister Altenburgs tragen.
Alle Vorstädte wurden mit der Stadt zu einer Gemeinde vereinigt.

1832. Zu Anfang des Jahres hielten sich flüchtige Polen in der Stadt auf.
Es wurde am südwestlichen Fuße des Schloßberges an der Stelle eines Privatgartens und eines zum herzoglichen Waschhaus gehörigen Baumgartens der Josephplatz (jetzt Theaterplatz) angelegt. Unter dem Vorsitz Bernhard von Lindenau begann am 12. Juni der erste Landtag seine Sitzungen, nach Einführung der neuen Verfassung.
Die „Herzoglich-Sächsische Altenburgische concessionierte Spielkartenfabrik" wurde am 16. November von den Gebrüdern Bechstein gegründet.
Die Stadt Altenburg zählte in diesem Jahr insgesamt 12 568 Einwohner.

1833 wurde die Werkhausanstalt an der Leipziger Straße aufgehoben und zu einer Kaserne eingerichtet.
Das Herzogtum Sachsen-Altenburg trat dem deutschen Gesamt-Zoll- und Handelsverein bei. Das Armenwesen im Land wurde durch ein Gesetz vom 9. August diesen Jahres neu geordnet, die Armenlast den Gemeinden zugewiesen.
Die Töpfer, die bisher auf dem Topfmarkt ihre Verkaufsstände hatten, bekamen jetzt für die Jahrmärkte den Roßplan und die Schmöllnsche Gasse zugewiesen.
Die Einwohnerzahl betrug Ende des Jahres 13 326.

1834. Seit diesem Jahr gab es in der Stadt einen Wollmarkt.
Am 29. September starb Herzog Friedrich in Hummelshain. Sein Leichnam wurde am 5. Oktober in feierlichem Geleit durch Altenburg und auf das hiesige Schloß gebracht und am 8. Oktober in der Fürstengruft der Schloßkirche, bis zur Erbauung der neuen Fürstengruft auf dem Gottesacker, beigesetzt. Herzog Friedrich war seit 1826 Herzog von Altenburg. Seine Gemahlin war Charlotte zu Mecklenburg-(Strelitz). Sein Regierungsnachfolger wurde sein ältester Sohn Herzog Joseph.
Es erfolgte die Anlegung des Packhofes im Johannisgraben durch den Anschluß an den preußischen Zollverein.
Die Vorstädte und der Nikolaikirchhof bekamen Straßenlaternen.
An der Bartholomäikirche und auf dem Brühl erhielten die Brunnen einen kostspieligen Überbau.

1835. Im Mai wurde mit dem Bau eines neuen Packhofes im Johannisgraben begonnen und im Oktober 1836 seiner Bestimmung übergeben. Der Bau kostete 14 000 Taler.

1836 erfolgte der Abbruch des Teichtores. Dieses befand sich in der Nähe der Herberge „Weißes Roß".
Am 25. Oktober brannten 12 Scheunen vor dem Johannistor am Spitalteich.
Die Garnisonskirche in der Leipziger Straße erhielt eine neue Orgel. Am 21. Oktober 1803 wurde die Garnisonskirche durch Herzog August eingeweiht. Der Herzog schenkte ihr ein gemaltes Altarbild von Grassi, welches 1830 zur Renovierung abgenommen wurde.
Auf dem Roßplan entstand das Gesellschaftshaus „Casino".

1836-38 erfolgte der Bau des Brauhofes, der sich zwischen dem Großen Teich und der Schmöllnschen Straße befand. Im März 1838 wurde dort erstmalig gebraut.

1837. Vom 22.-23. Januar brannten 2 Häuser an der östlichen Seite des Marktes mit einem Malz- und Brauhaus.
In diesem Jahr ist im Landesarbeitshaus in den Roten Spitzen ein Betsaal eingerichtet worden. Um den Gottesdienst sonntags, früh 9 Uhr, abzuhalten, bekam 1838 das Haus die Orgel der Garnisonskirche. In dem Landesarbeitshaus fanden „arbeitsunlustige" und „liederliche" Personen Anhaltung zur Arbeit und zu einer geregelten Lebensweise.
Auch wurde die alte Hofapotheke auf dem Markt abgetragen. Noch im gleichen Jahr wurde das neue Gebäude bis unter das Dach errichtet.
Es erfolgte der Abbruch des Bürger- oder Bergertores am 9. Dezember, durch welches man zum Augustiner-Bergerkloster gelangte.
Eine Auktion sämtlicher Linden der alten hohlen Straße nach Zeitz (Zeitzer Straße) wurde auf Befehl der fürstlichen Kammer am 6. Oktober gehalten. Auf beiden Seiten der Straße standen von der Anhöhe bis zur Brücke rund 160 Linden. Sogleich nach der Auktion begann das Umschlagen und Ausroden dieser Bäume.

1838. Am 13. Mai wurde der Grundstein für die neue Fürstengruft, die sich in einem Teil des Gottesackers befindet, gelegt. Diese im altdeutschem Stil errichtet Gruft vollendete der Baucontrolleur Winkler im Herbst 1841.
Am 8. September, früh 2.30 Uhr, brannte das Posthaus an der Südseite des Marktes, und am 16. September brannten 10 Scheunen vor dem Johannistor auf der Seite nach der Stadt zu.
Am 29. September gründeten Pädagogen, Juristen und Theologen die Geschichts- und Altertumsforschende Gesellschaft des Osterlandes zu Altenburg.
Hinter der Bartholomäikirche brannten am 15. Oktober zwei Häuser.

Die Fürstengruft auf dem Gottesacker ist vom Verfall bedroht

1839 brannte es am 3. Januar vor dem Johannistor.
Die Stiftskirche des Magdalenenstiftes wurde restauriert.
Der Hoftanzlehrer Friedrich Schaller gründete die erste Tanzschule Deutschlands.
Es fing der Straßenbau der heutigen Zeitzer Straße an. Die gesamte Straße war vom Johannisgraben bis auf die Anhöhe abgegraben und vertieft. Ein Teil des Gartens des Goldenen Pfluges wurde in ein Stück Straße verwandelt. Die beim Bau angefallene Erde wurde in die Hohle gefahren, um die Straße in ihren jetzigen Zustand zu bringen.
Der Pulverturm am Hausweg entstand.

1839/40 wurde die Gottesackerkirche umgebaut. So trug man vom 21. Juli bis 5. September die steinernen auf beiden Seiten der Kirche befindlichen Giebel und alle Sparren ab.
Nach Vollendung des Umbaus der Gottesackerkirche wurde diese am 29. November 1840, dem 1. Advent früh 10 Uhr, durch den Hofprediger K.R. Sachsen in Gegenwart von dem regierenden Herzog Joseph von Sachsen-Altenburg (1834-1848), Prinz Georg nebst seiner Gemahlin und vielen Zuschauern abermals eingeweiht.

1840. Am 16. Dezember war ein Brand im Johannisgraben und vom 23.-24. Dezember auf Unterpauritz.

1841/42 wurde die Personenhalle des alten Altenburger Bahnhofes erbaut. Der

Bahnhof befand sich bei der Fabrikstraße/Terrassenstraße.

1841. Am 1. Juli wurde der erste Baum auf der herrschaftlichen Wiese auf dem Weg nach Rasephas gefällt und die Richtung der Bahnlinie mittels einer Stangenverbindung gekennzeichnet. Unter der persönlichen Leitung des Oberingeneurs Major Kunz und in Begleitung des Direktoriums der Eisenbahnkompanie fand am 6. September 1842, nachmittags, die erste Probefahrt von Leipzig nach Altenburg statt. Die Begeisterung war sehr groß, denn viele Menschen sahen zum ersten Mal eine Eisenbahn. Anwesend war auch die herzogliche Familie.

Einweihung des alten Bahnhofs. Links und rechts stehen die Staatsbeamten der sächsischen Bahn

Am 19. September 1842, vormittags, wurde der Betrieb der Bahn aufgenommen. Der Altenburger Bahnhof wurde festlich geschmückt mit umkränzten Säulen, mit Ehrenpforten und Flaggen in den sächsischen und bayerischen Farben. Für den Empfang des Zuges lud man städtische und Staatsbeamte ein, wofür in der Nähe der noch im Bau befindlichen Wagenhalle eine Tribüne errichtet wurde.

1843. Am 8. März, brannten drei Scheunen zwischen dem Großen und Kleinen Teich.
Das Theater im Schloßgarten, das lange Zeit leer gestanden hatte, wurde wieder eingerichtet und genutzt.

1843 erfolgte die Anlegung der Amalienstraße (heutige Rosa-Luxemburg Straße).
Der Pauritzer Teich, früher auch der untere Teich genannt, wurde durch die Anlegung der Amalienstraße verkleinert. Zur damaligen Zeit pflasterte man diesen Teich.

Der Pauritzer Teich in seiner ursprünglichen Größe um 1840

1844 erfolgte ein gänzlicher Neubau der Wasserkunst am Kleinen Teich durch den Altenburger Maurermeister Wilhelm Wagenbreth. Am 11. Juli erfolgte die Grundsteinlegung für diesen Turm, der eine Höhe von 44 Metern besitzt. Am 31. Oktober wurde bereits das Kunstzeug zur Hebung des Wassers in Gang gesetzt. Der Turm, einschließlich der dazugehörigen Mühle, konnte am 16. Dezember 1845 fertiggestellt werden. Die Baukosten betrugen 18 100 Taler.
Bei diesem Bau verunglückte der bekannte Zoologe Alfred Brehm als damaliger Maurerlehrling.

1844. In der Nacht vom 4. zum 5. März erfolgte die Einweihung der Fürstengruft am Gottesacker, wobei die Leichen der Prinzessin Luise und des Herzog Friedrich aus der fürstlichen Gruft der Schloßkirche dort beigesetzt worden.
Am 15. März wurde die Bahnstrecke Altenburg-Crimmitschau in Betrieb genommen.

1844/45 wurde die Güterhalle am alten Bahnhof errichtet.

1845. Die Schlaguhr, die sich früher am Teichtor befand und nach dem Abbruch des Tores von den Altenburger Bürgern gekauft worden war, brachte man am Kunstturm, an der Seite nach der Stadt zu, an und setzt die Uhr am 16. Dezember 1845 in Gang.

Die Wasserkunst stand bis 1878 im Dienste der Wasserversorgung in der Stadt

1846-1851. Der Neubau des herzoglichen Marstallgebäudes begann. Es entstand im profanen gotischen Tudorstil.

1846. Am 30. August, früh, brannten zwei Häuser auf den Röhren.
Ende des Jahres zählte die Stadt Altenburg 15 450 Einwohner.
Es erfolgt die Anlegung des Kaiser-Wilhelm-Platzes (jetziger Hospitalplatz).

1847 wurde auf dem Pauritzer Teich ein Schwanenhaus gesetzt. Die Schloßauffahrt wurde zum Teil erniedrigt.
Außerhalb der Stadt, an der Leipziger Straße, nahe dem Krankenhaus, begann man den Bau einer Dampfmühle aus Privatmitteln.

1848. Seit diesem Jahr befand sich in dem Gut auf dem Frauenfels eine Privatlehranstalt.
Altenburg erlebte auch sein „tolles Jahr“. Die drei Revolutionäre Erbe, Dr. Donai und Dölitzsch beherrschten längere Zeit unsere Stadt.
Am 18. Juni wurden Barrikaden in der Stadt errichtet, als der Herzog sächsisches Militär in die Stadt gerufen hatte. Zu Auseinandersetzungen kam es nicht, und nachdem Reichstruppen einmarschierten, kehrte wieder Ruhe ein. Die Reichsstruppen blieben bis zum 2. Januar 1850.
Am 30. November legte Herzog Joseph von Sachsen-Altenburg die Regierung nieder. Zwei Tage vorher starb seine Gemahlin Herzogin Amalie. Die Regierungsgeschäfte übernahm nun der Bruder Herzog Josephs, Herzog Georg.
Auf dem Pohlhof wurde das Museum Bernhard August von Lindenaus eröffnet.

1849. Am 1. Januar zogen abermals Sachsen, die von den Hannoveranern abgelöst wurden, in die Stadt, und diese wiederum wurden am 21. März von preußischen Reichstruppen abgelöst, welche bis zum Ende des Jahres in der Stadt blieben. Von diesen Truppen ging im Juni das erste Auftreten der Cholera in Altenburg aus. Diese Krankheit forderte bis September 14 Tote, des weiteren starb eine weitere Hälfte der Erkrankten.

Seit der 2. Hälfte des 19. Jahrhunderts bis 1902 befanden sich an der Westseite des Rathauses Gewölbeläden (Bäckerladen, Obstgeschäft und Tabakladen).

Die Geschäfte an der Westseite des Rathauses

1850. Anfang des Jahres rückte das herzogliche Militär wieder ein, das auswärts eingesetzt wurde.
Die städtische Leichenhalle, links vom Gottesacker-Eingang, wurde errichtet.

1852. Der Georgsplatz (heutiger Keplerplatz) wurde an der Stelle des im Vorjahr abgebrochenen Hofbrauhauses und des alten herzoglichen Marstallgebäudes angelegt.
Am 10. Februar fand eine herausragende Fürstenversammlung auf dem Schloß zur Vermählung der Prinzessin Elisabeth, der dritten Tochter des Herzogs Joseph, mit dem damaligen Erbgroßherzog Peter von Oldenburg statt. Zu dieser Vermählung waren die Könige Friedrich Wilhelm IV. von Preußen, Friedrich August von Sachsen und Georg V. von Hannover, weiterhin die Großherzöge August von Oldenburg, Friedrich Franz von Mecklenburg-Schwerin, der Fürst Heinrich von Reuß-Greitz, die Prinzen und späteren Könige Johann und Albert von Sachsen, der Erbgroßherzog Karl Alexander von Weimar, die Erbprinzen Georg von Meiningen und Friedrich von Dessau anwesend.

1853. Am 21. Mai zog der Erbprinz Ernst mit seiner Gemahlin Agnes, Prinzessin von Anhalt-Dessau, auf das hiesige Schloß.
Am 3. August starb Herzog Georg. Dessen Nachfolge trat sein älterer Sohn Herzog Ernst I. an, der auch die Regierungsgeschäfte übernahm.

1854. Am 7. Mai, wurde die neuorganisierte Feuerwehr auf dem Rathaus verpflichtet und der Landesherrschaft auf dem Schloßhof vorgestellt.
Die Gründung der Gasbeleuchtungs- Aktiengesellschaft fällt auch in dieses Jahr.

1856. Am 2. August kam eine türkische Persönlichkeit in unsere Stadt, nämlich der außerordentliche Gesandte und bevollmächtigte Minister am preußischen Hofe, Kemal Effendi, der dem Herzog einen Besuch abstattete.

1856-1859 wurde durch den Stadtbauinspektor Enger das Landgerichtsgebäude am Agnesplatz (heute Pauritzer Platz) errichtet. An dieser Stelle befanden sich vormals das Lotzsche, zuletzt jedoch das Doberneckersche Vorwerk und das Gasthaus „Zu den drei Lilien". Dieses Gebäude wurde als Kriminalgerichtsgebäude erbaut und in das damit verbundene Gefangenenhaus, das Landesgefängnis, ebenso Anstalt für jugendliche Verbrecher, einbezogen und löste somit den Sitz von den „Roten Spitzen" ab.

Das alte Landgerichtsgebäude am Pauritzer Platz

1859 fand die Hundertjahrfeier anläßlich des Geburtstages Schillers in der Stadt und im Gymnasium statt.

1860 zählte die Stadt insgesamt 16751 Einwohner.

1861. Am 16. September und die folgenden Tage fand eine Generalversammlung der Vorstände der deutschen Geschichts- und Altertumsvereine statt.
Eine zweite Etage wurde am Gasthaus Stadt Gotha aufgeführt. Architekt und Projektant war Wilhelm Wagenbreth.

1862. Am 3. Juli brannten zwei Häuser in der Amalienstraße.

1862-1865 wurde das neue Landesbank- und Bibliotheksgebäude in der Burgstraße, gegenüber der St. Bartholomäikirche, errichtet.

1863. Am 18. Oktober war eine Feier des 50jährigen Gedächtnistages der Völkerschlacht bei Leipzig.

1864 mußte wegen Baufälligkeit das herzogliche Schauspielhaus im Schloßgarten geschlossen werden.
Am 17. Juli brannte ein Haus an der Malzmühle und am 24. August zerstörte ein Schloßbrand den Festsaalflügel. Die

Wiederherstellung des gänzlich zerstörten Saales im Schloß fand in der Zeit von 1865-1869 statt.
Am 31. August brannten vier Häuser in der Kunstgasse.
Am 10. November fand ein Erinnerungsfest an den vor 300 Jahren vollendeten Bau des Altenburger Rathauses statt.
Das wieder aus drei Mahlgängen bestehende Mühlwerk der Kupfermühle, auch Zwiebelmühle genannt, wurde versteigert und das Gebäude, am Pauritzer Teich gelegen, abgebrochen.

1865 brach erneut die Cholera aus. Bis Mitte Dezember starben 80 Menschen an dieser Krankheit.
Das innere Johannistor wurde abgetragen.
Im Gasthof „Weißes Roß" erfolgte der Einbau einer zweiten Gaststube auf der Seite zur Kunstgasse.
Die Prediger-Wohnung im Magdalenenstift wurde neu errichtet.
Eine große Bebauung der Schützenstraße (heutige Puschkinstraße) begann.

1866. Vom 21.-22. Juli kam es durch den Deutschen Krieg zur Einquartierung des zweiten preußischen Reservekorps unter dem Großherzog von Mecklenburg, das von Leipzig aus nach Bayern zog. Es befanden sich altenburgische und mecklenburgische Truppen in der Stadt. Braunschweigische Truppen zogen am 2. August durch Altenburg.
Die Kupfermühle auf dem Grund der jetzigen Minol-Tankstelle wurde abgebrochen.
Am Großen Teich, an der jetzigen August-Bebel-Straße, erfolgte die Gründung der Hutfabrik „Förster".

1867. Das altenburgische Truppenkontingent ging als 1. Bataillon des 7. thüringischen Infanterieregiments Nr. 96 in die preußische Armee über.

1868. In der Nacht vom 30. September zum 1. Oktober war ein verheerender Brand auf dem Altenburger Schloß. Das Prinzenpalais mit angrenzendem Kornhaus wurden Opfer der Flammen. Sechs Personen verunglückten bei diesem Brand tödlich, die ehrenamtlich bei der hiesigen Feuerwehr tätig waren:
Johann Friedrich Preller, Maurer, 37 Jahre, 7 Monate alt;
August Hermann Frommelt, Zimmerergeselle, 35 Jahre, 10 Monate alt;
Friedrich Jahn, Zimmerergeselle, 32 Jahre, 2 Monate alt;
Gottlob Windisch, Zimmerergeselle, 62 Jahre, 6 Monate alt;
Johann C. Taubert, Zimmerergeselle, 36 Jahre, 6 Monate alt;
Franz Th. Nitzsche, Zimmerergeselle, 33 Jahre, 8 Monate alt.

Sechs Opfer forderte der Schloßbrand 1868

1869 erfolgte die Anlegung des Agnesplatzes (jetzt Pauritzer Platz) auf dem zum Teil zugeschütteten Pauritzer Teich und dem Gelände der 1864 abgebrochenen Kupfermühle.
Die Malzmühle mit der Mühlengerechtigkeit wurde an die Stadt verkauft, da der dazugehörige Graben zugeschüttet werden mußte, um den Theaterbau nicht zu behindern.

1869/70. Das Prinzenpalais, welches im Jahre 1868 durch einen verheerenden Schloßbrand zerstört wurde, entstand in seiner heutigen Gestalt. Dieses Palais befindet sich rechts neben dem Schloßhofeingang.

1869-1871. Nach einem Plan von Baurat Enger entstand an der Stelle eines alten Kammerhauses und herzoglichen Waschhauses am Josephplatz (heutiger Theaterplatz) das herzogliche Hoftheater durch den Leipziger Architekten Feller und Baumeister Otto Brückwald im Stil der italienischen Renaissance. In der architektonischen Gesamtkonzeption folgt das Altenburger Theater dem ersten Theaterbau des bekannten Gottfried Semper in Dresden (Semperoper Dresden 1838-1841 erbaut). Eingeweiht wurde das herzogliche Hoftheater am 16. April 1871 mit Webers Freischütz.

Das herzogliche Hoftheater um 1880

1870 wurde der Mühlgraben Hinter der Waage und der Wallstraße zugeschüttet. Zum Kriege gegen Frankreich rückte das herzogliche Militär in Altenburg aus. Herzog Ernst I. folgte dieser Truppe auf den Kriegsschauplatz. Die Stadt wurde von der Reserve und den Ersatzmannschaften besetzt.
Reservelazarette mußten in der Stadt eingerichtet werden, und zwar im Goldenen Pflug, im Preußischen Hof, in der Freimaurerloge und in verschiedenen Baulichkeiten auf dem Altenburger Schützenanger.

Die alte Ratsfronfeste im Bereich der Ringstraße

Am 29. Juli brannte die Schulzesche Wollgarnfabrik vor dem Teichtor, die sich seit dem Jahre 1854 in dem Gebäude des jetzigen Kinos „Capitol" befand.
Drei Häuser brannten am 29. Oktober am Kirchberg.
Die ersten Verwundeten kamen am 9. September in die Stadt.
Bei der Ratsfronfeste mußte ein Stück Stadtmauer abgetragen werden, um eine Verbindung zwischen der Ring- und Wallstraße herzustellen.

1871. Ende April erfolgte die Auflösung der Reservelazarette. Bis zu dieser Zeit wurden in diesen Lazaretten insgesamt 1 701 Mann (1 568 Deutsche und 115 Franzosen) aufgenommen. Auch erhielt die Stadt mehrere französische Gefangene zur Verwahrung. So waren es am 1. Oktober 1870 etwa 300 und im Januar 1871 etwa 500 Personen. Die Erstgenannten wurden auf dem Kasernenhof im Exercierhaus und im Bauhof, die Letztgenannten in einer Baracke auf dem Militärturnplatz untergebracht. Die französischen Gefangenen wurden am 18. April 1871 in ihre Heimat zurückgeführt. Am 9. März kehrte der Herzog und am 17. Juni das altenburgische Bataillon aus dem Feldzug gegen Frankreich nach Altenburg heim, wo die Bevölkerung sie feierlich empfing.
Die beiden Türme des einstigen Bergerklosters befreite man von den späteren

Das Langhaus der Roten Spitzen vor 1871

Ein- und Anbauten und restaurierte diese in ihrem ursprünglichen Stil. Von dieser Restaurierung ausgenommen waren die beiden Turmspitzen.
Die Altenburger Aktien-Brauerei wurde gegründet.

1872 erfolgte die Anlegung des Agnesgartens am Fuße des Hausmannsturmes.

1873 fand die Vermählung der Prinzessin Marie von Sachsen-Altenburg mit dem Prinzen Albrecht von Preußen statt. Bei dieser Gelegenheit fand am 15. April ein Bauernreiten statt, bei dem sehr viele Menschen von nah und fern gekommen waren.

1873-1875 wurde am nördlichen Ausgang des Schloßgartens durch den Baurat Julius Enger das Lindenau-Museum im Stil der Neorenaissance errichtet. Der Kostenaufwand für diesen mächtigen Bau belief sich auf rund 110 000 Reichstaler. Bis zum Bau des Naturkundemuseums „Mauritianum“ hatte das Lindenau-Museum die Sammlungen der Geschichts- und Altertumsforschenden Gesellschaft sowie die ornithologische und Mineralsammlung der Naturforschenden Gesellschaft aufgenommen. Die Einweihung des Museums fand im Jahre 1876 statt.
Auch wurden seit 1876 die vom Staatsminister v. Lindenau dem Lande geschenkten Kunstsammlungen im Museum aufgestellt.

Das Lindenau-Museum beherbergt u.a. die Sammlungen des Staatsministers von Lindenau

1874 erfolgte ein Neubau des „Goldenen Pfluges“.
Seit diesem Jahr verpachtete man die Insel an einen Gastwirt.

1875 wurde begonnen, in den Gebäuden auf dem Frauenfels eine städtische Schule, die sogenannte Frauenfels-Schule, einzurichten.
Seit diesem Jahr befand sich in der Ernststraße 6/7 (jetzt Gabelentzstraße) eine Fabrik für Klapphüte.

1876. Die Frauenfelsschule ist nach den erfolgten Umbauten eröffnet worden.

1876-1878 erfuhr der Nikolaiturm umfassende Reparaturen.

1876-1879 entstand nach Plänen des Architekten Lehnert aus Dresden das neue Bahnhofsgebäude in der Wettinerstraße im Stil der Neorenaissance.
Es gleicht mit seinen Dachkuppeln auf dem Mitteltrakt dem Bau des Lindenau-Museums.

1877 gab es in Altenburg für die Sonn- und Feiertage eine Tagesfeuerwehr, die aus einer bestimmten Anzahl von Mitgliedern der Feuerwehr gebildet worden war. Diese Mitglieder versammelten sich abwechselnd in Räumlichkeiten neben dem Rathaus, um bei einem Feuerausbruch schnell handeln zu können. Zu diesem Zweck wurde ihnen eine Karrenspritze bereitgestellt.
Übrigens gab es auch seit Oktober des Jahres 1869 eine Nachtfeuerwehr.

Die Tagesfeuerwehr vor ihrem Domizil neben dem Rathaus

1877. Von Ostern diesen Jahres bis Ende Oktober 1879 wurde die Bartholomäikirche restauriert. Die Restaurierung bezog sich auf das gesamte Äußere und Innere, mit Ausschluß des Barockturmes. Die Kapellen wurden an der Nordseite abgetragen, die Emporen verändert. Der Chor erhielt Fenster mit bemaltem Glas. Außerdem wurde die Kanzel vom dritten zum Altar nächsten Pfeiler verlegt. Der Kirchenraum erhielt eine Heizung und Gasbeleuchtung. Alle noch vorhandenen Grabdenkmäler entfernte man von den Wänden. Der nach der Burgstraße befindliche Platz wurde mit Gartenanlagen versehen. Am Reformationsfest im Jahre 1879 fand die Weihe des restaurierten Gotteshauses statt.
Am 21. Oktober des Jahres 1877 nahmen die Maurer Friedrich Meining, Gustav Fischer, Maurerlehrling Max Ackermann sowie der Maurergeselle Ernst Rothe an der Restaurierung der Bartholomäikirche teil, die sich auf zwei Steinen mit Blei verewigten. Auf den weißen Hohlziegeln wurden von den Maurern das Datum der Restaurierung, die Geburtsdaten sowie der Arbeitslohn niedergeschrieben. Die Schriften, die unverändert wiedergegeben werden, lauten:

Diese zwei Steine zeugen von der Erneuerung der Bartholomäikirche 1877

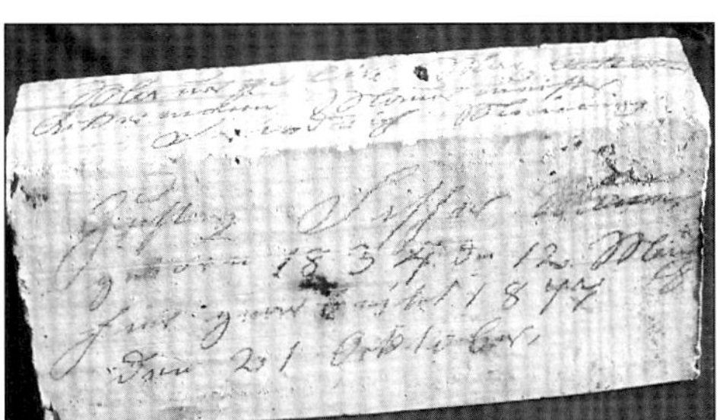

(schmale Seite des 1. Steines)
Maurerlehrling Max
Ackermann, Maurermeister
Friedrich Meining

(vordere Seite des 1. Steines)
Gustav Fischer Maurermeister
geboren 1834 den 12. März
hier gearbeitet 1877
den 21. Oktober

(Schrift des 2. Steines)
Ernst Rothe Maurergeselle
geboren zu Altenburg im Jahre
1845 den 10. September, arbeitete
für den Baumeister Friedrich Meining
Lohn für 11 Stunden Arbeitszeit der
Maurer 27 Kreuzer
Altenburg den 21.10.1877

1877 wurde die Schwimm- und Badeanstalt an der Hellwiese eröffnet. Dieses Bad hatte vom Mai bis 1. September geöffnet. Das Schwimmbecken besaß eine Größe von 26,5 m x 11 m und faßte 600 cbm Wasser, welches aus einem eigenen Brunnen genommen wurde.

1877/78 setzte man die an der Wasserkunst befindliche Mühle, die sogenannte Kunstmühle, außer Betrieb.

1878. Am 28. April, wurde die silberne Hochzeit der Landesherrschaft feierlich begangen. Viele verwandte Fürstlichkeiten waren anwesend und die Wiederholung eines großartigen Bauernreitens fand statt.
Es erfolgte der Abbruch der alten Ratswaage in der Sporenstraße.

1879. Am 19. Mai brannte ein Haus auf der Schützenstraße (heutige Puschkinstraße), wobei ein Kind ums Leben kam.

1880. Am 17. Februar brannte ein Teil der Gablerschen Meierei an der Gasanstalt.

1882 wurde die Landwirtschaftliche Schule in der Herzoglichen Realschule eröffnet.
Es erfolgten Erweiterungen auf dem Frauenfels.

Eine weitere Schlämmung des Großen Teiches fällt auch in dieses Jahr.

1884. Eröffnung der Kreuzapotheke in der Ernststraße (jetzt Gabelentzstraße).

1885 wurde das Kinderhospital an der Zeitzer Straße erbaut. Seine Gründung verdankt das Evangelische Kinderhospital den Menschen, die sich vor hundert Jahren der besonderen Not von kranken Kindern annahmen und die sich in vielen Schwierigkeiten nicht entmutigen ließen, ein Krankenhaus in der Zeitzer Straße zu errichten. Die Gründung dieses Hospitals ist eng mit den Namen Karl Braune verbunden. Im Jahre 1852 kam Generalsuperintendent Karl Braune in die Stadt und gründete ein Jahr darauf (1853) die Altenburger Landesbibelgesellschaft und 1854 den „Verein zur Pflege kranker Armer". Am 25. Juli 1885 erfolgte die feierliche Grundsteinlegung des Hospitals. Am 31. Oktober 1886 wurde nach einer Bauzeit von nur einem Jahr und 3 Monaten das Kinderhospital eingeweiht. Viele Persönlichkeiten waren anwesend. Die Kosten betrugen rund 70 000 Mark.

1886. Die Altenburger Sparkasse eröffnete am 18. Oktober ihr erstes Geschäftslokal in der Wallstraße Nr. 36.

1888 erfolgte die Einweihung der Gebrüder-Reichenbach-Schule in der Lindenaustraße, nahe des Pohlhofes.

1888/89 erfolgte der Bau der Landwirtschaftlichen Schule in der Zeitzer Straße.

1890. Am 3. und 4. Mai, war Kaiser Wilhelm II. in der Stadt.
Auf einer Sitzung des Altenburger Schulvorstandes wurde beschlossen, eine neue Schule mit 15 Klassenräumen zu errichten, da die bestehenden Schulen in Altenburg nicht ausreichten. Als Baugelände für die neue Schule hatte man das Krödelsche Haus, Torgasse 2 (gegenüber dem Marienbad), ausersehen. Ostern 1892 war das Schulgebäude bezugsfertig. Der Kostenaufwand betrug 112073 Mark. Im April des Jahres 1892 zogen 460 Schülerinnen der ersten Mädchenschule in das neue Gebäude ein. Vom zuständigen Amtsarzt wurde die neue Schule als „mustergültig" bezeichnet. Diese Schule benannte man nach der dort befindlichen Torgasse, die Torgassenschule.
Seit 1861 war in der Neustadtschule (ehemals Dimitroff-Schule) diese erste Mädchenschule zusammen mit einer zweiten Mädchenschule untergebracht. Damals zählte die stärkste Klasse 57 Schülerinnen, die schwächste Klasse 34 Schülerinnen.

Das Krödelsche Haus in der Torgasse

1892. Ab diesem Jahr diente das Gebäude der Kunstmühle als Polizeigefängnis.
In der Wallstraße trug man die alte Stadtmauer gänzlich ab und errichtete die heutige Mauer mit dem schmiedeeisernen Geländer. Ende des Jahres war Großfüstin Alexandra von Rußland bei der Wiedereinweihung der Schloßkirche anwesend.

1892-1895 entstand nach einem Entwurf vom Baurat Alfred H. Wanckel, der aus Leipzig stammte, das jetzige Landratsamt als Regierungsgebäude (Ministerium für das Herzogtum Sachsen-Altenburg) in der Lindenaustraße. Der erste Spatenstich wurde 1892 getan, das Dachwerk im September 1893 gehoben und 1894 mit dem Innenausbau begonnen. Der vierflügelige Bau besitzt einen großen Lichthof. Die aufwendige Treppenanlage und die reiche Innendekoration dieses Lichthofes lassen die Ausstattung barocker Schloßbauten nachahmen.

Das Landratsamt in der Lindenaustraße

1893. Im April weilten die Großfürstin Alexandra, Großfürstin Elisabeth und Großfürst Konstantin auf dem Altenburger Schloß.

1894 wurde die Altenburger Straßenbahn- und Elektrizitätsgesellschaft gegründet und am 1. Juli 1894 begann das erste Betriebsjahr der Altenburger Straßenbahn. Der regelmäßige Verkehr begann ab 18. April 1895. Es ist besonders hervorzuheben, das die Stadt Altenburg als kleine Residenzstadt mit 35 000 bis 40 000 Einwohnern und als siebente deutsche Stadt eine Straßenbahn besaß.

1897. Das 8. thüringische Infanterieregiment Nr. 153 lag in Altenburg in Garnison.
Nach Plänen des Stadtbaumeisters Elberling wurde durch den Baumeister Frenzel die neue Friedhofskapelle mit Leichenhalle im gotischen Stil errichtet.

1898. Am 17. Februar fand die Vermählung des Prinzen Ernst, des späteren Herzog Ernst II., mit der Prinzessin Adelheid, der Tochter des Prinzen Wilhelm zu Schaumburg-Lippe, statt.
Nach Plänen des Architekten N. Bürkel entstand durch den Baumeister Friedrich Krüger auf dem oberen Teil der Zwickauer Straße der Bau einer Privatsternwarte, die staatlich unterstützt wurde (Fertigstellung im Oktober 1898).
August Bebel sprach vor 1 500 Arbeitern im Waldschlößchen.

Foto oben: Bis zum Postneubau am Theaterplatz wurde das Palais des Prinzen Moritz auf dem Markt als Postamt genutzt

Foto unten: Das Hans'sche Haus, das wegen des Postneubaus 1897 von der Reichspost angekauft und weggerissen wurde

1898-1900. Im romanischen Stil wurde gegenüber der Gaststätte „Volkstädt" eine neue Post erbaut. Am 16. September 1900 öffnete die neue Post zum ersten Male ihre Pforten. Der Schalterdienst fand werktags von 7 Uhr (im Winter von 8 Uhr) bis 20 Uhr, an Sonn- und Feiertagen von 8-9 Uhr und 12-13 Uhr statt. Von diesem Postamt fuhren im Deutschen Reich zum ersten Mal elektrische Postwagen zum Bahnhof. Die Höhe des Postturmes beträgt ca. 19,5 Meter.
Bis zum Bau diesen Gebäudes gab es ein kaiserliches Postamt auf der unteren Seite des Hauptmarktes (jetzt Commerzbank).

1899 zog das Technikum (höhere und mittlere technische Lehranstalt), das sich bis dahin am Georgsplatz befand, in das neu erbaute Gebäude in der Münsaer Straße um. Die Errichtung der Herzog-Ernst-Kaserne in der Leipziger Straße begann.

1900. Am 13. Mai wurde der Erbprinz Georg Moritz von Sachsen- Altenburg geboren.

1900/01. In der Neuen Welt entstand die Ostschule (Erich-Mäder-Schule).

1900-1902 wurde das neue Lehrerseminar (heute Staatliches Gymnasium) in der Geraer Straße vom herzoglichen Baurat Johann Bernhardi erbaut. Dieses Seminar bildete als einzige Einrichtung im Land Lehrer aus.
In dieser Zeit entstand der Schlachthof in der Brunnenstraße mit 13 Gebäuden. Die Gesamtfläche betrug rund 1,5 Hektar.

1901. Die alte Franziskaner-Bruderkirche auf dem Markt wurde abgebrochen und mit einem völligen Neubau begonnen.
Es erfolgte die Einweihung der Ostschule.

Die Fassade der Franziskaner-Bruderkirche

1902. Am 28. August erfolgte in Altenburg die letzte Hinrichtung, wahrscheinlich im Landgericht.

1903. Zur Erinnerung an das in den Jahren 1810-1818 in Altenburg erfundene Skatspiel entstand nach einem Entwurf von Professor Ernst Pfeifer aus München der Skatbrunnen auf dem Brühl. Diesen stiftete 1902 der Altenburger Apotheker Albert Steudemann.

1903 gab es die ersten Ideen zur Errichtung eines öffentlichen Volksbades im Steinbruch des Kommerzienrates Edmund Schmidt am Stadtwald. Am 23. Juli 1903 fertigte man eine Farbzeichnung, woraus ersichtlich ist, daß der Steinbruchteich in zwei Hälften gegliedert werden sollte: Ein Teil Schwimmer- und Nichtschwimmerbecken, der andere Teil Teichfläche. Unterzeichnende des Bauplanes sind der Besitzer des Hellwiesenbades Friedrich Roch und der Schwimmmeister Paul Linke. Dieses Projekt ist nicht verwirklicht worden. Warum und woran dieses Vorhaben scheiterte, ist nicht bekannt.

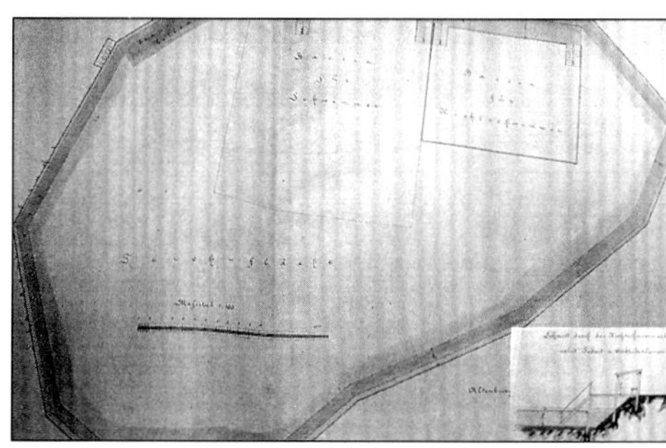

Zeichnung zur Errichtung eines öffentlichen Volksbades im Steinbruch des Kommerzienrates Schmidt

1903-1906 entstand nach einem Entwurf von Baurat Wanckel die Herzogin-Agnes-Gedächtniskirche. Den Bauplatz stellte Herzog Ernst I. zur Verfügung. Zu Ehren seiner am 23. Oktober 1897 verstorbenen Gemahlin Herzogin Agnes, stiftete Herzog Ernst I. am 28. April 1903, dem 50. Hochzeitstag, diese Kirche. Am 29. April 1906 fand die feierliche Einweihung der Agneskirche statt. In dieser sind in der Gruft unter dem Altarraum beigesetzt worden: Herzogin Agnes, Herzog Ernst I., der Sohn des Herzogehepaares Georg sowie ihre Nichte Großfürstin Elisabeth von Rußland.

1904. Bis zu diesem Jahr bestand das Schloßgartentheater.
In der Nacht vom 1. zum 2. Dezember brannte das alte Kornhaus, das sich in der Frauengasse, nahe dem heutigen Keplerplatz befand, nieder. Das Kornhaus diente der Aufbewahrung des abgelieferten Zinsgetreides. Das ganz aus Fachwerk bestandene Gebäude besaß sieben Stockwerke.

Stadtansicht um 1880, im Vordergrund das Fachwerk-Kornhaus

1904/05 erhielt das herzogliche Hoftheater einen Vorbau durch den Geh. Hofbaurat Hoppe.

1905. Am 7. Februar brannte der Kirchensaal im Schloß aus.
Es erfolgte die Verkleinerung des Kleinen Teiches durch die Anlegung des Teichplanes.
Der Bau der neuen Brüderkirche wurde beendet. Die Einweihung fand am 7. Mai statt. Dieser rote Backsteinbau mit dem hohen spitzen Turm bildet den Abschluß und Blickfang des Altenburger Marktes.

1906 wurde mit der Anpflanzung des Herzog-Ernst-Waldes begonnen. Am 16. September schenkte die Stadt dem Herzog zu seinem 80. Geburtstag diesen Wald. Der Kirchensaal des Schlosses wurde wieder hergestellt.

1907/08. Nach Entwürfen des Baurates Alfred H. Wanckel und durch den Baumeister Richter entstand im Jugendstil das naturkundliche Museum „Mauritianum". Herzog Ernst I. stellte für den Bau kostenlos den Bauplatz und der Staat Sachsen-Altenburg 65 000 Mark zur Verfügung. Das Mauritianum besitzt einen kuppelförmigen Mittelbau und befindet sich oberhalb des Lindenau-Museums. Vor dem Mauritianum befindet sich heute das bereits 1894 am Plateau entstandene Brehm-Schlegel-Denkmal, das vom Architekten M. Goldmann geschaffen wurde. Drei gestaltete Porträtreliefs, die M. Pfretzschner aus Charlottenburg am Denkmal gestaltete, erinnern an die Altenburger Naturforscher Hermann Schlegel, Christian L. Brehm und dessen Sohn Alfred Brehm.

1907. Am 31. Dezember erfolgte die vollständige und rechtliche Übernahme des Kleinen Teiches, des Großen Teiches und der Hellwiese durch die Stadt Altenburg. Der Kaufpreis für die Hellwiese betrug 22 375 Mark.

1908. In den Abendstunden des 6. Februar machten sich die Zeichen für den nahenden Tod des vom Volke geliebten Herzog Ernst I. bemerkbar. Es waren viele Persönlichkeiten versammelt. Am Bett des kranken Herzogs saß Prinzessin Adelheid, neben ihr standen der Prinz Ernst, der Staatsminister von Borries, der höchste Berater des Herzogs, der Oberhofmarschall v. der Schulenburg, der Oberstallmeister von Ziegesar, der Hofprediger Reichard, die Leibärzte Dr. Cammert und Dr. Reuter, die Adjudanten v. Beczwarzowski und v. Breitenbach. Am Freitag, dem 7. Februar, um 0.45 Uhr, schlief der Herzog friedlich ein. Am folgenden Tag wurde der Verstorbene vor dem Altar der Schloßkirche feierlich aufgebahrt. Am Dienstag, den 11. Februar, fand in der Schloßkirche eine Gedächtnisfeier statt. Es gingen in einem Zuge zur Kirche viele Fürstlichkeiten, allen voran die Herzogin Adelheid, die trauernden Enkelsöhne, die Prinzen Joachim Albrecht und Friedrich Wilhelm von Preußen, die Herzogin-Mutter Antoinette von Anhalt mit dem König Friedrich August III. von Sachsen und dem Herzog Ernst II. Weiter anwesend war die Prinzessin Albert mit dem Großfürsten Dimitri als Vertreter des Zaren Nikolai II. und dem Prinzen August Wilhelm von Preußen als Vertreter seines kaiserlichen Vaters, die Prinzessin Eduard von Anhalt mit den Großherzögen Friedrich Franz IV. von Mecklenburg-Schwerin und Wilhelm Ernst von Sachsen-Weimar, Prinzessin Olga Elisabeth mit dem Herzog Johann Albrecht zu Mecklenburg, Regenten des Herzogtums Braunschweig und dem Herzog Carl Eduard von Sachsen-Coburg und Gotha, Prinzessin Marie mit dem Herzog Friedrich II. von Anhalt und dem Prinzen Franz von Bayern als Vertreter des Prinz-Regenten Luitpold. Es schlossen sich dem Zuge an: Herzog Ulrich von Württemberg als Vertreter König Wilhelms II., Prinz Maximilian von Baden als Vertreter des Großherzogs Friedrich II., Erbgroßherzog Adolf Friedrich von Mecklenburg-Strelitz und Herzog Georg von Oldenburg als Vertreter der Großherzöge von Strelitz und Oldenburg, Prinz Heinrich der Niederlande als Vertreter seiner königlichen Gemahlin, Prinz Johann Georg von Sachsen, Herzog Borwin zu Mecklenburg-(Schwerin), Herzog Ernst Günther zu Schleswig-Holstein, Prinz Eduard von Anhalt, Erbprinz Heinrich XXVII. Reuß j.L., Prinz Sizzo von Schwarzburg-Rudolstadt, Erbprinz Adolf und die beiden Prinzen Wolrad und Friedrich zu Schaumburg-Lippe, die regierenden Fürsten Friedrich zu Wied und Otto Viktor von Schönburg-Waldenburg und Prinz Johann zu Hohenlobe-Öhringen.

In der Herzogin-Agnes-Gedächtniskirche geleiteten am 12. Februar 1908 der nun regierende Herzog Ernst II., die Prinzen Joachim Albrecht und Friedrich Wilhelm von Preußen sowie Prinz Eduard von Anhalt den Sarg zur Gruft.

Seinem Wunsche entsprechend fand Herzog Ernst I. an der Seite seiner Gemahlin Herzogin Agnes die letzte Ruhestätte. Die Regierungsgeschäfte gingen nun an Herzog Ernst II. von Sachsen-Altenburg.

Dokumentaraufnahme (eigentlich verboten) von den Beisetzungsfeierlichkeiten Herzog Ernst I. zur Agneskirche

1909. Die Kaiserin Auguste Viktoria und Kaiser Wilhelm II. weilten am 19. September in der Stadt. Aus diesem Anlaß wurden viele Gebäude geschmückt, so das Lindenau-Museum, das Landesbankgebäude in der Burgstraße sowie sämtliche Häuser auf dem Marktplatz einschließlich des Rathauses.

1909/10 wurde der Neubau des Karolinums in der Schmöllnschen Straße aufgeführt.
Die Kuppel und das Drehwerk der Sternwarte in der Zwickauer Straße wurden demontiert.

1910 fanden viele Ballonfahrten statt. Auch überflogen mehrfach Luftschiffe unsere Stadt.
Das Karolinum, das im Jahre 1810 als höhere Töchterschule gegründet worden war, zog in diesem Jahr von der Schmöllnschen Straße in ein neues Gebäude am Hospitalplatz (heutige Grundschule Hospitalplatz). Die jungen Damen des Karolinums trugen schwarze Mützen mit gelbem Band.

Die Mütze des Karolinums,
getragen von Dorle Rentzsch aus Nobitz

Es erfolgte die Anlegung des Platzes vor dem Gasthaus „Weißes Roß".
Die Gottesackerkirche wurde umgebaut.

1911. Am 6. Dezember sprach Rosa Luxemburg vor 1 200 Arbeitern gegen Militarismus und Krieg am Waldschlößchen (heutige Teichterrassen).

1912 stiftete der Kommerzienrat August Clamor Hülsemann, der Besitzer der Zigaretten- und Tabakfabrik in der Johannisstraße Nr. 19, zum Gedächtnis an seine Gemahlin den Hülsemann-Tempel im Herzog-Ernst-Wald. Er befand sich unweit des späteren Bismarckturmes, war seit 1924 Ausgangspunkt der Rodelbahn und ist nach dem zweiten Weltkrieg zerstört worden.

1914. Am 8. August rückte das Altenburger Regiment ins Feld (8. Infanterieregiment Nr. 153).

1915 entstand nach dem Entwurf des Geheimen Baurat Wanckel und Bildhauer Pech der Bismarckturm im Herzog-Ernst-Wald. In Stampfbeton errichtet, ahmt er die Form der alten Altenburger Wachtürme nach. Der Fußpunkt liegt 233 m, der Turmfirst 266 m hoch; die Höhe des Turmes ist demnach 33 m. Die Einweihung des Turmes, welcher sich auf dem höchsten Punkt des Waldgeländes befindet, fand am 2. September 1915 statt.
Nach 1945 benannte man den Bismarckturm in Turm der Jugend um.

8. Altenburg als Freistaat

1918. Am Vormittag des 10. November ergriffen Altenburger Arbeiterinnen und Arbeiter Besitz von Plätzen und Straßen in der Stadt. Die erste Revolution gegen den deutschen Militarismus und Imperialismus hatte den schrecklichen und mörderischen Krieg beendet. Von dem in Altenburg stationierten 8. Infanterieregiment Nr. 153, welches vorwiegend aus Männern und Jugendlichen aus dem Land Sachsen-Altenburg bestand, kehrten von 21 188 Einberufenen nur etwa 7 100 unversehrt zurück, ca. 3 521 Männer und Jugendliche waren gefallen, der Rest wurde verwundet. Die Werktätigen des Kreises Altenburg hofften nun auf Veränderungen in ihrem Leben.
Sie schlossen sich zu Demonstrationszügen zusammen. Am 10. November, gegen 10 Uhr versammelten sich 11 000 Menschen auf dem Anger. Von vier Rednertribünen sprachen vier Funktionäre von Altenburger Arbeiterorganisationen; dies waren Fritz Staub, Hermann Müller sowie August Frölich und Carl Rößler.
Am 13. November legte der letzte in Altenburg regierende Herzog (Herzog Ernst II. von Sachsen-Altenburg) die Regierung nieder.

1919. Anfang März fand sich eine kleine Gruppe revolutionärer Arbeiter, die eine Ortsgruppe der KPD ins Leben rief. Sozialdemokraten riefen zu Demonstrationen in Altenburg auf.
Im November erfolgte in der Fürstengruft auf dem Friedhof die letzte Beisetzung.

Der Marktplatz um 1918 - eine Stätte der Begegnung, des Handels und der Präsentation.

9. Altenburg in Thüringen

1920. In den Tagen des Kapp-Putsches kam es auch in Altenburg zu unruhigen Auftritten, bei denen durch eine Schießerei am 14. März zwei Sonntagsspaziergänger in der Wettinerstraße ums Leben kamen.
Am 31. März stellte die Altenburger Straßenbahn ihren 25jährigen Betrieb ein.
Das frühere Herzogtum Sachsen-Altenburg ging am 1. Mai im Freistaat Thüringen auf.
Die Siedlung an der Geraer Straße erhielt nach 1920 eine Erweiterung um die Gabelsbergerstraße.

1921 ging der Gasthof „Goldener Pflug" in die Hände der Gewerkschaften über und bekam den Namen „Volkshaus Goldener Pflug".

1921-1923 wurde das neue Gaswerk erbaut. Das Geschäftshaus des städtischen Gaswerkes befand sich am Kleinen Teich, gegenüber dem Kunstturm.

1922. Am 27. Juni kam es in der Stadt zu angespannten Demonstrationen anläßlich der Ermordung des Außenministers Rathenau. Punkt 12 Uhr legten die Bürger in allen Betrieben die Arbeit nieder. Kurz danach füllte sich der Marktplatz. Ungefähr 10 000 Menschen mögen es gewesen sein. Parteisekretär Zimmermann aus Altenburg hielt eine Ansprache vom Balkon des Rathauses. Nach Schluß der Reden formierten sich die Massen zu einem kurzen Umzug durch die Burgstraße, Wallstraße nach dem Großen Teich, wo sich der Zug auflöste.
Aus Polizeiakten des Altenburger Polizeiamtes geht hervor, daß während des Demonstrationszuges sich ein Trupp Jugendlicher durch die Kronengasse bewegte. „Hier entfernten zwei Burschen, die eine Leiter bei sich führten, das Hoflieferantenwappen am Grundstück des Konditormeisters Scheller und übergaben das entfernte Schild dem Besitzer." Dann bewegte sich der Zug, der etwa aus 1 000 bis 1 500 Personen bestand, nach der oberen Marktseite, der Sporen-, Burg- und Johannisstraße, und es wurden dort mit Hilfe der mitgeführten Leiter die Hoheitszeichen entfernt. Von allen Seiten wurde polizeiliche Hilfe verlangt, und es wurde sogar gedroht, daß man für den entstandenen Schaden den Stadtrat bzw. die Polizei verantwortlich machen würde.

1922. Am 1. Oktober trat die neue Gemeinde- und Kreisordnung für Thüringen in Kraft. Die Dörfer Kauerndorf, Rasephas, Knau und Zschernitzsch, Drescha, Steinwitz, Kosma und Altendorf wurden eingemeindet.

1923. Neben dem Rathaus entstand das Sparkassengebäude mit einer Erweiterung nach dem Rathaushof. Es wurden Stilelemente der Renaissance übernommen, und somit paßte sich dieses Gebäude dem Gesamtmarktbild an.
Anläßlich des Hitler-Putsches rückte Reichswehr in die Stadt ein.
Im hiesigen Schloß gründete der Direktor der Spielkartenfabrik, Carl Schneider, das Spielkartenmuseum.

1924. Am 27. Februar verließ die Reichswehr Altenburg wieder.
Am 11. Juli erfolgte die Freigabe des neuen Sportplatzes im Herzog-Ernst-Wald.
Der Altenburger Alpenverein legte die Rodelbahn im Herzog-Ernst-Wald an.
Das Dorf Knau wurde aus der Stadt Altenburg ausgemeindet und der Gemeinde Oberzetzscha zugeordnet.
Am 1. August 1924 wurden die Dörfer Steinwitz, Knau, Kosma und Altendorf ausgemeindet.

1925 erfolgte an der Insel auf dem Großen Teich der Bau einer Betonbrücke. Bis zu dieser Zeit erreichte man die Insel durch zwei nebeneinander verkehrenden Seilfähren und über eine gegenüber der heutigen Betonbrücke gelegene Holzbrücke. Die Insel besaß ein Etablissement, welches das vornehmste der Residenz gewesen sein soll, und einen Konzertplatz mit 1 800 Sitzplätzen. Jährlich kamen 150 000 Besucher zu dem damals „schönsten Fleckchen Erde der Stadt".

Bild oben: Die Inselgaststätte

Bild unten: Mit Hilfe einer Seilfähre gelangte man zur Insel

1926. Am 1. Juli fand die Eröffnung der Kreissparkasse Altenburg-Land am Johannisgraben statt.
Am 1. August trat eine neue Gemeinde und Kreisordnung für Thüringen in Kraft.
Der Saal des Volkshauses „Goldener Pflug" brannte am 4. November völlig aus.
Im Frühjahr weilte Hitler das erste Mal in Altenburg. Er hatte im überfüllten Preußischen Hof in der Teichstraße die nationalsozialistische Gedankenwelt in die Altenburger Bevölkerung bringen wollen.
Durch die aufgebrachte Altenburger Bevölkerung mußte Hitler das Lokal verlassen und flüchtete durch den Hintereingang zur Langengasse.
In den Zwanziger Jahren erfolgte die Ausweitung des Dichterviertels (Lessing-, Schiller- und Goethestraße).

1928. In der ehemaligen Seeberg-Cachinschen Privatschule, deren Grundstück die Stadt gekauft hatte, wurde die Hilfsschule (gegründet 1903), „Pestalozzi-Schule", eingerichtet.
Seit diesem Jahr besteht das Kino „Capitol" mit seinen über 700 Sitzplätzen. Das Gebäude selbst ist älter; seit 1854 befand sich darin eine Wollgarnfabrik.

1928/29 erfolgte die Errichtung des Krematoriums als Rundbau am Grüntaler Weg. Die Einweihung erfolgte am 17. November 1929 durch Stadtoberbaurat Heidrich, Stadtarchitekt Wendler und Bauamtsarchitekt Groß.

Das Krematorium am Grüntaler Weg

1929. Am 10. Oktober erwarb der Arbeiter-Samariterbund mit seinen Krankenwagen einen Stützpunkt am Kleinen Teich (Teichvorstadt 4). Die Stadtverwaltung richtete nach dem Zweiten Weltkrieg dort eine Krankentransportstelle ein, und 1950 wurde diese vom Deutschen Roten Kreuz übernommen.

1930 begann der Bau von überwiegend Einfamilienhäuser in der Thomas-Mann-Siedlung, in der Rembrandt- und Dürerstraße sowie in der Falkensiedlung.

1932. Am 1. Dezember abends erlebte Altenburg die wohl größte Massenkundgebung. Vor über 15000 Teilnehmern sprach Adolf Hitler auf dem Anger in einem riesigen Zeltbau, der in Erwartung des ungeheuren Andranges extra errichtet werden mußte.

1934 erfolgte die Errichtung des Süd-Bades zwischen der Schmöllnschen Landstraße und der Hellwiese. Es besaß ein Haupt- und ein Planschbecken. Das Hauptbecken (Schwimmer- und Nichtschwimmerbecken) hat eine Größe von 50 x 35 Meter und faßt 3400 Kubikmeter Wasser.

1935/36 wurden die Gebäude der Altenburger Spielkartenfabrik Ecke Leipziger Straße/Poschwitzer Straße erbaut.
Der vom Bildhauer Johannes Dietze geschaffene „Malcher" (fast 2 m hoch, über 700 Kilo schwer) wurde auf dem Altenburger Bahnhofsgelände aufgestellt.

1937. Am 20. April wurde der Geburtstag Hitlers feierlich begangen. Aus diesem Anlaß marschierten Truppen auf dem Schützenanger und bei der Gottesackerkirche auf. Hunderte Militärfahrzeuge und etwa tausend Soldaten standen auf dem Schützenanger.

Foto oben: Hitlertruppen marschierten am Gottesacker auf

Foto unten: Der große Anger füllte sich mit hunderten von Militärfahrzeugen

1938. In der Nacht vom 9. zum 10. November, der Reichskristallnacht, kommandierte man ungefähr 50 bis 60 SA-Leute in das Rathaus. Diese erhielten den Auftrag, alle ihnen namentlich vorgelesenen männlichen Juden in die Altenburger Polizeidirektion zu bringen. Ab 5 Uhr morgens drangen die SA-Leute in die Wohnungen jüdischer Bürger ein und zerschlugen dort das Mobiliar. Die jüdischen Bürger wurden mißhandelt, die männlichen Bürger verhaftet und in Konzentrationslager verschleppt. An allen Geschäften, deren Besitzer jüdische Bürger waren, stand geschrieben: „Deutsche wehrt Euch, kauft nicht bei Juden!" Am Eingang zum Südbad war ein Schild angebracht, das folgende Aufschrift trug: „Hunden und Juden ist der Zutritt verboten!" In Altenburg lebten etwa 150 Juden. Es überlebten vier von den in den Jahren 1942 und 1943 verschleppten jüdischen Altenburger Bürgern. Josepha Back-Freund und Margot Seiferth waren zwei von ihnen, die nach ihrer Befreiung durch die Rote Armee nach Altenburg zurückkehrten.
Auf dem Gelände der HASAG wurde ein KZ für 2000 Häftlinge errichtet.
Am 1. Oktober wurde Poschwitz eingemeindet.

1938/39 wurde der Beschluß zum Abriß der Insel-Gaststätte gefaßt und schließlich 1939 verwirklicht.

Ende 1940 - Anfang 1941 weilte Adolf Hitler mit dem Kampfgeschwader Nr. 153 Altenburg/Thüringen in der Stadt. Einzug hielt er im Fliegerhorst in Nobitz. Hitler soll in dieser Zeit in der Rosa-Luxemburg-Straße 1 gewohnt haben.
Im Zweiten Weltkrieg erlebte die Stadt Altenburg insgesamt 265 Fliegeralarme. Der Altenburger Journalist und Conferencier Eberhard Heinze fertigte als Schüler handschriftliche Notizen aller Alarme trotz Verbotes solcher Aufzeichnungen mit Datum und genauer Uhrzeit. Die Aufzählung aller Fliegeralarme würde den Rahmen des Buches sprengen. Darum seien nur diese mit den gravierendsten Auswirkungen auf unsere Stadt genannt.

1940. Am 17.8., 0.30-2.45 Uhr, Flieger angeblich über Altenburg gesichtet, Leuchtschirme wurden abgeworfen, Flakfeuer.
Die Bahnstrecke Altenburg-Leipzig wurde am 18.8., 0.45-2.40 Uhr, unterbrochen.
Am 10.11., 21.30-0.15 Uhr, überflogen feindliche Flieger das Stadtgebiet; Leuchtbomben wurden abgeworfen.

1941. Altenburg erlebte 16 Fliegeralarme; keine Folgen für die Stadt.

1942. Feindliche Truppen überflogen fünfmal in diesem Jahr das Stadtgebiet. Der auf dem Brühl befindliche Skatbrunnen wurde von den Nazis für Kriegszwecke eingeschmolzen.

1943. Von den 36 Fliegeralarmen in diesem Jahr wären zwei hervorzuheben. Am 20.10., 20.14-22.22 Uhr, überflogen ca. 900 feindliche Flugzeuge die Stadt, wobei in Garbus zwei Güter getroffen wurden. Kampfflieger flogen am 4.12.43, 3.51-5.26 Uhr, über Altenburg in Richtung Leipzig, wo dort ein Terrorangriff stattfand.

1944 schrieb Eberhard Heinze 102 Fliegeralarme in sein Tagebuch nieder. So erfolgten u.a. am 28.5., 13.50-15.30 Uhr, Überflüge durch starke Verbände und ein Angriff des Flugplatzes mit Bordwaffen im Tiefflug. Feindliche Flieger griffen am 16.8., 10.00-12.38 Uhr, u.a. die DEA Rositz an, wobei acht Tote zu beklagen waren. Am 7.10., 11.30-13.15 Uhr, war ein Angriff auf die HASAG und den Bahnhof geplant, die Bomben gingen zu kurz und fielen in Rasephas nieder; 7 Tote. Zahlreiche Gebäude wurden zerstört oder beschädigt. Tiefangriffe gegen die Altenburger Bevölkerung erfolgten; mehrere Abschüsse.

1945. Die Stadt wurde am 16.1., 21.41 bis 23.09 Uhr, überflogen; sehr starkes Flakfeuer. Bombenabwürfe erfolgten nördlich und nordwestlich der Stadt. Außerdem entstanden an mehreren Stellen der Stadt geringe Luftdruckschäden. Am 6.2., 10.40-12.05 Uhr, waren in nicht allzugroßer Entfernung südöstlich der Stadt Bombendetonationen zu hören. Es handelte sich um vereinzelte Abwürfe bei Nobitz und Kotteritz.

Bombenabwürfe erfolgten am 13. Februar 1945 im Teichwäldchen und in der Zwickauer Straße

Am 13.2., 21.25-23.30 Uhr, waren starkes Flakfeuer und Überflüge zu beobachten, weiterhin vereinzelte Bombenabwürfe im Großen Teich und im Teichwäldchen bis Zwickauer Straße.
Zwei Blindgänger landeten in der Schlageterstraße (heute Dr.-Wilhelm-Külz-Straße), zwei Zufallstreffer im Elektrizitätswerk. Dadurch war die Stadt mehrere Tage ohne Strom.

Bild links: Zufallstreffer im Elektrizitätswerk
Bild Mitte: Bombenabwürfe auf der Hellwiese
Bild rechts: Zerstörung eines Hauses in der Zeitzer Straße

Am 14.2., 20.30-21.45 Uhr, war starkes Flakfeuer zu hören. Preßluftmunition wurde abgeworfen. Im gesamten Stadtgebiet entstanden dadurch Schäden an Fensterscheiben und Dächern. Vereinzelte Bombenabwürfe erfolgten auf der Hellwiese und am Ende Zeitzer Straße, wo ein Haus teilweise zerstört und drei

weitere stark beschädigt wurden. Blindgänger fielen in unmittelbarer Nähe der Zeitzer Straße; Stabbomben im Südwestviertel der Stadt. In der Wilhelm-Gustloff-Straße (heute Puschkinstraße 22) brannte der Dachstuhl. Die Stadt wurde durch Leuchtschirme stark beleuchtet. Es erfolgte ein Hauptangriff auf die DEA in Rositz (geringe Schäden); Oberlödla war stark betroffen.
Weitere angegriffene Orte waren Kosma, Steinwitz, Molbitz und Zschernitzsch; 106 Tote waren zu beklagen.
Zu erwähnen sei der 17.3.1945, einer der schlimmsten Tage, die Altenburg im zweiten Weltkrieg erlebte. Von 11.17 bis 13.45 Uhr galt ein Angriff den Bahnanlagen und offenbar der HASAG und der Firma L.O. Dietrich. Am Bahnhof wurden lediglich die Gleise 3, 4 und 5 unterbrochen.
Einzelne Treffer erfolgten auf die HASAG und L.O. Dietrich.
Schwere Schäden erlitt die Zeitzer Straße, die Gärtnerei Schubert und das Schießhaus; zwischen dem Lerchenberg und Zschernitzsch wurde ein Gut zerstört.
Weiterhin beschädigt: die Eupener Straße (Terrassenstraße), Villa Tannert, Posener Straße (Wenzelstraße), in der Metzerstraße (Fabrikstraße) Drischmann, Mock & Krumsiek sowie gegenüberliegende Gebäude; Villa Mock bis zu 75% beschädigt (Volltreffer auf die rechte Hausecke); stark beschädigt auch die Gaststätte am Plateau, Wolfenholz Leipziger Straße und zwei Häuser neben der Spielkartenfabrik. Am Bahnhofsvorplatz fiel ein Blindgänger. In der Danziger Straße erfolgte ein Treffer auf die Straßenmitte, für zwei Häuser bestand Einsturzgefahr, und Treffer auf die Beethovenstraße (wahrscheinlich Luftmine). Getroffen wurden auch drei Häuser Ecke Seldtestraße (Hausweg) sowie das Alte Krankenhaus; Front Seldtestraße beschädigt, dadurch entstanden Fensterschäden bis zur Mozartstraße.
Am 19.3., 12.45-14.45 Uhr, wurde die Stadt zweimal von starken Verbänden überflogen, es erfolgten Luftkämpfe in niedriger Höhe über dem Stadtgebiet.
Tieffliegerangriffe auf Wehrmachtskolonnen in der Zwickauer Straße fanden am 12.4.45, von 8.52-9.50 Uhr statt.
Ein Feindalarm wurde am 13.4., um 15 Uhr gemeldet.
15.4.1945. Vormittags erfolgte ein kurzer Artilleriebeschuß, wobei Treffer u.a. in der Hohen Straße (Ossietzkystraße) zu verzeichnen waren.
Im Laufe des Vormittags marschierten die amerikanischen Truppen des 304. Infanterieregimentes der 6. Panzerdivision in die Stadt ein.
Am 23. April wurde der faschistische Oberbürgermeister Dr. Otto Grimm durch die amerikanischen Militärbehörden abgesetzt.
Die amerikanischen Truppen zogen nach einem zweieinhalbmonatigen Aufenthalt aus Altenburg ab.
Ab 1. Juli wurde die Stadt durch sowjetische Truppen besetzt.
Am 16. Oktober nahm die Bodenreformstelle ihre Arbeit auf. 21 große Güter und 47 Güter von Nazis (insgesamt 5272 Hektar) wurden enteignet. 488 Neubauern erhielten insgesamt 3518 Hektar Land.

1946. Am 7. September, um 20 Uhr, fand eine „Massenkundgebung für Frieden, Fortschritt und Wohlstand“ auf dem Marktplatz statt, bei der Wilhelm Pieck eine Rede hielt.
So stand am 5. September 1946 in der Zeitung „Das Thüringer Volk“ folgendes: „Altenburger aus Stadt und Land! Ein großes und seltenes Erlebnis steht uns bevor. Ganz Altenburg wird sich auf dem Marktplatz versammeln, und aus allen Vororten und Dörfern werden Männer, Frauen und Jugendliche mit Omnibussen, Autos, Pferdewagen und in Aufmärschen zur Massenkundgebung strömen.“

1948 crfolgte die wohl letzte Schlämmung des Großen Teiches.

1949. Ende Januar siedelte das Altenburger Armaturenwerk von den veralteten, engen und düsteren Räumen in der Fabrikstraße in ein neues Fabrikgebäude in Altenburg-Nord, Winterstraße 24, um.
Am 9. September sprach die Frau des ermordeten Arbeiterführers, Rosa Thäl-

mann, auf einer Großkundgebung der Nationalen Front im Volkshaus „Goldener Pflug“ zu Altenburger Friedenskämpfern.
In der Sommersaison besuchten 160 000 Badegäste das Freibad-Süd.

1951. Seit diesem Jahr dienten die Roten Spitzen musealen Zwecken. Ausgestellt waren sakrale Kunstwerke und Handwerksarbeiten.
Der Botanische Garten öffnete zum ersten Mal seine Pforten.

Die Roten Spitzen vor dem 1. Weltkrieg, hier von der Berggasse aus gesehen

10. Altenburg
Kreisstadt im Bezirk Leipzig
Ohne Kreis Schmölln

1952. Vier Grundstücke in der Heinrich-Heine-Straße/Schillerstraße drohten einzustürzen. Diese, im Jahre 1934 errichteten Häuser, besaßen primitiv angelegte Fundamente. Das Absinken der Fundamente konnte durch eine Verbreiterung der Fundamentecken und durch Anker- und Trägerlagensetzen verhindert werden.
Altenburg wurde dem Bezirk Leipzig zugeordnet, da eine Gebiets- und Verwaltungsreform erfolgte.

1954. Vom 28. August bis 5. September fand ein Heimatfest statt.
Der Insel-Zoo auf dem Großen Teich wurde eröffnet.

1955. Am 27. November konnte durch Sammlungen von Geld und Buntmetall der Skatbrunnen, ein einzigartiges Denkmal, erneut eingeweiht werden. Auch die Wenzelgruppe (vier sich streitende Wenzel) wurde nach einem Originalabguß wieder hergestellt und bildet den oberen Abschluß des Brunnens.
In einem Nebengebäude der Karl-Marx-Oberschule befand sich die Westschule, in der die Volksmusikschule untergebracht wurde.
Vom 11. bis 18. September fand in der Stadt ein Heimatfest statt.
Am Richard-Wagner-Platz entstanden die ersten Neubauten.

Der Skatbrunnen entstand 1955 neu

1957-1959. Der Eisenbahntunnel hinter der Eselsbrücke in Richtung Wilchwitzer Bahnhaus wurde abgetragen.

Abriß d. Eisenbahntunnels hinter der Eselsbrücke

1958 begann der Wohnungsbau nach dem Zweiten Weltkrieg in der Stadt. So wurden bis zum Jahre 1964 insgesamt 714 Wohnungen am Lerchenberg errichtet.

1958-1962 entstanden auf dem Sperlingsberg (Erich-Weinert-Höhe) weitere 308 Wohnungen.
In den 60er Jahren erfolgte der Abriß der Malzmühle.

1963 wurde für eine bessere Wasserversorgung des oberen Stadtteils der Neuen Welt und für das später entstehende Neubaugebiet Südost eine Baugrube für einen Wasserturm ausgehoben, der 1964 errichtet wurde. Im Zuge der dort entstehenden Wohnblocks im Stadtteil Südost schloß man 1968 den Wasserturm mit einer Blechverkleidung an der Spitze ab und stellte ihn fertig.

1968 erfolgten Außenhautarbeiten in Form der Blechverkleidung

1964 starb die Ehrenbürgerin der Stadt Erika von Watzdorf-Bachoff, vormals die letzte private Besitzerin des Altenburger Pohlhofes, im Alter von 86 Jahren.

In der Mitte der 60er Jahre erfolgte der Abriß des „Klosterkellers" auf dem Topfmarkt.

1965 bekam das Landestheater eine Freilichtbühne im Schloßhof.

1968. Infolge des Wohnungsbaus in Altenburg mußten mehrere Scheunen abgerissen werden, so z.B. am 20. Februar eine große Scheune in der R.-Koch-Str. und Anfang April 1968 die gesamte Häuserreihe am Steinweg/Ecke Zeitzer Str.

Abriß des Bereiches Steinweg/Kochstraße

Die früheren Häuser des Steinwegs

Anfang der 70er Jahre schlossen sich viele Handwerksbetriebe zu Genossenschaften zusammen, die privaten Handwerksbetriebe wurden reduziert und ein Einstellungsstopp verhängt. Teilweise war es den alteingesessenen Handwerksmeistern gelungen, in dieser Zeit und in dieser Situation ihre privaten Betriebe weiterzuführen.
Auch war schon die Bebauung von Altenburg-Nord in vollem Gange.

1970. Am 3. August war in der Stadt eine große Überschwemmung. Das Wasser des Großen Teiches bedeckte die ihn umgebende Promenade, die August-Bebel-Straße sowie die Wiese bei der Schwimmhalle. Das Wasser stand auf dieser Wiese so hoch, daß viele Kinder sich schwimmend fortbewegen konnten. Um das Ausbreiten des Wassers auf weitere Gebäude zu verhindern, wurden um den Großen Teich Sandsäcke aufgestapelt.
Auf dem Volksparkgelände entstand die Volksschwimmhalle. Schon um 1900 dachte man an eine Errichtung eines Hallenbades in der Stadt, wo aber das Vorhaben oft an finanziellen Mitteln

Kinder bewegten sich schwimmend auf der Volksparkwiese fort

Bildberichtigung

1940. Am 17.8., 0.30-2.45 Uhr, Flieger angeblich über Altenburg gesichtet, Leuchtschirme wurden abgeworfen, Flakfeuer.
Die Bahnstrecke Altenburg-Leipzig wurde am 18.8., 0.45-2.40 Uhr, unterbrochen.
Am 10.11., 21.30-0.15 Uhr, überflogen feindliche Flieger das Stadtgebiet; Leuchtbomben wurden abgeworfen.

1941. Altenburg erlebte 16 Fliegeralarme; keine Folgen für die Stadt.

1942. Feindliche Truppen überflogen fünfmal in diesem Jahr das Stadtgebiet. Der auf dem Brühl befindliche Skatbrunnen wurde von den Nazis für Kriegszwecke eingeschmolzen.

1943. Von den 36 Fliegeralarmen in diesem Jahr wären zwei hervorzuheben. Am 20.10., 20.14-22.22 Uhr, überflogen ca. 900 feindliche Flugzeuge die Stadt, wobei in Garbus zwei Güter getroffen wurden. Kampfflieger flogen am 4.12.43, 3.51-5.26 Uhr, über Altenburg in Richtung Leipzig, wo dort ein Terrorangriff stattfand.

1944 schrieb Eberhard Heinze 102 Fliegeralarme in sein Tagebuch nieder. So erfolgten u.a. am 28.5., 13.50-15.30 Uhr, Überflüge durch starke Verbände und ein Angriff des Flugplatzes mit Bordwaffen im Tiefflug. Feindliche Flieger griffen am 16.8., 10.00-12.38 Uhr, u.a. die DEA Rositz an, wobei acht Tote zu beklagen waren. Am 7.10., 11.30-13.15 Uhr, war ein Angriff auf die HASAG und den Bahnhof geplant, die Bomben gingen zu kurz und fielen in Rasephas nieder; 7 Tote. Zahlreiche Gebäude wurden zerstört oder beschädigt. Tiefangriffe gegen die Altenburger Bevölkerung erfolgten; mehrere Abschüsse.

1945. Die Stadt wurde am 16.1., 21.41 bis 23.09 Uhr, überflogen; sehr starkes Flakfeuer. Bombenabwürfe erfolgten nördlich und nordwestlich der Stadt. Außerdem entstanden an mehreren Stellen der Stadt geringe Luftdruckschäden.
Am 6.2., 10.40-12.05 Uhr, waren in nicht allzugroßer Entfernung südöstlich der Stadt Bombendetonationen zu hören. Es handelte sich um vereinzelte Abwürfe bei Nobitz und Kotteritz.

Bombenabwürfe erfolgten am 13. Februar 1945 im Teichwäldchen und in der Zwickauer Straße

Am 13.2., 21.25-23.30 Uhr, waren starkes Flakfeuer und Überflüge zu beobachten, weiterhin vereinzelte Bombenabwürfe im Großen Teich und im Teichwäldchen bis Zwickauer Straße.
Zwei Blindgänger landeten in der Schlageterstraße (heute Dr.-Wilhelm-Külz-Straße), zwei Zufallstreffer im Elektrizitätswerk. Dadurch war die Stadt mehrere Tage ohne Strom.

Bild links: Zufallstreffer im Elektrizitätswerk
Bild Mitte: Bombenabwürfe auf der Hellwiese
Bild rechts: Zerstörung eines Hauses in der Zeitzer Straße

Am 14.2., 20.30-21.45 Uhr, war starkes Flakfeuer zu hören. Preßluftmunition wurde abgeworfen. Im gesamten Stadtgebiet entstanden dadurch Schäden an Fensterscheiben und Dächern. Vereinzelte Bombenabwürfe erfolgten auf der Hellwiese und am Ende Zeitzer Straße, wo ein Haus teilweise zerstört und drei

scheiterte. Endlich, im Jahre 1967, wurde in Altenburg der Beschluß zum Bau einer Volksschwimmhalle gefaßt. Mit einer Länge des Schwimmbeckens von 25 Meter und einer Breite von 12,5 Meter konnte am 31. Oktober 1970 das Hallenbad eingeweiht werden.

Bau der Schwimmhalle

Der Aufbau des Neubaugebietes Südost begann.

In den 70er Jahren entstanden die ersten Neubauten des Neubaugebietes Südost

1971-1975 wurden für über 16 000 Bürger unserer Stadt bessere soziale Wohnverhältnisse geschaffen. Insgesamt 4 337 Wohnungen, darunter 92 Eigenheime, wurden neu gebaut sowie 649 Wohnungen um- und ausgebaut.

1971, 1. Januar, bis 1977, 30. Juni, wurden im Kreisgebiet 7 290 Wohnungen fertiggestellt, davon 5 507 durch Neubau und 1 783 Wohnungen durch Modernisierung.

1972. Am 2. Mai fand die Grundsteinlegung der Hermann-Matern-Schule (heute Gymnasium, Grundschule Platanenstraße) in Südost statt. In diesem Jahr wurden 55 Wohnungen ausgebaut und 189 Neubauwohnungen vergeben.

1973 erfolgte der Bau einer vierspurigen Straße im Stadtgebiet Nord mit einem Kostenaufwand von über 5 Millionen Mark. Die Kreuzung an der Feldstraße über dem Bachverlauf war der schwierigste Bauabschnitt, denn es bestand Hochwassergefahr, da der Überwölbungsbau aus den 30er Jahren den doppelten Durchmesser haben müßte.
Am 7.10. erhielt der früher auf dem Flugplatz bei Altenburg stationierte russische Kosmonaut Alexey Leonow die Ehrenbürgerschaft der Stadt.
Das erste Eigenheim des Kreises Altenburg wurde nach der Verordnung über den Eigenheimbau vom November 1971 fertiggestellt.

1974. Im gesamten Jahr kam es zu 17 Bränden im Stadtgebiet. Der Schaden belief sich auf 114 105 Mark. Es entfallen davon sieben auf Wohnungsbrände mit 27 050 Mark Schaden. Auch entstand ein Brand durch Kinderhand. Das Dreikornhaus in der Amtsstraße wurde angezündet. Der dort entstandene Schaden betrug 25 000 Mark.
Ein Schaden von 115 000 Mark entstand durch den Brand einer Gasreglerstation in der Zeitzer Straße.
Auf einer Ratssitzung am 21. März beschloß der Rat die Straßen- und Schulbenennung in Altenburg-Nord.
Die Kinderkrippe „Sonneneck" in der Münsaer Straße wurde mit 45 Plätzen am 15. Juli eröffnet.
Auf einer Ratssitzung am 26. September beschloß der Rat die Bildung eines Aufbaustabes für das Initiativ-Objekt Teichterrassen.
Am 27. September wurde der fünfte Bauabschnitt des Bachtunnels über den Deutschen Bach in der Feldstraße mit 68 Stück 9,2 Tonnen schweren Betonbalken überdacht. Am Tunneleingang wurde ein 9,4 Tonnen schwerer Betonbalken eingesetzt. Bereits im Jahre 1939 begann der erste Bauabschnitt, der zweite 1968, der dritte Abschnitt in der Rasephaser Straße/Leninstraße 1974.
Am 3. Oktober 1974 wurde die 1,8 km lange Leninstraße (heute Kauerndorfer Allee) dem öffentlichen Verkehr übergeben. Insgesamt beteiligten sich an die-

sem Vorhaben 10 Betriebe. Es war dafür erforderlich, 2 Brücken zu bauen. 25 000 Kubikmeter Erdmassen, 11 000 Kubikmeter Schwarz- und rund 10 000 Kubikmeter Betondecke wurden ab- bzw. aufgetragen. Somit war die erste Etappe des Generalbebauungsplanes verwirklicht worden. Die Landesplanung Thüringen plante die Straßenführung bereits im Jahre 1929, um den Stadtverkehr zu entlasten. Mit der Benennung der Leninstraße am 7. November wurden weitere Namen, nach denen man Straßen im Aufbaugebiet Nord benannte, bekanntgegeben (Otto Grotewohl, Heinrich Rau, Georg Schumann, Wilhelm Pieck, Richard Sorge). Am 21. November gab Bürgermeister Heinz Tonndorf die Otto-Grotewohl-Allee für den öffentlichen Verkehr frei. Diese war die erste vierspurige Straße in Altenburg, mit einer Verkehrsfläche von 8 200 Quadratmetern. Sie verbindet das Neubaugebiet Nord mit der Altstadt. Bei diesem Straßenbau mußten 40 000 Kubikmeter Erdmassen bewegt werden. Der Rat behandelte auf seiner Ratssitzung am 5. Dezember die Beschlußvorlage für die Stadtverordnetenversammlung am 19. Dezember 1974 über die Wahl des Volkskontrollausschußes der Stadt Altenburg.

1974-1976. Der VEB Eule-Orgelbau Bautzen nahm die Restaurierung und Rekonstruktion der Trostorgel vor.

Ein Blick in die Schloßkirche. Links ist die Trostorgel zu sehen

1975. Die Wohnhäuser Leipziger Straße Nr. 42, 44, 46, 48, 50, 52, 54 mit 48 Wohnungen mußten am 19. März und in den darauffolgenden Tagen gesprengt werden. Zur Sicherung wurden um den Häuserblock herum Nadelbäume angelehnt. In diesen genannten Häusern wohnten sowjetische Offiziere mit ihren Familien. Sie erhielten neue Wohnungen in der Georg-Schumann-Straße. Den entstandenen freien Platz nutzte man vorübergehend als Parkplatz. Der Grund dieser Sprengung war die Verbreiterung der Leipziger Straße.
Die dritte kombinierte Kindereinrichtung in Südost, die den Namen „Mischka“ trägt, wurde am 14. Juli eröffnet.
Ab 1. September begann in der Otto-Grotewohl-Schule, in Altenburg-Nord, der Schulbetrieb.
Im September wurde die Pestalozzi-Schule durch einen Anbau erweitert.

1976. Am 1. Januar entstand eine Fußgängerzone im Stadtzentrum (Markt, Sporenstraße, Baderei, Kronengasse, Topfmarkt).
Nach umfangreichen Rekonstruktionsarbeiten wurde die Trostorgel durch Johannes Ernst Köhler wieder eingeweiht.
Am 24. Februar begannen die Werktätigen der Kreisdirektion Straßenwesen Altenburg mit der Umgestaltung des Marktes. Die untere Marktseite, vom Rathaus bis zur Kronengasse, bekam einen 9 bis 10 m breiten Fußweg mit bunten Gehwegplatten in einer Größe von 120 x 120 cm und eine passende Platzbeleuchtung.

Die Stadt Altenburg beging 1976 ihre 1000-Jahr-Feier

Bis zum 31. März wurden auf dem Markt die Leitungen für Wasser, Telefon, Elek-

troenergie und Platzbeleuchtung verlegt. In zusätzlicher Arbeit stellten die Werktätigen des VEB Baustoffkombinat Leipzig-Land Gehwegplatten für den Markt her.
Im Juni erfolgte die Fertigstellung des Großen Festplatzes in Hinsicht auf die bevorstehende 1000-Jahr-Feier.
Die Stadt Altenburg feierte vom 9. bis 11. Juli ihre 1000-Jahr-Feier (urkundliche Erwähnung Altenburgs im Jahre 976). 4 000 Bürger nahmen am Festumzug teil.

1977 begann der Bau eines Fußgängertunnels am Altenburger Busbahnhof. Durch die Mitarbeiter des VEB Ingenieurbau Leipzig wurde die Trasse ausgehoben, die Tunnelsohle ausbetoniert und die Seitenwände aufgestellt. Die Arbeiten am Tunnel setzte man 1978 fort.
Die dritte Oberschule im Neubaugebiet Nord bekam den Namen „Ernst Schneller-Oberschule" und wurde am 26. Februar übergeben.
Zum 31. Juli gab es in Altenburg insgesamt 20 869 Wohnungen. So wurde am 2. April die 2 000. Wohnung im Neubaugebiet Altenburg-Nord an die Familie des Bauarbeiters Dietmar Hellmann übergeben. Zu dieser Zeit lebten im Stadtteil Nord ca. 6 000 Bürger.

1978. Am 8. April erfolgte der Abriß des Hauses Ecke John-Schehr-Straße/Kornmarkt.

Abriß des Hauses J.-Schehr-Str./Ecke Kornmarkt

Der obere Marktbereich wurde ab 14. April zur Fußgängerzone erklärt.
Am 7. Dezember, gegen 21 Uhr, ereignete sich ein Großbrand in der Brauhausstraße 21, im Zimmereibetrieb Enge, bei dem die gesamte Werkstatt abbrannte. Die Feuerwehr löschte von 20.50 Uhr bis 23 Uhr das Feuer.
Durch starken Frost war es nicht möglich, das Wasser aus den Unterflurhydranten zu nutzen. Daher mußten Schläuche bis zum Großen Teich gelegt werden, um das Feuer zu löschen.
11. Juli. In den zurückliegenden Tagen wurden bei Ausschachtungsarbeiten am Keplerplatz wertvolle Funde aus dem 12. Jahrhundert freigelegt. Es handelte sich dabei um gut erhaltene Reste von Lederstiefeln, Tonkrügen, Werkzeugen und Nahrungsmitteln. Die gefundenen Gegenstände stammen wahrscheinlich aus der 1268 erstmals erwähnten Siedlung Naschhausen. Sie wurden aus einer Tiefe von 4,5 bis 5 Metern zutage gefördert und sollen später im Altenburger Schloßmuseum zu sehen sein.

1979. Am 13. Februar in den Nachmittagsstunden brach im VEB Elektrowärme Altenburg, Betriebsteil Karl-Liebknecht-Straße, ein Feuer aus.
Ende September erfolgte die Eröffnung der Bruno-Leuschner-Oberschule.

1979-1983 wurde die Bartholomäikirche umgestaltet. Die Arbeiten führte Herr Jochen Hatzel aus Zschechwitz mit seinen Söhnen aus. Die damalige Krypta unter der Kirche wurde teilweise freigelegt und durch den Denkmalschutz aus Dresden in Augenschein genommen.

1980. Das 500. Eigenheim im Altenburger Kreisgebiet wurde am 22. September in der Schmöllnschen Landstraße an die Familie Axel Hermsdorf übergeben.

1981. In den Wintermonaten fanden vornehmlich im Januar und Februar im Bereich des Nikolaikirchhofes und der Dechanei Abrißarbeiten statt.

1982. Am 11. Februar kam es in der Wenzelstraße 8 durch Kinderhand zu einem Wohnungsbrand, bei dem zwei Kinder, 4 und 11,5 Jahre, ums Leben kamen.

1983 wurde das neue Postgebäude auf dem Keplerplatz errichtet.
Im September wurden Reste des Hellwiesenbades abgetragen.

Gebäudereste des Hellwiesenbades bestanden bis 1983

1984. In den letzten Tagen des Monates Januar kam es auf Grund brennender Polstermöbel, die sich durch fahrlässigen Umgang mit brennenden Zigatten entzündeten, in der Otto-Buchwitz- Straße und Georg-Schumann-Straße 68 in Altenburg-Nord zu Wohnungsbränden. Größerer Schaden konnte durch die schnelle Alarmierung der Feuerwehr verhindert werden. Mit einer Rauchvergiftung mußte eine Bürgerin ins Krankenhaus eingeliefert werden.

1985-1986 fanden Abrißarbeiten vorwiegend auf dem Roßplan, in der Fleischergasse und der Hillgasse statt.

1986. Im April begann die Skuddenzucht von Hans-Jürgen Sell. Diese selten gewordene Schafrasse, die vom Aussterben bedroht ist, kam nur noch in einer Zahl von 120 reinrassigen Tieren in der damaligen DDR vor. Weitsichtig nahm diese Tiere bereits Herr Lange vom Inselzoo Ende 1970 im Tierpark auf, wo sie heute nicht mehr existieren.

1987. Am 20. März, um 3 Uhr, ereignete sich ein Brand im Capitol, und am 23. April, 6 Uhr morgens, war ein verheerender Brand auf dem Altenburger Schloß. Die Junkerei und das daran anstoßende Heizerhaus wurden Opfer der Flammen. Die Untersuchungen ergaben, daß ein Glimmbrand im Balkenbereich der dort befindlichen Decke entstand und dies schließlich zum Dachstuhlbrand führte. Im Stil der Spätrenaissance wurde dieser Nordflügel im Jahre 1592 errichtet.

Am 23. April 1987 wütete ein verheerender Brand auf dem Altenburger Schloß

1989. Oktober. Der Beginn der Wende zum 40. Jahrestag der DDR.
Am 9. Oktober nahmen viele Altenburger Bürger in Leipzig an der entscheidenden Montagsdemonstration teil.
Am 11. Oktober beschloß der Rat des Kreises Altenburg die Erhöhung der Effektivität und Qualität der Fahrschulausbildung. Auch sollte die Naturschutzarbeit verbessert werden.
Am 18. Oktober wurde durch den Rat des Kreises Altenburg die Grunddokumentation für die komplexe Umgestaltung des Stadtzentrums beschlossen. Der erste Bauabschnitt umfaßte den Komplex Hillgasse/Teichstraße/John-Schehr-Str./ Kornmarkt.
Eine Fürbittandacht in der Bartholomäikirche, die überfüllt war, fand am 20. und 25. Oktober statt. Die erste Demonstration in der Stadt, bei der etwa 2 500 Bürger teilnahmen, war am 25. Oktober. Ausgehend von der Brüderkirche, zogen die Demonstranten durch die Innenstadt. Mit Sprechchören und Transparenten forderten sie Pressefreiheit, freie Wahlen, ein neues Bildungssystem sowie die Zulassung des Neuen Forums.
Fünf ausgewählte Sprecher der Mittwochdemonstration wurden durch Herrn Nebe und Herrn Tippmann ins Rathaus zu einem Gespräch eingeladen, wo die Sprecher ihr Grundanliegen vortrugen. Vor der Staatsbank (Deutsche Bank) in der Burgstraße wurde für Mei-

nungskundgebungen die Litfaßsäule freigegeben.
Am 28. Oktober tagte der Fachausschuß „Städtebau und Architektur". Wegen des schlimmen Zustands der Altstadt wurde ein Förderprogramm erarbeitet, welches

Erste Altenburger Demonstration am 25. Oktober 1989

Schwerpunkte für die Sanierung der Altenburger Altstadt beinhaltete.
Am 29. Oktober fand ein Sonntagsgespräch statt, das durch den Altenburger Bürgermeister Lutz Tippmann, den Vorsitzenden des Rates des Kreises Altenburg, Harry Franz, und den 1. Sekretär der SED-Kreisleitung, Wolfgang Nebe, durchgeführt wurde. Bis zu 1 000 Interessenten nahmen an dieser Diskussion teil, die auf Wunsch der Anwesenden auf den Marktplatz vor das Rathaus verlegt wurde, da die vielen Teilnehmer im Rathaussaal, wo es ursprünglich stattfinden sollte, keinen Platz fanden.

November 1989
Am 2. November wurde Wolfgang Nebe als 1. Sekretär der SED-Kreisleitung abberufen.
Am Tag darauf fanden in drei Kirchen der Stadt, zum ersten Mal auch in der katholischen Kirche, Fürbittandachten statt. Ungefähr 8 000 Menschen nahmen an der anschließenden Demonstration teil. Ein Podiumsgespräch, an welchem fast 300 Bürger anwesend waren, hatte am 4. November im Volkshaus „Goldener Pflug" stattgefunden. Im Vordergrund des Gespräches stand die Sanierung und Denkmalspflege in unserer Stadt. Eine Tagung der Stadtverordneten war am 6. November. Es wurden hier kommunale Probleme von 21 Diskussionsrednern angesprochen.

Mehrere Demonstrationen fanden im November 1989 statt

Am folgenden Tag demonstrierten 6 000 Menschen zum Gedenken an die Kristallnacht und zogen durch die Pauritzer Straße, wo sich früher eine Synagoge befand.
Am 18. und 25. November wurde erstmals in den Altenburger Schulen sonnabends nicht unterrichtet.
Am 29. November fand die Gründungsversammlung des Neuen Forums im „Goldenen Pflug" statt.

Dezember 1989
Ein Spendenkonto für die Erhaltung der Stadt wurde am 2. Dezember eingerichtet. Die Archive des Ministeriums für Staatssicherheit (MfS) in der Majakowskistraße und in der Zetkinstraße wurden auf Initiative der Bürgerbewegung im Beisein des Kreisstaatsanwaltes, von Vertretern der Kirche und der Kriminalpolizei am 5. Dezember versiegelt, was auch am 7. Dezember bei der Abteilung Inneres des Rates des Kreises und der SED-Kreisleitung geschah.

Am 11. Dezember brachte man unter Kontrolle des Neuen Forums und der Kirche die gesicherten Dokumente nach Leipzig.
Im Jugendklubhaus „Rosa Luxemburg" in der Zwickauer Straße erfolgte die Bildung des ersten „Runden Tisches" durch die Bürgerbewegung und die Blockparteien.
Eine erste öffentliche Zusammenkunft beider deutscher Skatgerichte fand am 16. Dezember in Bielefeld statt.
Das Gründungskomitee der SdP (Sozialdemokratische Partei) trat am 19. Dezember zusammen. Als Ansprechpunkt wurde die Schnuphase'sche Buchhandlung gewählt.
Eine Fürbittandacht für Rumänien fand am 28.12. in der Brüderkirche statt, mit anschließender Geldsammlung. Dem voraus ging am 19. Dezember eine Sammlung vor der Staatsbank für das rumänische Volk, die 2500 Mark zum Kauf einer Tonne Mehl erbrachte.

Der wohl für Altenburg bekannteste Maler und Grafiker Gerhard Altenbourg (bgl. Gerhard Ströch) verunglückte am 30. Dezember bei einem Verkehrsunfall tödlich.

11. Kreis Altenburg in Thüringen

1990. Januar
Die Spendenaktion für Rumänien erbrachte bis zum 2. Januar 5600 Mark.
Das Altenburger Schloßmuseum blieb vom 2. 1. bis Ende Januar geschlossen.
Das Bürgerkomitee „Gemeinsam für Altenburg" rief am 4. Januar das DDR-Fernsehen in die Stadt, und bereits am Abend des gleichen Tages wurde durch das Kulturmagazin ein Beitrag über die zerfallende Altstadt gesendet.
Am 5. Januar fand die Gründungsversammlung der SdP im Altenburger Volkshaus statt, zu der ca. 1000 interessierte Bürger kamen. Nach dieser Versammlung wurden Mitglieder eingeschrieben.
Ein zweiter „Runder Tisch" der Jugend hatte am gleichen Tag stattgefunden.
Am Tag darauf fuhr der erste Transport mit Hilfsgütern von Altenburg aus nach Rumänien. Mit Fahrzeugen der Gesellschaft für Sport und Technik (GST) wurden insgesamt 1500 Pakete in die Stadt Arad gebracht und in einer dreitägigen Aktion von Fahrern der Kirchengemeinde, des Neuen Forums und der SED übergeben.
Das Alten- und Pflegeheim in der Karl-

Die Pauritzer Straße im Jahre 1990

Marx-Straße (jetzt Geraer Straße) bekam von Bausoldaten am 6. Januar Unterstützung.
Zur Fürbittandacht in der Bartholomäikirche kamen am 16. Januar 200 Bürger.
Die Bürgerinitiative „Rettet Altenburg" wurde gegründet und eine Unterschriftensammlung begonnen.
Ein zweiter Transport mit Hilfsgütern für Rumänien fand am 27. Januar statt.

Februar 1990
In Altenburg wurde am 4. Februar eine DSU-Ortsgruppe gegründet, und am 5. Februar fand die Neugründung des Verbandes der Freidenker statt.
Einen Abrißstopp forderten Vertreter der Bürgerinitiative „Rettet Altenburg" beim dritten „Runden Tisch", der am 7. Februar stattfand.

Abriß der Gebäude Ecke Neugasse/Berggasse

Am 10. und 11. beschloß man, das Pionierhaus am Weibermarkt künftig als Kindercenter weiterzuführen.
Eine Delegation mit dem Oberbürgermeister von Offenburg, Dr. Bruder, weilte zu einem Arbeitsbesuch vom 14. bis 16. Februar in der Stadt. Nach Möglichkeiten direkter und effektiver Zusammenarbeit suchten die über 20 Vertreter des Handwerks, der Industrie, der beiden in Offenburg ansässigen Banken, Pressevertreter, Techniker, Bauspezialisten, Mediziner, der Malteser Hilfsdienst, sowie Vertreter der Stadtverwaltung. Bei diesem Besuch übergab Dr. Bruder einen Rettungswagen an die SMH.
Eine Großkundgebung wurde durch die SPD und das Neuen Forum am 15. Februar auf dem Altenburger Marktplatz veranstaltet. Die Kundgebung stand unter dem Motto: „Aufbau Altenburgs durch die Einheit Deutschlands". Bei Nieselwetter waren 500-600 Interessenten auf den Markt gekommen.
Die erste Ausgabe des „Altenburger Wochenblattes", die unabhängige Zeitung für das Altenburger Land, erschien am 16. Februar 1990 und wurde wöchentlich herausgegeben.
Am 21. Februar, um 16 Uhr, fand im Jugendklubhaus „Rosa Luxemburg" der vierte „Runde Tisch" unter Leitung der CDU statt. In dieser Sitzung ging es unter anderem um die Nutzung des Stasi-Gebäudes in der Clara-Zetkin-Straße (jetzt Lindenaustraße). Zwei Anträge der „Aktion Katholischer Christen" wurden angenommen:
1. Es soll zu Bauvorhaben zu grundsätzlicher und konzeptioneller Art bis zu den Wahlen am 6. Mai die Stellungnahme einer vom „Runden Tisch" zu bildenden Fachkommission eingeholt werden.
2. Der „Runde Tisch" beantragt die Umlenkung der freigewordenen Abrißmittel für Sicherungsmaßnahmen an zu erhaltenden Gebäuden.

Johannes Rau übergab sechs Busse an den Altenburger Kraftverkehr

Der Ministerpräsident von Nordrhein-Westfalen, Johannes Rau, übergab einem Vertreter des „Runden Tisches" am 24. Februar sechs Busse für den Altenburger Kraftverkehr.
Eine Sonderausstellung „Altenbourg in Altenburg" wurde am 25. Februar im Lindenau-Museum eröffnet.

März 1990

Am 4. fand eine Wahlveranstaltung der DSU um 16 Uhr auf dem Altenburger Markt statt, bei der Otto von Habsburg, Mitglied des Europarates, sprach.

Auf einer Sitzung des Stadtparlamentes, am 6. März, beschloß man, das Stasi-Gebäude in der Zetkinstraße als Rehabilitationszentrum zu nutzen.

Das ehemalige Gebäude der Staatssicherheit in der Lindenaustraße

Der „5. Runde Tisch" tagte am 7. März im Rat des Kreises (Landratsamt). Behandelt wurde im 2. Tagesordnungspunkt der Altenburger Bauzustand.

Am 13. März fand in der St. Bartholomäikirche die letzte Fürbittandacht statt.

Am Donnerstag, dem 15. März, wurden dem Vertreter des Kreisrehabilitationszentrums, Dr. Blüher, die Schlüssel des ehemaligen Gebäudes des MfS in der Clara-Zetkin-Straße übergeben. Es war vorgesehen, die erste Etage dieses Gebäudes als Begegnungsstätte zu nutzen.

Am 17. März dirigierte Professor Kurt Masur am Altenburger Landestheater Johann Sebastian Bachs Matthäuspassion.

Am Tag darauf waren die Wahlen zur Volkskammer.

Am 21. März wurde die Geschichts- und Altertumsforschende Gesellschaft des Osterlandes wiedergegründet. Die Wiedergründungsveranstaltung fand im Lindenau-Museum statt.

Am gleichen Tag fand der „6. Runde Tisch" in Altenburg statt. Diskutiert wurde die Verwendung der 50 000 Mark, die der Altenburger Kraftverkehr dem „Runden Tisch" bei Übergabe der Busse aus Nordrhein-Westfalen für die Verwendung sozialer Belange überreichte. Die Frage der Landeszugehörigkeit „Sachsen oder Thüringen" wurde kontrovers debattiert. Die Frage nach dem Willen der Bevölkerung rückte zunehmend ins Zentrum der Diskussion.

Ein LKW mit über 60 verschiedenen Geräten und Gütern aus dem Ortenau-Kreis traf am 28. März im Kreiskrankenhaus ein. Diese Spende übergab der Landrat des Ortenau-Kreises, Dr. Gerhard Gamber.

April 1990

Unter Leitung der SPD fand am 4. April der „7. Runde Tisch" statt. Der Antrag der DSU zur Aufnahme am „Runden Tisch" wurde mit 15 Ja-Stimmen und 5 Stimmenthaltungen angenommen. Geprüft werden sollte nochmals der Verkauf der Bücher aus der Altenburger Ratsbibliothek in die alten Bundesländer. Der Rückkauf der historisch wertvollen Bücher soll unabhängig davon veranlaßt werden.

Unter der Leitung der PDS fand am 18. April im Gebäude des Rates des Kreises der 8. und gleichzeitig vorletzte „Runde Tisch" statt. Das Thema „Grundstücksverkäufe" war Schwerpunkt zu dieser Sitzung.

Bis zum 17. April 1990 bewarben sich Antragsteller um 572 Grundstücke in Altenburg. Die Entscheidung fiel für 292 Grundstücke. Zum Verkauf wurden 71 vom Rat der Stadt Altenburg freigegeben. Die anderen 280 Grundstücke wurden noch geprüft.

Zum 50. Male jährte sich am 21. April der Todestag Professor Ernst Amendes. Zu diesem Anlaß wurde sein Wirken als Heimatforscher gewürdigt.

Mai 1990

Der letzte „Runde Tisch" unter der Leitung der evangelischen Kirche fand am 2. Mai statt. Der „Runde Tisch" zog Bilanz über die zurückliegenden neun Sitzungen. Vieles wurde erreicht. Hervorzuheben wäre der bewirkte Abrißstopp in der Altenburger Altstadt.

Die Gründungsversammlung des Alten-

burger Lehrervereins fand am Sonnabend, dem 5. Mai, im Klubhaus der Völkerfreundschaft in Rositz statt. Dieser Verein will an die humanistischen Traditionen des Lehrervereins in den Jahren vor 1933 anknüpfen.
Am 6. Mai fanden die Kommunalwahlen statt. Die Wahlbeteiligung lag bei etwa 75%.
Im Alter von 86 Jahren verstarb am 11. Mai der Zeichner, Maler, Keramiker und Bildhauer Erich Dietz. Er wurde 1903 geboren. Sein Tod ist ein großer Verlust für die Kultur in unserer Region.
Der 14. Landesposaunentag wurde aus Anlaß des 100jährigen Bestehens des Altenburger Posaunenchores vom 11. bis 13. Mai durchgeführt. Auf der Abschlußveranstaltung im Park des Friedens hielt der Landesbischof Dr. W. Leich eine Ansprache, zu der zahlreiche Interessenten erschienen waren.
Die Bundesministerin für Raumordnung, Bauwesen und Städtebau, Gerda Hasselfeldt, teilte am 22. Mai mit, daß die Stadt Altenburg für den Kreis der Modellstädte nicht in Frage kommt.
Ein frei gewähltes Parlament konstituierte sich am 29. Mai, nach über 40 Jahren, wieder in der Stadt. Zum Vorsteher wurde Reinhard Hamann aus der CDU-Fraktion gewählt. Als Stellvertreter wurden gewählt: Sieglinde Wittig (B.F.D.), Helmar Penndorf (Bündnis 90), Joachim Rücker (DSU) sowie Joachim Roth (SPD). Johannes Ungvári (CDU) wählte man zum Bürgermeister unserer Stadt. Seine beiden Stellvertreter wurden Rolf Bräunig (SPD) und Reiner Müller (B.F.D.). Christian Gumprecht wurde am 30. Mai auf der ersten konstituierenden Sitzung des Kreistages im Jugendklubhaus „Rosa Luxemburg“ zum Landrat gewählt. Als einziger Kandidat aufgestellt, erhielt er von 81 anwesenden Stimmberechtigten 64 Ja-Stimmen. Es stimmten 16 Abgeordnete gegen ihn und 1 Abgeordneter enthielt sich der Stimme.
Zur Präsidentin des Kreistages wurde Frau C. Arnold (CDU-Fraktion) gewählt. Ihre Stellvertreter, durch den Kreistag gewählt: Dr. Wolfgang Hebenstreit (B.F.D), Detlef Preuß (DSU) und Klaus Weber (SPD).

Juni 1990

Der 5. Juni war ein Weltumwelttag, an dem eine Fahrraddemo stattfand, die bei der Erich-Mäder-Schule begann und auf dem Markt endete. Das Altenburger Wochenblatt prämierte auf dem Markt die besten, originellsten und umweltfreundlichsten Fortbewegungsideen.
Am 10. Juni jährte sich der Todestag Friedrich I. Barbarossas zum 800. Male.
Die am 28. März wiedergegründete Geschichts- und Altertumsforschende Gesellschaft des Osterlandes zu Altenburg wurde am 20. Juni als Verein ins Vereinsregister des Altenburger Kreisgerichts eingetragen.
Die „Bürgerinitiative Umweltschutz und Umweltbibliothek e.V.“ wurde am 27. Juni registriert und als gemeinnütziger Verein anerkannt.
Am 29. Juni wurde die Deutsche Mark, die von vielen Bürgern sehnlichst erwartet wurde, für die Währungsumstellung nach Altenburg gebracht.

Tausende Bürger warteten vor der Deutschen Bank auf die langersehnte DM

Juli 1990

Am 4. Juli, gegen 5.30 Uhr, kam es zu einem Wohnungsbrand größeren Ausmaßes in der Franz-Mehring-Straße 20, wobei ein Bürger und drei Familien evakuiert werden mußten.
Am 9. Juli erschien im Altenburger Verlag die erste Ausgabe des „Altenburger Stadtanzeigers“.
Das Ergebnis der Bürgerbefragung zur Länderzugehörigkeit stand am 15. Juli 1990 fest. In Altenburg stimmten 53,80%

der Bevölkerung für Sachsen und 46,20% für Thüringen, bei einer Wahlbeteiligung von nur 55,38%. Der Kreistag beschloß, ohne Berücksichtigung der Bürgerbefragung, am 18. Juli den Anschluß an das Land Thüringen. Von insgesamt 85 Abgeordneten waren 65 Abgeordnete anwesend. Von diesen stimmten 25 für Sachsen und 38 für Thüringen, 2 Abgeordnete enthielten sich der Stimme.
Am 26. Juli weilte der bayrische Staatsminister Lang in der Stadt.

August 1990
Seine Hoheit Georg Moritz Erbprinz von Sachsen-Altenburg, Herzog zu Sachsen, besuchte vom 10. bis 12. August die Stadt. Dieser hatte 1934 die Stadt Altenburg zum letzten Mal gesehen.
Am 11. August fand aus Anlaß des Besuchs des Erbprinzen Georg Moritz von Sachsen-Altenburg ein Konzert in der Schloßkirche statt. Ein Programm stellte der Schloßorganist Dr. Felix Friedrich zusammen. Bei dem Konzert wurden für den Wiederaufbau des Altenburger Schlosses 658 DM gespendet.

Erbprinz Georg Moritz von Sachsen-Altenburg, Herzog zu Sachsen, besuchte von 10. bis 12. August unsere Stadt

Am Sonntag, dem 26. August, um 9.30 Uhr, erklang nach einer fast elfjährigen Zwangspause, bedingt durch Rekonstruktionsarbeiten in und an der St. Bartholomäikirche, die von Orgelbaumeister Gerd-Christian Bochmann aus Kohren-Sahlis instandgesetzte Ladegast-Orgel in einem Gottesdienst wieder.
Am 28. August unterzeichneten die Altenburger und Offenburger Sparkassen einen Kooperationsvertrag.
Mehrere Löschzüge mußten am Nachmittag des 28. August ausrücken, um auf dem abgeernteten Kornfeld, nahe der Kleingartenanlage in der Münsaer Straße, einen Flächenbrand zu bekämpfen.
Schon Ende August wurde begonnen, den Nikolaiturm zu restaurieren. Kurzfristig konnten durch die Gerüstbau GmbH Hoyerswerda die Gerüste dazu geliefert und fachgerecht aufgestellt werden. Der alte Putz wurde entfernt, anschließend das Bauwerk abgestrahlt und gewaschen, bis schließlich der neue Putz aufgebracht werden konnte.

September 1990
Am 5. September wurde mitgeteilt, daß der Altenburger Milchhof geschlossen werden muß.
Ins Jugendklubhaus „Rosa Luxemburg" kamen am 23. September viele Interessenten zu einer Wahlveranstaltung der PDS, bei der der Vorsitzende dieser Partei, Gregor Gysi, anwesend war.

Oktober 1990
3. Oktober, Tag der Deutschen Einheit. Aus diesem Anlaß wurde vor dem Theater eine Linde gepflanzt. Vom 5. bis 7. Oktober fand der 5. Altenburger Herbstmarkt aus Anlaß des 800. Todestages von Kaiser Friedrich I. Barbarossa statt. Vertreter aller Handwerkszünfte waren zu diesem Fest auf den historisch gestalteten Markt gekommen. Musik aus alter Zeit erklang, Zauberer und Gaukler sowie Marktschreier trugen zum Gelingen dieses Festes bei.
Im Lindenau-Museum wurde am 6. Oktober die Ausstellung „Friedrich I. Barbarossa" eröffnet.
Am 25. Oktober stellte das Land Baden-Württemberg der Stadt Altenburg 750 000 DM für die Rekonstruktion der Roten Spitzen und des Nikolaiturmes zur Verfügung.

November 1990
Vor dem Rathaus sprach am 2. November gegen 18 Uhr der Fraktionsvorsitzende des SPD im Bundestag, Hans-Jochen Vogel, zum Wahlkampfauftakt zu Hunderten von Bürgern Altenburgs.
Die Turmkugel und die Wetterfahne wurden im neuen Glanz am 9. November auf die Spitze des Nikolaiturmes, des ersten sanierten Turms in der Stadt, gesetzt.
Am 10. November wurde in Altenburg die Arbeiterwohlfahrt gegründet.
Zwei Tage später öffnete in der Georg-Ewald-Straße (jetzt Elie-Wiesel-Straße) ein Hotel mit einer Kapazität von 52 Betten seine Pforten. Vorher wurden diese Räumlichkeiten als Bauarbeiterunterkunft genutzt. Der Bundesaußenminister Hans-Dietrich Genscher sprach bei einer Wahlkampfveranstaltung am 24. November auf dem Altenburger Marktplatz zu Hunderten von Interessenten.
Am 24. November wurde die Restaurierung des über tausend Jahre alten Nikolaiturmes abgeschlossen. Dieses historische Bauwerk sanierten vorwiegend Altenburger Handwerker mit Unterstützung durch Bautechnik und Fachwissen aus der Partnerstadt Offenburg.
Am 19. November erfolgte die Bildung des Fremdenverkehrs- und Heimatvereins Altenburg e.V.

Dezember 1990
Die Änderung von 48 Altenburger Straßennamen wurde auf einer Hauptausschußsitzung am 29. Dezember beschlossen und veröffentlicht.

1991. Januar
Ab 1. Januar gelten die 48 neuen Straßennamen in Altenburg.
Anläßlich der Eröffnung einer Zweigstelle der Dresdner Bank in der Kronengasse überreichte deren Vertreter am 14. Januar dem Altenburger Bürgermeister und dem Leiter der Schloßverwaltung einen Scheck über 10 000 DM.
Wegen dem Ausbruch des Golfkrieges fanden jeden Freitag Mahnwachen statt. So auch am 18. Januar, wo sich 500 Bürger von 17 bis 18 Uhr auf dem Marktplatz einfanden.

Februar 1991
Am 9. Februar wurde das Altenburger Schloß nach Umbauten für die Besucher wieder geöffnet.
Am 20. Februar, um 15.25 Uhr, mußte die Berufsfeuerwehr zum wiederholten Male einen Brand im leerstehenden Haus Jungferngasse 39 löschen.

März 1991
Nachdem in Altenburg die Parkgebührenordnung beschlossen wurde, begann man am 5. März, die ersten 3 Parkautomaten in der Stadt aufzustellen.
Der Thüringische Ministerpräsident Josef Duchac kam am Mittwoch, dem 13. März, zu einem Arbeitsbesuch in die Stadt, wobei er zusammen mit dem Landrat Christian Gumprecht und dem Bürgermeister Johannes Ungvári durch die Altstadt einen Gang machte, auf dem auf viele Probleme hingewiesen wurde. Bei diesem Besuch wurde der Neubau eines Krankenhauses in Altenburg für wichtig erachtet.
Seit dem 30. März 1991 war der Nikolaiturm für die Öffentlichkeit wieder begehbar. Zahlreiche Bürger waren zur

Seit 30. März 1991 ist der Nikolaiturm wieder geöffnet

Eröffnung erschienen, um die Stadt von oben betrachten zu können. Der Bürgermeister gab um 10 Uhr den historischen Turm zur Besteigung frei.

Mai 1991

Am 15. Mai wurden wieder die alten Hausnummern der Johannisvorstadt, Johannisstraße und der Burgstraße eingeführt.

Der Wiederaufbau der am 23.4.1987 gänzlich zerstörten Junkerei ging zügig voran. Bis Mitte Mai sollte der Dachstuhl fertiggestellt werden. Am 24. Mai, um 15 Uhr, wurde schließlich die Richtkrone auf dieses historische Gebäude mittels eines Kranes gesetzt. Bürgermeister Ungvári dankte all jenen, die am Wiederaufbau der Junkerei beteiligt waren.

Seit einiger Zeit konnten die zügig vorangehenden Dachdeckerarbeiten am Südturm der Roten Spitzen beobachtet werden.

Ein Arbeitslosenverband wurde am 29. Mai gegründet.

Die Altenburger Brauerei bekam am 31. Mai einen neuen Eigentümer. Die Andreas Leikeim AG in Altenkunstadt erhielt für diese traditionsreiche Brauerei den Zuschlag.

Juni 1991

Am 10. Juni, gegen 9 Uhr, nahm Dachdeckermeister Manfred Maul die Kugel des Südturmes der Roten Spitzen mit der Wetterfahne ab. In der Kugel befanden sich eine 22 x 15 cm große kupferne Kassette mit Schriftstücken aus dem 16. bis 19. Jahrhundert sowie eine 42 cm lange Dokumentenhülse. Die historischen Funde aus der Kassette und Hülse:

- ein Dokument zu Dachdeckerarbeiten im Jahre 1570
- eine Jubiläumsschrift zur Herrschaft Friedrich III. 1740/41 (Schrift lateinisch abgefaßt)
- eine Beurkundung der Arbeiten am Dach und am Turmknopf des Südturmes
- ein handschriftliches Dokument von 1836 (darin wurden Persönlichkeiten der damaligen herzoglichen Landesregierung unter dem Herzog Joseph, der von 1834-1848 regierte, vorgestellt). Genannt werden außerdem die sich damals im Turm befindlichen Dinge. Weiterhin befand sich in der Turmkugel:
- ein höchstfürstlicher Sachsen-Gothaisch- und Altenburgischer Hof- und Adresskalender auf das Jahr Christi 1741
- ein privilegierter Hauskalender für das Fürstentum Altenburg auf das Jahr 1808, 1809 und 1810,
- ein Staats- und Adress-Handbuch des Herzogtums Sachsen-Altenburg aus dem Jahre 1833,
- ein Herzoglich Sachsen-Gotha- und Altenburgischer Hof- und Adresskalender auf das Jahr 1810,
- ein Altenburger Stadtplan von G.F.A. Reibstein aus dem Jahre 1827,
- ein Rapport aus dem Land-Arbeitshaus zu Altenburg vom 28. September 1836,
- ein Herzoglich-Sachsen-Altenburgischer-Vaterländischer Geschichts- und Hauskalender auf das Schaltjahr 1836,
- öffentliche Bekanntmachungen vom 8., 13. und 19. Januar 1836.

Auch wurden in der Kassette Medaillen von 1732 und 1830, sowie Münzen des 17. und 18. Jahrhunderts gefunden mit deren Erläuterungen aus dem Jahre 1741.

Am Donnerstag, dem 13. Juni des gleichen Jahres, wurde auf dem Ostturm der Brüderkirche, in einer Höhe von 36 Metern, ein neues in Kupfer getriebenes Kreuz und ein restaurierter Knopf an seiner ursprünglichen Stelle wieder aufgesetzt.

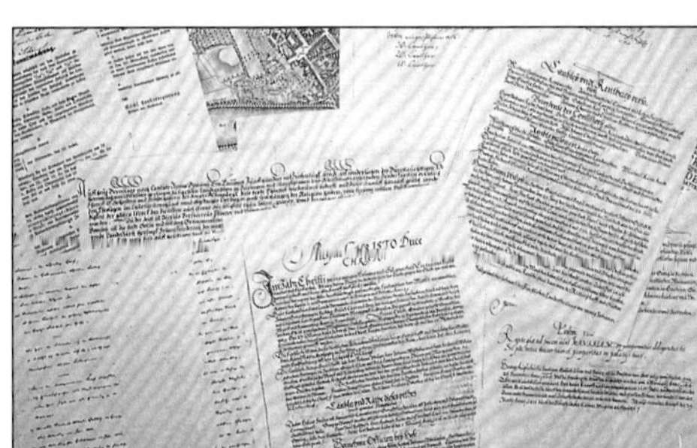

Die Dokumente aus dem Turmknopf der Roten Spitzen

Juli 1991

Ende Juli begannen Restaurierungsarbeiten am Altenburger Bahnhof.

August 1991
Am 21. August fand im Landratsamt ein Pressegespräch mit dem Thüringer Wissenschafts- und Kunstminister Dr. Ulrich Fickel (FDP) im Beisein des Altenburger Landrates, Christian Gumprecht, statt. Beträchtliche Mittel (9,2 Mill. DM) wurden vom Land zur Verfügung gestellt: für das Landestheater 7,2 Mill. DM, für das Lindenau-Museum 1,7 Mill. DM, für das Schloß- und Spielkartenmuseum 155 TDM.
Ein Tag der offenen Tür fand am Sonnabend, dem 24. August, im Kreiskrankenhaus Altenburg statt, wo der rekonstruierte OP-Trakt in Augenschein genommen werden konnte.
Die Treppen am Eingang zum Bahnhof wurden am 26. August demontiert. Nach der Restaurierung des Portals werden die aufgearbeiteten Stufen wieder an ihren ursprünglichen Platz zurückkehren.
Zur gleichen Zeit fanden Abrißarbeiten am Altenburger Milchhof statt.

Abriß des Milchhofes in der Fabrikstraße

Am Donnerstag, dem 29. August, wurde im kleinen Rathaussaal die Schatulle aus dem Knopf des Südturmes der Roten Spitzen durch den ortsansässigen Gürtlermeister Herrn Kohlbach im Beisein des stellvertretenden Bürgermeisters, Rolf Bräunig, fachgerecht verschlossen. Die historischen Dokumente und Münzen waren von Juni 1991 bis zum Verschließen der Kassette und Hülse im hiesigen Schloß- und Spielkartenmuseum ausgestellt.
Unter der Federführung des stellvertretenden Direktors des Schloßmuseums, Dr. Günter Keil, wurden die Raritäten gereinigt und restauriert. Außerdem säuberte er mit Hilfe von Numismatikern die sich im Knopf befindlichen Münzen und ordnete diese zeitgeschichtlich ein. Bei jeder Restaurierung werden durch die jeweiligen Stadtväter Dokumente, Münzen sowie eine Urkunde mit der Beschreibung der Zeit in die Schatulle eingelegt. Auch bei dieser Restaurierung wurde eine Urkunde, die in der Wertpapierdruckerei Leipzig angefertigt und mit Spezialtinte beschrieben wurde, beigelegt. Die Zeitzeugen aus der Kassette wurden noch einmal den Vertretern der Presse präsentiert. Folgende Dinge wurden neu hinzugelegt: ein Altenburger Stadtplan, drei aktuelle Veranstaltungshefte der Stadt, Gedenkmünzen, die kompletten Münzsätze der ehemaligen DDR, des weiteren ein aktueller DM-Münzsatz.

Schließung der Schatulle durch Herrn Kohlbach im Altenburger Rathaus

Am Sonnabend, dem 31. August, wurde ein Haus in der Teichvorstadt abgerissen.

September 1991
Ab 1. September 1991 wurde Georg Mittendrein der neue Intendant des Altenburger Landestheaters.
Nach umfangreichen Restaurierungsarbeiten am Südturm der Roten Spitzen konnten nun am 5. September die neu vergoldete Kugel und die Wetterfahne

durch Dachdeckermeister Manfred Maul aufgesetzt werden. Der Knopf wurde im Beisein des stellv. Bürgermeisters, Herrn Bräunig, und Herrn Zetzsche vom Hochbauamt durch den Dachdeckermeister versiegelt. Bei dieser Gelegenheit dankte Herr Bräunig allen bisher an der Restaurierung Beteiligten.

Oktober 1991

Die Altenburger Polizei bekam am 1. Oktober neue Uniformen. Am selben Tag nahmen drei Politessen der Stadtverwaltung ihren Dienst auf.

Am 2. Oktober erschien die letzte Ausgabe (40/91) des „Altenburger Wochenblattes“.

Die Eröffnung der Ausstellung „735 Jahre Altenburger Stadtrecht“ fand am 3. Oktober um 10 Uhr im Altenburger Schloß- und Spielkartenmuseum statt, wo historische Dokumente zu diesem Anlaß aus den Archiven der Stadt ausgestellt wurden. Um 15 Uhr desselben Tages wurde an der Stelle des früheren Schönhauses im Schloßgarten das Schönhausfest mit Theater, Musik, Performance sowie einer Ausstellung über die Geschichte des Schönhauses begangen. Dieses Fest veranstaltete man, um die Erinnerung an diesen in der Barockzeit eigenartig entworfenen Gartenpavillon den Altenburgern wieder ins Bewußtsein zu bringen.

Vor 735 Jahren bestätigte Heinrich Markgraf zu Meißen der Stadt Altenburg die Stadtrechte. Zu diesem Anlaß hatte vom 4. bis 6. Oktober das Altstadtfest stattgefunden. So stellten am 4. Oktober die Altenburger Bauernschaft, Gärtnereien, Brauereien, einschlägige Gewerke ihre Traditionen und Produkte auf dem Altenburger Bauernmarkt vor. Zum Altstadtfest gehörte auch das Erntekranzsetzen, Bieranstich, Weinverkostung, ein Universitätstag im Gymnasium Hospitalstraße, u.a. zu dem Thema Georg Spalatin, und ein Konzert des Ebert Musik Verlages im Gemeindezentrum Geraer Straße.

Anläßlich des 120jährigen Bestehens der Altenburger Brauerei fand am Sonntag, dem 13. Oktober, ein Brauereifest verbunden mit einer Ausstellung über die Geschichte der hiesigen Brauerei statt. Zahlreich Besucher aus nah und fern kamen zu diesem Fest. Natürlich wurde nur einheimisches Bier ausgeschenkt. Musik sorgte für die entsprechende Stimmung.

November 1991

Nach einer 50jährigen Pause erschien am 30. November im E. Reinhold Verlag Altenburg wieder ein „Altenburger Geschichts- und Hauskalender“ für das Jahr 1992. Dieser Kalender verfügte über ein Verzeichnis der Branchen, Verbände und Vereine. Weiter umfaßte er regionale Kalender- und Adreßinformationen von Ämtern, Behörden und öffentlichen Einrichtungen. Außerdem waren die lokalen Ereignisse seit der Wende festgehalten worden. Beiträge zur Kultur des Altenburger Landes sowie neue Ergebnisse der Heimatgeschichtsforschung vervollständigten dieses Jahrbuch.

Am Dienstag, den 19. November wurde der 100 Meter hohe Stahlbetonschornstein auf dem Gelände des neuen Schlachthofes gesprengt. Den Auftrag für die Sprengung erhielt die Sächsisch-Thüringische Abbruch- und Sprengtechnik, Niederlassung Gera, und das Unternehmen Wismut Bauwesen, Hoch- und Tiefbau, Niederlassung Altenburg. Etwa 150 Sprenglöcher waren nötig, um die Zündung um 14.54 Uhr durchzuführen. Dieser Schornstein wurde 1988 fertiggestellt und war für eine vorgesehene Kohleheizung im zukünftigen Schlachthof gedacht. Dieser Schornstein mußte aus zwei Gründen weichen: der Energieträgerwechsel war der erster Grund, zweitens war die Südfleisch GmbH eingestiegen und hatte eigene Konzeptionen für den neuen Schlachthof.

Am 28. November war Baubeginn beim Osterlandcenter. Um 12 Uhr erfolgte der erste Spatenstich in diesem Bereich (zwischen der Geraer Straße, der Sternstraße und Mittelstraße). Nach Fertigstellung dieses Bauabschnittes entstanden Handelseinrichtungen wie Aldi-Markt, Bäckerei, Fleischerei, ein Lebensmittelfrischmarkt und vieles mehr. Dieses umfangreiche Vorhaben schaffte weitere Arbeitsplätze.

Dezember 1991
Ein modernes Dialysezentrum wurde am 4. Dezember im Altenburger Kreiskrankenhaus in Betrieb genommen.
Der Altenburger Schloßkomplex wurde seit dem 11. Dezember mit zwei 400-Watt-Strahlern zur Nachtzeit angestrahlt. Weitere sehenswerte Gebäude werden in nächster Zeit folgen, so z.B. das Landestheater, das Lindenau-Museum, die Roten Spitzen sowie das Rathaus.

1992. Januar
Am 14. Januar wurden durch drei Bauarbeiter, welche Ausschachtungsarbeiten in Hanglage der Pauritzer Straße 21 und Rosa-Luxemburg-Straße 3 vornahmen, ein historischer Brunnen entdeckt. Die ersten Vermessungen ergaben eine erstaunliche Brunnentiefe von über 26 Metern. Der Wasserspiegel betrug 20 Meter. Der Brunnen war mit Ziegeln übermauert und hat einen Durchmesser von 1,60 Meter. Er befindet sich außerhalb der ehemaligen Stadtmauer und war höchstwahrscheinlich der Dorfbrunnen der Vorstadtgemeinde Ober- und Unterpauritz. In der Nähe des Brunnens fand man Keramikscherben aus dem 13. Jahrhundert. Es ist nicht ausgeschlossen, daß der Brunnen aus dieser Zeit stammt. Erstaunlich war auch die Reinheit des Brunnenwassers. Dieses wurde bakteriologisch-chemisch-biologisch untersucht und gab weitere Aufschlüsse über das Alter dieses Brunnens.
Die Sanierung des Altenburger Kunstturmes wurde im Januar begonnen. Die am Turm angebaute Toilettenanlage wurde abgerissen, da das Umfeld des Turmes nach altem Vorbild neu entstehen sollte.
Am 15. Januar weilte Ministerin Lieberknecht zu einem Arbeitsbesuch in der Stadt.

Februar 1992
Am 5. Februar erfolgte der erste Spatenstich für das plaza-Einkaufszentrum in Altenburg-Nord, das eine Verkaufsfläche von 5 000 qm hat.
An der Stelle der ehemaligen Gaststätte „Stadt Hamburg“, genannt der „Hafen“, wurde am 7.2. der Grundstein für den Irish Pub gelegt.

Gaststätte „Stadt Hamburg“, genannt der „Hafen“

Am 8. Februar, um 3.15 Uhr, war ein verheerender Brand auf dem Altenburger Markt. Der Dachstuhl des Hauses Markt 3 brannte fast völlig ab. Zwei Frauen wurden durch die Brandstiftung Opfer der Flammen. Der Sachschaden betrug 800 000 DM. Durch das Bauunternehmen J. Hoffmann wurde das Wohngebäude 1994 wieder hergerichtet.
Die offizielle Eröffnung des Hämodialysezentrums im Kreiskrankenhaus fand am 13. Februar statt.
Die Teakwondo-Union Thüringen, die künftig ihren Sitz in Altenburg hat, wurde am 15. Februar gegründet.
Der Kreisentwicklungsplan wurde am 20.2.92 öffentlich.
Am 20. Februar wurde das Forum zum Krankenhausneubau abgehalten.
Der erste Spatenstich für die Aral-Tankstelle in der Münsaer Straße erfolgte am selben Tag.

März 1992
Am 4. März weilten der Bundespräsident Richard von Weizsäcker und Thüringens Ministerpräsident Bernhard Vogel in der

Bundespräsident Richard von Weizsäcker und Thüringens Ministerpräsident Bernhard Vogel besuchten Altenburg

Skatstadt. Auf dem Programm stand ein Besuch der Kindertagesstätte „Mischka“ und des Gymnasiums Geraer Straße/ Hospitalplatz; Eintrag ins Goldene Buch der Stadt.
Die Pension Garni in der Treppengasse wurde am 6. März nach nur 7monatiger Bauzeit eröffnet.
Die Rethmann-Entsorgungsgesellschaft führte am 9. März neue Mülltonnen für das Stadtgebiet ein.
Am 11. März brannte das Gebäude Stiftsgraben 3.
Das Wasser des Kleinen Teiches wurde am 11./12. abgelassen, um Säuberungsarbeiten durchzuführen.
Am 19. März war die Eröffnung der Jugendbegegnungsstätte im Obergeschoß der Teichterrassen.
26. März: 21. Tagung der Stadtverordnetenversammlung zu den Themen: Bereitstellung von 1,5 Mio. Mark für den Innenausbau des Altenheimes II, die Sanierung des Verwaltungsgebäudes Johannisgraben sowie die Sanierung und Rekonstruktion der Grund- und Regelschule Schulstraße.
Eine Delegation der Schweizer Stadt Olten weilte am 28./29. März in Altenburg. Die Bürgermeister erörterten Möglichkeiten einer partnerschaftlichen Beziehung.

April 1992

Der Medien-Verlag Altenburg gibt am 1. April seine erste „Schaufenster“-Ausgabe heraus. Der Haupteingang des Schlosses wurde nach Restaurierung der Treppenaufgänge am 5. April zur Eröffnung der Ausstellung „Fideliter et Constanter“ wieder geöffnet.
Am 6. April brannten die Räume der Neuapostolischen Gemeinde in der Albert-Einstein-Straße. Am gleichen Tag kam es zu einem Brand im Keller eines Wohnblockes am Nordplatz.
Die Gründung der Vereinigung der Theaterfreunde am 7. April für Altenburg und Umgebung dient der Erhaltung des Drei-Sparten-Theaters.
Die letzten sowjetischen Jagdflugzeuge vom Typ MIG 29 verließen am 8. April den Flugplatz Altenburg-Nobitz.
Am 10. April begannen Bautätigkeiten auf dem Roßplan, wo hunderte Kubikmeter Erde für Fundamente ausgehoben wurden, um Geschäftshäuser zu bauen.

Auf dem Roßplan entsteht ein Wohn-/Geschäftshaus

Gestreikt wurde am 15. April in der Altenburger Spielkartenfabrik.
Ein Brand am 16. April in der Heinrich-Mann-Straße forderte ein Todesopfer.
Das Lindenau-Museum ehrte am 18. April Hans Conon von der Gabelentz anläßlich seines 100. Geburtstages mit einer Sonderausstellung.
23. April. 22. Tagung der Stadtverordnetenversammlung hauptsächlich zu Fragen des kommunalen Wohnungsbestandes.

Ein Dachwohnungsbrand ereignete sich am 28. April in der Sporenstraße 4.
Der Kreistag verabschiedete auf seiner 20. Sitzung am 29. April u.a. die Ergebnisse der Verhandlungen mit Gera-Land und Schmölln mit dem Ziel der Einleitung einer Kreisreform.

Mai 1992
Die 23. Tagung der Stadtverordnetenversammlung fand am 21. Mai statt. Hierbei ging es um den Haushaltsplan, den Gaskonzessionsvertrag, Übertragung des sich in kommunalen Eigentum befindlichen Anlagevermögens des ehem. VEB Gebäudewirtschaft und des Energiekombinates Leipzig an die Stadtwerke.
Durch Thüringens Justizminister Jentsch wurden am 27. Mai die modernisierten Räume des Grundbuchamtes im Kreisgericht übergeben.

Juni 1992
Das amtliche Adreßbuch der Stadt Altenburg erschien am 10. Juni nach über 40jähriger Pause.
Wirtschaftminister Bohn gab am 15. Juni den Altenburg-Nobitzer Flugplatz offiziell zur zivilen Nutzung frei.
Der erste Spatenstich für den Hotelkomplex „Altenburger Hof" am Anger fand am 18. Juni statt.
Am 25. Juni fand die 24. Tagung der Stadtverordneten statt, wichtige Punkte waren hier die Gründung des Abwasserverbundes und Vorlage zu Bebauungsplänen.

Juli 1992
Eine neue Marktordnung trat am 1. Juli in Kraft.
Der Grundstein für den neuen Schlachthof der Südfleisch GmbH wurde am 8. Juli gelegt. Für dieses Objekt werden 55 Mio. DM investiert.
Die neben dem Lindenau-Museum aufgestellte wertvolle Tierplastik, ein schwarzer Panther aus Bronze, wurde am 13. Juli durch Unbekannte entwendet.
Am 24. Juli wurde im Osterlandcenter Geraer Straße Richtfest gefeiert.
Die Wenzelgruppe des Skatbrunnens auf dem Brühl wurde am 30. Juli wegen Restaurierung vom Sockel gehoben.

August 1992
Der Entwurf zum Bauvorhaben Hillgasse/Kunstgasse wurde öffentlich ausgelegt und heftig diskutiert.
Bei Bauarbeiten im Kassenraum der Sparkasse am Markt wurden am 10. August drei Sandsteinreliefs gefunden, die jahrelang hinter einer Wandverkleidung verborgen waren. Vermutlich zierten sie einst die Fassade des Altenburger Rathauses.

Diese Reliefs wurden hinter einer Wandverkleidung im Kassenraum der Sparkasse entdeckt

Das Kirchweihfest der St. Bartholomäikirche wurde am 23. August mit Landesbischof Roland Hoffmann begangen.
Am 27. August fand die 23. Sitzung der Stadtverordneten statt; u.a Beschluß des Ausbaus der Remsaer Straße und Erschließungsstraße Weißer Berg, Kosten 3 Mio. DM.

September 1992
Thüringens neuer Innenminister, Franz Schuster, besuchte Altenburg am 4. September.
Der erste Spatenstich für das Gewerbegebiet „Weißer Berg" erfolgte am 4. September.
Am 7. September begannen die Bauarbeiten an der neuen Fußgängerbrücke vom Bahnhof zur Leipziger Straße.
Am 7. September öffnete der Dubliner Irish Pub zwischen Pauritzer und Luxemburg-Straße.
Das restaurierte Rokokozimmer im Schloß wurde am 10. September eröffnet.
Die Ausstellungseröffnung der „Kretschmannschen Uhrensammlung" war am 12. September im Schloßmuseum.

Das Schloßfest zum Prinzenraub am 19. September wurde gekrönt durch das Pflanzen zweier Prinzeneichen im Schloßgarten.

Pflanzung der Prinzeneichen im Schloßgarten

Am gleichen Tag beging die Stadt das 150. Streckenjubiläum auf dem Bahnhofsvorplatz.
Zur 26. Tagung der Stadtverordnetenversammlung am 24. September ging es u.a. um die Beantragung des Status einer großen kreisangehörigen Stadt, das bedeutet z.B. Übernahme von Aufgaben der unteren staatlichen Verwaltungsbehörde.
Am 25. September wurden die bundesweit gültigen neuen Telefon-Vorwahlen in der Region Altenburg eingeführt.

Oktober 1992

Die kommunale Gesellschaft für den öffentlichen Personennahverkehr „Thü-Sac" testete am 1. Oktober den ersten Niederflurbus auf Altenburgs Straßen. Der Einstieg ist absenkbar und ermöglicht somit älteren und behinderten Bürgern ein bequemes Ein- und Aussteigen. Offiziell im Einsatz sind die Busse ab 17. November 1992.
Die Verschalung am Fundament des Aufzuges der neuen Fußgängerbrücke am Bahnhof wurde am selben Tag montiert.
Am 2. Oktober wurde das letzte Teilstück der Wintershall-Erdgasleitung nach Altenburg fertiggestellt und die Übergabestation in Betrieb genommen.
2.-4. Oktober: 3. Altstadtfest: Im Rathaussaal fand am 2.10. eine Ausstellungseröffnung anläßlich „800 Jahre Altenburger Markt" statt, weiterhin Bauernmarkt, Festumzug, Bockbieranstich, Erntekranzsetzen, Schaufrisieren durch das Team von Salon Dietrich und Herausgabe einer Festschrift zum Marktjubiläum.
Der Handwerkermarkt gehörte ebenso zum Altstadtfest wie auch der Künstlerhof, ein historischer Jahrmarkt, Weinverkostung, Theaterspektakel, Spiel und Spaß für Kinder, Musik für jeden Geschmack, Brunnen- und Straßenfest in der Pauritzer Gasse, Ausstellung historischer Feuerwehren.
Am 4. Oktober wurde eine Sandsteinkopie (Karyatide der Bahnhofsfassade, Höhe 150 cm) versteigert. Der Erlös soll einem sozialen Zweck dienen.
Vom 2. bis 4.10. fand aus Anlaß des 25jährigen Bestehens des Skatclubs „Casino" ein „Casino-Skatfestival" statt.
Den ersten Spatenstich für das neue Krankenhaus an der Paditzer Straße vollzogen am 3.10. der Thüringische Sozialminister Frank-Michael Pietzsch, Altenburgs Bürgermeister Johannes Ungvári und Landrat Christian Gumprecht. Die voraussichtlichen Kosten liegen bei 230 Mio. Mark. Die Bauzeit beträgt 5 Jahre.

Erster Spatenstich für das neue Krankenhaus

In den folgenden Tagen wurde die Standsicherheit der Schloßauffahrt geprüft, da sich im Bereich der Marstallstraße an der äußeren Stützmauer der Schloßrampe Bruchsteine gelöst hatten, was vermutlich durch den schweren Fahrverkehr verursacht wurde. Sanierungsbeginn ist im November.
Die vier Wenzel des Altenburger Skatbrunnens erhielten in einer Paderborner Firma eine Oberflächenbehandlung, die vor künftigen Witterungs- und Umwelteinflüssen schützen soll.
Am 5.10. begann die Umstellung von Stadt- auf Erdgas. Das letzte noch in der Leitung befindliche Stadtgas wurde im ersten Altenburger Umstellbezirk abgefackelt.
Der Solist Prof. Karl Maureen, Dozent der Leopold-Mozart-Akademie in Augsburg, gastierte am 10. Oktober zum Abschluß der internationalen Sommerorgelkonzerte an der Trostorgel der Schloßkirche. Während der Sommermonate gastierten erstklassige Solisten aus Frankreich, den USA, der CSFR und Deutschland an der Trostorgel.
Ein modernes Lehrkabinett mit Textverarbeitungsgeräten im Wert von 90 000 DM wurde am 13.10. in der Kaufmännischen Berufsschule eingeweiht. Umfangreiche Anwendersoftware im Bereich Wirtschaft und Verwaltung im Wert von 110 000 DM standen zur Verfügung. Zur technischen Ausstattung wurden 550 000 DM im Rahmen eines Förderprogrammes des Landes Thüringen mit Unterstützung aus dem Sozialfonds der EG bereitgestellt.
Ab Mitte Oktober waren umfangreiche Umbauten in und an der Kreissparkasse auf dem Markt im Gange. Das Dach der Sparkasse entstand neu. Das alte Dach wurde abgetragen und Träger für das neue Dach eingezogen.
Eine Glaskuppel bildete nun den Abschluß des Daches, durch das man den Innenhof des Rathauses sehen kann.
Ein Kran hievte am 13. Oktober die Eisenträger für das neue Dach an Ort und Stelle.
Seit dem 14.10. präsentierte sich der Lichthof in der Altenburger Sporenstraße wieder in alter Schönheit, rekonstruiert im Auftrag des Tauchaer Unternehmers Axel Fischer.
In der Woche vom 19.10. bis 25.10. wurde mit dem Abriß des 35 Meter hohen Kühlturmes auf dem Gelände des ehemaligen Teerverarbeitungswerkes Rositz begonnen.
Am 19. Oktober fand ein Gespräch zwischen dem Thüringer Innenminister Schuster und dem Vizepräsidenten des Landtages Peter Friedrich über die Zukunft des Flugplatzes Altenburg-Nobitz statt. Schuster will den weiteren Ausbau unterstützen, fordert aber eine konkrete Flugplatzkonzeption; 1 Mio. DM stehen noch in diesem Jahr zur Verfügung.

Der Nobitzer Flugplatz wird weiter ausgebaut

Der Amtsarzt Dr. Blüher übergab am 20. Oktober im Namen des Lions-Clubs Altenburg an Frau Carola Voigtländer, Vertreterin der Heimleiterin des Kinderheimes „Sonnenland", einen Scheck in Höhe von 3 000 DM aus den Verkaufserlösen beim Altstadtfest.
Beraten wurde am 21. Oktober im Finanzausschuß des Kreistages im Landratsamt (Lindenaustraße) über das Gesamtfinanzierungskonzept für den Krankenhausneubau.
Am 21.10. besichtigten Bundestagsabgeordnete der SPD die Altin GmbH. Sie ist für eine Zugehörigkeit in der Plaschna Management KG vorgesehen. Es bestehen große Sanierungschancen für die Altin GmbH.
Landrat Christian Gumprecht setzte am 22. Oktober per Knopfdruck die neue öl-

gefeuerte Heizungsanlage in der Mozartstraße in Betrieb und löst somit die alte Heizanlage auf Kohlestaubbasis, „die Dreckschleuder Mozartstraße", ab.
Zu einem Arbeitsbesuch weilten am selben Tag im Altenburger Landratsamt beim Landrat Gumprecht der Augsburger Landrat, Herr Dr. Vogele, der Vorstandsvorsitzende der Augsburger Kreissparkasse, Alfons Maierthaler, Bundestagsabgeordneter Eduard Oswald (CSU) und Dr. Heinrich Dietz, Leitender Ministerialrat im Thüringer Innenministerium. Thema war unter anderem Finanzierungsmöglichkeiten für den Mittelstand.
Am 23. Oktober erfolgte die Übergabe eines ausgebauten Teilstückes der Remsaer Straße im Beisein vom stellv. Bürgermeister Rolf Bräunig und Frau Rösler, Mitarbeiterin des Tiefbauamtes. Es handelte sich dabei um einen 250-Meter-Abschnitt zwischen der alten Windischleubaer Straße und dem Gleisanschluß der Getreidewirtschaft.
28. Oktober: 24. Kreistagssitzung, unter anderem Beschluß zur Änderungssatzung über die Schülerbeförderung, Besprechung über die Vergabe von Straßenbauleistungen über 300 000 DM, Beschluß der Satzung zur einstweiligen Sicherstellung künftiger geschützter Landschaftsbestandteile im Landkreis Altenburg, Entscheidung über den Gesellschaftervertrag zwischen dem Landkreis und dem Evangelischen Kinderhospital für das Kreiskrankenhaus.
Ein Notarzt-Rettungswagen wurde am 28. Oktober durch die Starkstrom-Anlagen-Gesellschaft Frankfurt/Main übergeben. Anlaß der Übergabe war das 75jährige Jubiläum der Firma SAG.
Am 28. Oktober fand das Richtfest am plaza-Einkaufszentrum Altenburg-Nord in der Kauerndorfer Allee statt.
29. Oktober. Tagung des Altenburger Stadtparlaments: Beratung über die Eingliederung der Gemeinde Ehrenberg in die Stadt Altenburg, Entscheidung über die Erhöhung der Mieten, Beschlüsse für den Kauf des Grundstückes für die Altenburger Kläranlage, Erwerb der Geschäftsanteile der Gasversorgung Altenburg.

November 1992

5. November. Polizeieinsatz in der Leipziger Straße: Ein zu den GUS-Kasernen gehöriger Wohnblock wurde auf sich illegal aufhaltende russische Bürger durchsucht. Durch die Polizei konnten ein Jagdgewehr, Übungshandgranaten und Zünder, eine Artillerie-Granate, Handleuchtzeichen, eine Zündungsanlage, Munition für Kleinkaliberwaffen und Maschinenpistole AK 74 und Nebelkörper sichergestellt werden.
Am 6. November erfolgte der erster Spatenstich im Gewerbegebiet Windischleuba durch Dezernent Frank Schulz, Bürgermeister Uwe Duske und den Altenburger Stadtbaudezernenten Peter Gzik.
Ehrenbergs Bürgermeister Klaus Wonneberger und Landrat Christian Gumprecht vollzogen am 6. November den ersten Spatenstich für eine Turnhalle in Ehrenberg. Am gleichen Tag unterzeichneten Ehrenbergs Bürgermeister Klaus Wonneberger und Altenburgs Bürgermeister Johannes Ungvári die Vereinbarung zur Eingemeindung Ehrenbergs in die Kreisstadt.
Am 9. November begann die Sanierung der Stützmauer zur Schloßauffahrt in Höhe des Keplerplatzes. Die Instandsetzung erfolgte in 3 Bauphasen. 1. Phase: Oberflächenbehandlung, der Altputz wird entfernt, lose Fugen ausgeräumt, verwitterte Steine ausgetauscht; 2. Phase: Mauerkernsanierung; 3. Bauphase: Verankerung der Mauer mittels Erdvernagelung.
Ein Friedensgebet fand am 9. November in der St. Bartholomäikirche statt. Es erfolgte ein Aufruf durch die Kirchen, die demokratischen Parteien, politischen Vereinigungen und Gewerkschaften für die Erhaltung der Demokratie und zur Achtung der Menschenrechte.
Vor dem Abzug der GUS-Streitkräfte übergab am gleichen Tag Kommandant Oberst Jazenko dem Bürgermeister Ungvári eine russische Fahne und verschiedene Uniformteile, die später im Schloßmuseum von der Präsenz der sowjetischen Besatzungsmacht in der Stadt zeugen sollen.
Restaurierungsarbeiten an der Freitreppe und Brunnenanlage vor der Brüder-

kirche sind im Gange. Die Kosten betragen rund 315 000 DM.

Restaurierung der Freitreppe zur Brüderkirche

Am 10. November legte der Stellvertreter des Bürgermeisters, Rolf Bräunig, am Grab von Hanns Conon von der Gabelentz auf dem Windischleubaer Friedhof einen Kranz aus Anlaß des 100. Geburtstags des Altenburger Ehrenbürgers nieder.
Das Landestheater Altenburg plant eine Fusion mit dem Zeitzer Theater.
Am 10. November fand das 3. Sinfoniekonzert der Landeskapelle Altenburg mit Günther Witschurke statt.
Der Solocellist der Staatskapelle Berlin, Andreas Greger, gab am 14. November zusammen mit dem Dresdener Pianisten und Cembalisten Gunter Anger ein Konzert mit Werken von Robert Schumann, Johann Sebastian Bach und Dimitri Schostakowitsch im Bachsaal.
Am 17. November fand ein Diskussionsabend der Vereinigung der Theaterfreunde für Altenburg und Umgebung zum Thema: „Altenburg ohne Drei-Sparten-Theater undenkbar" statt.
Der zwei Jahre dauernde Rechtsstreit um die Altenburger Spielkartenfabrik wurde am 20. November beendet. Die „Altenburger Spielkartenfabrik" darf ihren Namen behalten. Durch das Oberlandesgericht Stuttgart wurde die Klage der „Vereinigung Altenburger-Stralsunder-Spielkartenfabriken AG (ASS)" abgewiesen.
Am 21. November zogen die letzten GUS-Truppen aus Altenburg ab.
Am gleichen Tag wurde ein Gedenkstein auf dem kirchlichen Friedhof Altenburg für die Opfer von Krieg und Terror durch Bürgermeister Johannes Ungvári und BdV-Vorsitzenden Arthur Netz enthüllt.
In Oberlödla wurde am 23. November ein Baumarkt mit Gartencenter mit einer Verkaufsfläche von 6 000 Quadratmetern und einer Freifläche von 1 500 Quadratmetern eröffnet.
Ein Kran hievte am 24. November Teile für das Dach des Kunstturmes an Ort und Stelle.
Gegen Ende des Monats waren Mitarbeiter des Altenburger Gartenamtes dabei, das Biotop Hellwiese mit Pappeln und Erlen zu bepflanzen. Alte und kranke Bäume wurden vor einiger Zeit entfernt.
26. November. Zur 26. Tagung der Stadtverordneten wurde beschlossen: Einbringung einer Vorlage durch den Bürgermeister zur Übertragung der von der Treuhandanstalt erworbenen Geschäftsanteile (100%) der Gasversorgung Altenburg GmbH auf die Stadtwerke Altenburg GmbH; Beratung über eine Ausfallbürgschaft für die Wasserversorgung und Abwasserbehandlung Leipzig GmbH.
Eröffnung des Altenburger Weihnachtsmarktes erfolgte am 28. November.
Eröffnet wurde am gleichen Tag eine Sonderausstellung im Goldsaal des Altenburger Schlosses: „Christian Friedrich Schadewitz, Altenburger Wort- und Bildchronist des 19. Jahrhunderts", nahezu 200 Aquarelle wurden gezeigt.
Am 30. November war Beginn der Montage der Fußgängerbrücke am Bahnhof von der Ostseite her in Richtung Westen mit Hilfe eines 400-Tonnen-Kranes. Die Fundamente des Aufzugsturmes wurden bereits fertiggestellt.
Der Kommandant der russischen Streitkräfte in Altenburg, Oberst Jewgeni Jazenko, wurde am 30. November offiziell durch Landrat Gumprecht verabschiedet. Altenburg ist nun nach 47 Jahren keine Garnisonsstadt mehr.

Dezember 1992

Die Grundsteinlegung für das künftige Bahnhofscenter Altenburg erfolgte am 2. Dezember. Entstehen sollen 250 Arbeitsplätze.

Geplant sind auf 110 000 qm Einzelhandels- und Fachgeschäfte, Büroräume, ein Kaufhaus und ein Hotelkomplex.
Das letzte Brückenelement für die künftige Fußgängerbrücke über den Altenburger Bahnhof vom Bahnhofsvorplatz her wurde am 2. Dezember montiert.
Am 3. Dezember gründeten Vereine und Selbsthilfegruppen aus dem Kreis Altenburg, die zum Spitzenverband des Deutschen Paritätischen Wohlfahrtsverbandes (DPWV) gehören, ihre Kreisgruppe.
5. Dezember: Weihnachtsausstellung im Schloßmuseum: Puppen aus einem privaten Puppen- und Spielzeugmuseum in Rothenburg ob der Tauber werden ausgestellt.
Bis Anfang Dezember wurden in diesem Jahr 21 im Kreis Altenburg existierende Feuerwehren zu 85 Einsätzen gerufen; ein Drittel davon waren Brände.
Mit dem Verteilen der „Gelben Säcke" an die Haushalte wurde am 8.12. begonnen.
Archäologen entdeckten am 8. Dezember zwischen Hillgasse und Hussitenturm in fast zwei Metern Tiefe Siedlungsreste, die über tausend Jahre alt sind. Geborgen wurden frühgeschichtliche Keramikscherben und zahlreiche Fundstücke aus dem frühen und hohen Mittelalter. Altenburg hat somit eine über tausendjährige Siedlungsgeschichte. Die Hillgasse muß schon zu Zeiten Kaiser Friedrich Barbarossas bebaut gewesen sein.

Archäologen fanden im Bereich Hillgasse tausend Jahre alte Siedlungsreste

Richtfest für ein Wohn- und Geschäftshaus am Roßplan nach nur fünfmonatiger Bauzeit erfolgte am 9. Dezember. Es

Das Köhlersche Haus, Roßplan 22

sollen vier Läden, vier Büroeinheiten und zehn Wohnungen entstehen; Gesamtkosten: fünfeinhalb Millionen DM.
Das sanierte Köhlersche Haus, Roßplan 22, wurde am 9. Dezember übergeben.
Am 9. Dezember nahm Altenburg an einem Wettbewerb des Bundesministeriums für Raumordnung, Bauwesen und Städtebau sowie der Deutschen Stiftung Denkmalschutz zur Erhaltung des historischen Stadtraumes teil.
Im Altenburger Schloß wurden am 10. Dezember quer über den Hof verlaufende Mauerreste freigelegt. Es ist anzunehmen, daß dies Teile der Befestigungsanlage der alten Kaiserpfalz sind.
Am 11. Dezember war ein Brand im Amt für Landwirtschaft und Gartenbau in der Zeitzer Straße ausgebrochen. Der entstandene Sachschaden betrug etwa 15 000 Mark. Das Feuer war offensichtlich von selbst ausgegangen, denn es schwelte nur noch, als die Feuerwehr eintraf.
Seit dem 13. Dezember erklingt vom Nikolaiturm die rund fünfhundert Jahre alte Glocke wieder. Bürgermeister Johannes Ungvári weihte 15 Uhr die Glocke, die nun zweimal am Tage, um 12 Uhr und um 18 Uhr erklingt, ein.
Sicherungsarbeiten am Teehaus im Schloßpark begannen vor einigen Tagen. Eine Dachkonstruktion soll dieses Gebäude vor weiterem Verfall schützen.
16. Dezember: 25. Sitzung des Kreistages, Entscheidung über die Vereinigung der Kreissparkassen Altenburg und Schmölln und Fortsetzung ihrer Geschäftstätigkeit als „Zweckverbandssparkasse Altenburg/Schmölln", Bestätigung des Schlußberichtes über die Prüfung

der Haushaltrechnung 1991 und des Antrages zum Beschluß des zweiten Nachtragshaushaltes für 1992.
17. Dezember: 29. Tagung der Stadtverordneten, u.a. Beschluß über eine neue Satzung zum Vorhaben- und Erschließungsplan für den Krankenhausneubau und zum Teilbebauungsplan „Weißer Berg", Eingliederung der Gemeinde Zetzscha in die Stadt Altenburg.
In der 3. Dezemberwoche prüfte eine Ronneburger Firma mittels Bohr- und Verwahrungsarbeiten, ob sich in den bereits verfüllten Höhlern und Tiefkellern der Stadt Altenburg noch Hohlräume befinden.
Am 29. Dezember unterzeichneten Zetzschas Bürgermeister Heinz-Jürgen Frühschulz und Altenburgs Bürgermeister Johannes Ungvári den Eingemeindungsvertrag. Ab 1. April 1993 wird Zetzscha Ortsteil von Altenburg.
Auf ihrer Deutschlandtournee gastierte am 31. Dezember die „Kelly-Family" aus Irland auf dem Altenburger Marktplatz, wo Tausende von Zuschauer gekommen waren.
In diesem Jahr gingen zehn Hilfstransporte von Altenburg aus nach Rumänien.

1993. Januar

Als neuer Baudezernent der Stadt Altenburg wurde ab 1. Januar Dr. Bernd Drischmann berufen.
Im Altenburger Schloß- und Spielkartenmuseum wurden bis 1. Februar diesen Jahres Restaurierungsarbeiten vorgenommen.

Abriß des Kaufhauses in der Sporenstraße

Die Abrißarbeiten im Inneren des ehemaligen Kaufhauses in der Sporenstraße begannen am 4. Januar; Absperrungen wurden aufgestellt und Durchgänge für die Fußgänger errichtet.
Die Wallstraße mußte Anfang Januar für längere Zeit wegen einer Erneuerung der gußeisernen aus der Jahrhundertwende stammenden Gasleitung für den öffentlichen Verkehr gesperrt werden.
Am 10. Januar wurde die diesjährige Skatsaison mit dem 7. Wenzelturnier eröffnet, an dem 311 Interessenten teilnahmen.
Bis Mitte Januar wurden für das Altenburger Schloß 100 000 DM gespendet. Thüringens Ministerpräsident Bernhard Vogel rief anläßlich seines 60. Geburtstages im Dezember 92 zu einer Spendenaktion für das Altenburger Schloß auf.
Die Lebenshilfe Altenburg/Windischleuba erhielt am 18. Januar von der Bundesanstalt für Arbeit den Bewilligungsbescheid für einen Zuschuß von 3 Millionen Mark, der für den Bau und die Einrichtung der neuen Behindertenwerkstatt im Gewerbegebiet Windischleuba genutzt werden soll.
Einige Tage zuvor begannen die Rüstarbeiten am Hussitenturm in der Kunstgasse. Der Turm, als Teil der noch vorhandenen mittelalterlichen Stadtmauer, wurde durch eine Leipziger Baufirma gesichert und saniert. Das Anlegen eines „Korsetts" am Turm, Ergänzen von Mauerwerk und die Verfestigung des Mauerwerkes mit Spezialmischung gehörten zur Sanierungsarbeit.
Im Bachsaal erklang am 18. Januar französische Kammermusik. Der Erlös und Spenden kommen dem Altenburger Frauenhaus zugute.
Die Umstellung auf Erdgas wurde am 19. Januar durch die symbolische Abfackelung der letzten Stadtgasflamme vor dem Altenburger Rathaus beendet.
Ab 20. Januar begann der Abriß der drei Gebäude des ehemaligen Kaufhauses in der Sporenstraße.
Mit dem Einsetzen von acht bis zehn Jahre alten Kastanienbäumen wurde am selben Tag an der Teichpromenade begon-

nen und gleichzeitig die Auslichtung der alten Bäume.
Die Freie Demokratische Partei (F.D.P) gründete am 20. Januar einen Ortsverband Altenburg, Vorsitzender Lehrer Karl-Heinz Heise.
Am 21. Januar wurden die Bürger der Stadt und des Landkreises Altenburg durch den Pfarrkonvent der Superintendentur Altenburg aufgerufen, sich am Protest gegen den Krieg im ehemaligen Jugoslawien zu beteiligen. Es fanden Gebete in der Brüderkirche statt.
Durch einen Brief an den Sozialminister will Bürgermeister Ungvári am 21. Januar abermals seine ernsthaften Bedenken zum künftigen Asylstandort Leipziger Straße äußern. Auch viele Altenburger sind gegen die Landesgemeinschaftsunterkunft für etwa 500 Asylbewerber.
Bei der öffentlichen Gemeindevertretersitzung am 21.1. in Kosma ging es um „Eingemeindung durch Altenburg oder Anschluß an eine Verwaltungsgemeinschaft?“
Am 26. Januar besichtigte Ministerpräsident Vogel erstmals das Altenburger Schloß. Er führte ein Vier-Augen-Gespräch mit Bürgermeister Ungvári zu Problemen wie hohe Arbeitslosigkeit, Themen Nobitz, Theater und Rositz.
Beim Grabenaushub für Versorgungsleitungen im Schloßhof entdeckten Bauarbeiter am 26. Januar unweit der Junkerei die Reste eines Turmes, der wahrscheinlich mehrere Jahrhunderte alt ist. Weitere Grabungen müssen bestätigen, ob es die vermuteten Reste eines ehemaligen Rundturmes sind.
Ein Ödlandbrand entstand am 27. Januar in der Zeitzer Straße.
Christoph Richter übernahm am 27. Januar den Vorsitz des Kreisverbandes des Städte- und Gemeindebundes.
Um diese Zeit wurde die Grund- und Regelschule in der Schulstraße rekonstruiert. Der ebenfalls rekonstruierte Eulenturm bekam eine neue Kupferkuppel mit Kupferkugel, in der sich Aufzeichnungen über die Rekonstruktion und die Geschichte der Schule befinden.
28. Januar: 30. Tagung der Stadtverordnetenversammlung, u.a. Neufestlegung der Zuständigkeiten der Schiedsstellen in der Stadt sowie die Wahl der Vorsitzenden und ihrer Stellvertreter, Gründung einer Wohnbaugesellschaft für Altenburg, Diskussion über die Aufstellung eines Teilbebauungsplanes für die „Geraer Straße - Steinwitzer Straße“.
Die neue Postleitzahl für Altenburg, die ab 1. Juli in Kraft tritt, wurde dem Bürgermeister Ungvári am 29. Januar bekanntgegeben; sie lautet: 04600.

Februar 1993
Zu einer Lichterkette auf dem Markt rief am 4. Februar der Stadtjugendring Altenburg auf. Es sollte ein Zeichen gegen den Haß in Deutschland und für die Wahrung der Menschenrechte in Europa gesetzt werden; 400 Altenburger nahmen daran teil.
Der Bebauungsplan für das Kasernengelände an der Leipziger Straße, stadtauswärts rechts, lag ab 15. Februar öffentlich aus.

Die Kasernen in der Leipziger Straße stadtauswärts

Der elfjährige Roberto Törpel aus Altenburg brach am 20. Februar auf dünner Eisdecke im Großen Teich ein und wurde durch den Polizisten Hans-Jürgen Sell vor dem Ertrinken gerettet.
Traditionell fand am 20.2. der Altenburger Taubenmarkt auf dem Marktplatz statt.
Die Kosmaer Bürger entschieden sich am 20. Februar in einem Bürgerentscheid für die Eigenständigkeit der Gemeinde.

Um einen Nachguß der im Juli vergangenen Jahres geraubten Plastik des Panthers aus dem Park am Lindenau-Museum anfertigen zu können, rief das Lindenau-Museum zu Spenden auf. Die Wiederherstellung des Modells, die Guß- und Materialkosten betragen ca. 15 000 Mark.
Der Vizepräsident des Deutschen Skatgerichtes, Hans Jäschke, wurde am 24. Februar vom Vorstand der Verbandsgruppe Altenburg des Deutschen Skatverbandes für seinen 30jährigen unermüdlichen Einsatz für das Skatspiel in Deutschland mit einer Ehrenurkunde und einer Geldprämie geehrt.
25. Februar. 31. Stadtverordnetenversammlung: Bericht zum Stand der Vorbereitungen für den Bau der Altenburger Kläranlage, Diskussion und Beschluß über Investitionen von 500 000 Mark für Planungs- und Bauleistungen, Instandsetzung und Modernisierung im Altenheim I am Hospitalplatz.
Im Betonwerk in der Zschernitzscher Straße wurden bei Grabungsarbeiten am 25. Februar Behälter mit Phosphor und Sprengsätzen entdeckt. Eines der Fässer wurde beim Ausheben einer Grube durch einen Bagger beschädigt. Der Munitionsbergungsdienst barg die Fässer.
Die Altenburger Polizei beschlagnahmte bei einer Wohnungsdurchsuchung eines Vietnamesen am 26. Februar 12 000 unverzollte Zigaretten.

März 1993
Am 4. März wurden an 16 Standorten in der Stadt Wegweiser aufgestellt. Sie geben an, in welcher Richtung sich Sehenswürdigkeiten, Gesundheitseinrichtungen, Kirchen und Behörden befinden.
Am 5. März fand eine Klausurtagung im Rathaus statt. Im Verwaltungshaushalt ist ein Loch von 15,8 Millionen Mark entstanden, große Einschränkungen werden daher im Haushaltsplan 1993 unvermeidbar sein.
Eine Diskussion um Kreiszugehörigkeit erfolgte am 5. März: Ronneburg will an den Kreis Altenburg und nicht an den Großkreis Greiz angegliedert werden.
Am 10. März erfolgte die Übergabe einer Jugendverkehrsschule für den Kreis Altenburg in der Grundschule Bonhoefferstraße.
Gegenwärtig erhält das Gebäude Schloß 4, das Corps de Logis, eine Schutzbedeckung aus Metall, um weiteren Schädlingsbefall zu verhindern, u.a. muß der Dachstuhl erneuert werden.
Die 200. MAN-Vertragswerkstatt in Deutschland wurde am 13. März auf dem Gelände der ThüSac am Großen Teich zum „Tag der offenen Tür“ eingeweiht. Gesellschafter der ThüSac sind die Kreise Borna, Geithain, Altenburg und Schmölln.
Auf dem Gelände der Katholischen Kirche in der Jungferngasse entdeckten spielende Kinder am 14. März eine etwa 20 Zentimeter große Granate. Durch den Erfurter Bergungsdienst wurde die Munition aus dem zweiten Weltkrieg geborgen.
Der neue Kämmerer der Stadt Altenburg ist seit 15. März Reinhard Danneleit.
Im Bereich der Kauerndorfer Allee zerstörte am 16. März ein Grasnarbenbrand etwa 100 Quadratmeter Wiese.
Mit einer Unterschriftensammlung protestierte am 17. März der Umweltausschuß und Ausschuß für Gesundheit und Soziales der Stadt Altenburg gegen den Bau einer Müllverbrennungsanlage in Rositz.
17. März. 27. Kreistagssitzung, unter anderem Beschluß des Haushaltplanes für 1993, Sanierung des Landestheaters (Nutzungskonzeption, Durchführung), Schulorganisation des Landkreises.
Der Generalkonsul der USA in Leipzig, Robert Becker, besuchte in Begleitung von Dr. Birgit Lehne am 18. März die Stadt. Er wollte hier Investitionsmöglichkeiten für Unternehmen aus den USA suchen. Zu seinem Besuchsprogramm gehörte ein Stadtrundgang mit Baudezernent Bernd Drischmann und Bürgermeister Johannes Ungvári. Auch trug sich R. Becker ins Ehrenbuch der Stadt Altenburg ein.
Das Jugendstilgitter des Skatbrunnens, welches nach originalem Vorbild durch den Schlossermeister Graichen von der SKIEB GmbH entstand, wurde am 19. März durch Hans-Günter Heinig von der Firma SKIEB an Ort und Stelle gesetzt.

Eine Gedenktafel zur Erinnerung an ehemalige Schüler und Lehrer, die Anfang der 50er Jahre einer Widerstandsgruppe angehörten und von einem sowjetischen Militärtribunal zum Tode oder zu Zwangsarbeit verurteilt wurden, enthüllte am 20. März Jörn-Ullrich Brödel, ein damals Mitverurteilter, im Gymnasium in der Geraer Straße.
Am 21. März fand ein Benefizkonzert der Landeskapelle Altenburg im Bachsaal mit Werken von Bach, Purcell, Liszt, Witschurke u.a. statt.
Am 25. März. Tagung der Stadtverordnetenversammlung mit Einwohnerfragestunde, Beschluß über den Beitritt der Stadt zum „Tourismusverband Ostthüringen e.V.", Sitz Gera, Satzung zu Aufgaben und Benutzung des Stadtarchives, Beschließen höherer Parkgebühren, Entscheiden über weitere Investitionsmittel zum Wiederaufbau der Junkerei.
Richtfest für den künftigen Altenburger Schlachthof war am 26. März, bei dem der Geschäftsführer der Süd-Fleisch GmbH, Dr. Arndt Palitzsch, Landrat Christian Gumprecht, Bürgermeister Johannes Ungvári und Geschäftsführer der Südost-Fleisch GmbH, Albert Piendl, anwesend waren.
Am 30. März wurde der erste Bauabschnitt (Fassadenbereich) am Kanzleigebäude Burgstraße 17, Brühlseite abgeschlossen.

April 1993
15 Hausmeister versehen seit 1. April in den kommunalen Häusern von Nord und Südost ihren Dienst.
Für 2 Stunden legten am 1. April 500 Beschäftigte der Altenburger Metallindustrie die Arbeit nieder und protestierten gegen Kündigung der Tarifverträge. Die Industrienähmaschinen GmbH beteiligte sich ebenfalls am Streik.
Ab sofort werden samstags auf dem Altenburger Wochenmarkt nur noch Frisch- und Grünwaren angeboten.
Die Antifa Altenburg rief am 3. April zu einer Demo gegen rechtsextremistische Gewalt und für die Wahrung der Menschenrechte auf. 350 Teilnehmer zogen vom Mühlenimbiß Leipziger Straße durch Altenburg-Nord zum Marktplatz.

Am 7. April stellte die Jenaer Umwelttechnik GmbH, eine gemeinsame Tochter der Jenoptik GmbH und der Sandoz AG, ein Sanierungskonzept für das ehemalige Teerverarbeitungswerk Rositz vor. Der Sanierungszeitraum beträgt 5 bis 10 Jahre, die Kosten 413 Mio. DM.
Der Grundstein für ein neues Schulungsgebäude der Innova Privatakademie Altenburg GmbH in der Feldstraße wurde am 7. April gelegt.
Am 14. April, gegen 3.40 Uhr, kam es zu einem Wohnungsbrand in der Berggasse 5, bei dem ein 56jähriger ums Leben kam. Das leerstehende Haus nutzten Obdachlose zur Übernachtung.
Am 15. April wurde der Berufsfeuerwehr ein Brand im Stiftsgraben 2 gemeldet. Die Sicherung dieses unbewohnten Hauses erfolgte vor zwei Jahren.
Die Räume des Thüringischen Hauptstaatsarchivs wurden dem künftigen Nutzer am 15. April übergeben. Archivarin Undine Walther nahm die Schlüssel entgegen.

In der Junkerei befindet sich das Thüringer Staatsarchiv

Am 15. April streikten Metaller vor den Toren der Altenburger Werkzeugfabrik.
Die Altenburger Umweltschützerin Petra Hans wurde am 16. April mit dem „Hoffnungspreis der Deutschen Umweltstiftung" im großen Ratssitzungssaal des Rathauses geehrt. Der erstmals verliehene und mit 2000 Mark dotierte Preis ging an die 35jährige Krankenschwester,

weil sie sich seit über zehn Jahren für den Erhalt von Natur und Landschaft engagierte.
Vom 16. bis 18. April fand im „Goldenen Pflug" eine Firmenpräsentationsschau von Handel und Gewerbe aus Altenburg, Schmölln und Umgebung statt.
Am 19. April entdeckten Bauarbeiter bei Schachtarbeiten für Wasser- und Gasleitungen im inneren Schloßhof, nahe der Kirche, etwa 1 000 Jahre alte Skelette und Skeletteile sowie slawische Keramik und Mauerreste von Vorgängerbauten des jetzigen Barockschlosses.

Skelettfunde auf dem großen Schloßhof

Altenburg war am 27. April Etappenort der 18. Thüringen-Rundfahrt der Radamateure.
Nach nur 14monatiger Bauzeit öffnete am 28. April das SB-Warenhaus plaza in Altenburg-Nord seine Pforten.
29. April. 33. Tagung der Stadtverordnetenversammlung: Satzungen über Vergabe der Repräsentationsräume des Altenburger Schlosses, Nutzung der Schloßkirche und Trostorgel sind zu beraten.
29. April. Richtfest in der Geraer Straße für den zweiten Bauabschnitt (vorderer Teil) des Osterlandcenters.
Die restaurierte Wenzelgruppe wurde am 30. März per Kran auf den Skatbrunnensockel gehievt und montiert.
Am 30. April begann die Erneuerung von Versorgungsleitungen in der Zwikkauer Straße zwischen AOK-Gebäude und Festplatz. Im August erfolgte der Ausbau der Straße, bei dem die Fahrbahn auf 7 Meter verbreitert wurde.
Ebenfalls am 30. April wurde Richtfest für das Hotel „Altenburger Hof" in der Schmöllnschen Landstraße gefeiert. Bauleute, Baubetriebe und der Bauherr des Hotels spendeten 10 000 DM der Ergotherapie Altenburg.

Mai 1993

Am 1. Mai fand das 1. Altenburger Skatbrunnenfest statt. Höhepunkt war die feierliche Wiedereinweihung und Enthüllung des restaurierten Skatbrunnens im Beisein von ca. 4 000 Bürgern. In verschiedenen Lokalitäten der Stadt wurde das 8. Wenzelturnier ausgetragen. Erschienen war auch eine limitierte Sonderprägung „Skatbrunnen Altenburg" und Bucherstverkauf „Skat- und Spielkartenstadt Altenburg". Am selben Tag erfolgte die Gründung der Altenburger Skatschule GmbH.

Wiedereinweihung des restaurierten Skatbrunnens

Am 3. Mai. Öffentliche Sitzung des Kreistages mit Stellungnahme zum Gesetzentwurf zur Neugliederung der Landkreise und kreisfreien Städte in Thüringen.
Bauarbeiter fanden am 4. Mai bei Bauarbeiten in der Zwickauer Str. 86 Granaten von Kaliber zwei und drei Zentimeter.
Am 8. Mai wurde die Sonderausstellung im Schloß „Das Mosaik zieht um die Welt - Geschichte eines DDR-Comics" eröffnet.
Die Kirchweihe der neuen Brüderkirche am Markt jährte sich am 9. Mai zum 88. Mal.
Der „Europäische Hof" am Bahnhof öffnet am 9. Mai nach langer Schließung wieder seine Pforten, 60 Übernachtungsplätze stehen zur Verfügung.

Am 15. und 16. Mai beging die Geschichts- und Altertumsforschende Gesellschaft des Osterlandes zu Altenburg e.V. ihr 155. Jubiläum. Eine Festsitzung fand im großen Ratssitzungssaal des Rathauses statt.
Im Altenburger Bahnhofsgebäude erfolgte am 19. Mai nach 7monatigem Umbau die Eröffnung eines modernen Reisezentrums.
27. Mai. 34. öffentliche Tagung der Stadtverordneten, u.a. Beschluß Haushaltsplan 1993.
Am 28. Mai wurde die neue Fußgängerbrücke am Bahnhof durch Bürgermeister Ungvári eingeweiht.

Einweihung der neuen Fußgängerbrucke am Bahnhof

Juni 1993

Das 2. Inselzoofest fand am 12. und 13. Juni statt.
Am 15. Juni gab Landrat Christian Gumprecht die 538 Meter lange Zufahrtsstraße zum neu zu bauenden Altenburger Krankenhaus für den Verkehr frei.
Am 16. Juni brach ein Brand in der Kunstgasse 17, im Spänelager der ehem. PGH Raumgestaltung, aus. Das Gebäude wurde seit längerer Zeit nicht mehr genutzt.
Bürgermeister Ungvári gab am 17. Juni den elf Hektar großen Teil I des Gewerbegebietes „Weißer Berg“ mit der Zufahrtsstraße zum Baubeginn frei. Danach erfolgte durch das Autohaus Am Großen Teich der erste Spatenstich.
Am 19. Juni wurde die gefäßchirurgische Klinik in der Beethovenstraße offiziell durch Landrat Gumprecht seiner Bestimmung übergeben.
Der Fremdenverkehrs- und Heimatverein organisierte im Bachsaal am 19. Juni eine 4stündige Konferenz aus Anlaß des 400jährigen Bestehens des Altenburger Schloßgartens.
Am 20. Juni wurde der 1. Altenburger Vereinstag auf dem Markt veranstaltet, bei dem sich 46 Vereine, Verbände und Gesellschaften vorstellten.
23. Juni. Kreistagssitzung, u.a. Abstimmung des 12. Entwurfes zum Gesellschaftsvertrag für das neue Kreiskrankenhaus.
24. Juni. Stadtverordnetenversammlung, Satzung zum Besuch des Inselzoos und zur Nutzung der Ruderbootausleihe, Thema ist auch der Bau einer Tiefgarage am Roßplan.

Juli 1993

Seit 1. Juli sind die neuen 5stelligen Postleitzahlen in Deutschland gültig.
Vom 1. bis 4. Juli fanden die 1. Altenburg-Nobitzer Wirtschaftstage und das Flugplatzfest statt; 220 Aussteller hatten sich gemeldet.
Am 1. Juli fand die Eröffnung der Wirt-

Die Neuapostolische Kirche wurde nach einem völligen Neubau am 2. Juli eingeweiht

schaftstage durch Landrat Christian Gumprecht statt.
Die Neuapostolische Kirche in der A.-Einstein-Straße wurde am 2. Juli nach einem Neubau eingeweiht. Sie war in der Nacht zum 6. April 1992 völlig abgebrannt.
Vier Verletzte gab es am 2. Juli beim Hubschrauberabsturz aus etwa vier Meter Höhe auf dem Nobitzer Flugplatzgelände. Ein Kommunalpolitikertag fand am selben Tag auf dem Flugplatz statt: Empfang offizieller Gäste; Messeball mit Modenschau und „Buddy-Holly-Konzert".
Am 3. Juli wurde das Flugplatzfest eröffnet: Empfang des Thüringer Ministerpräsidenten Dr. Bernhard Vogel; sportwerbendes Programm durch Vereine und Sportgruppen; Talkshow mit Prominenten des Sports; Kinderprogramm; Open-Air-Konzert „Life aus dem Hangar".
Abrißarbeiten fanden Anfang Juli am ehemaligen Omega-Gelände zwischen der Leipziger, Wettiner- und Kanalstraße statt.
Der Altenburger Uhrmacher Thomas Kretschmann brachte am 9. Juli an der Kunstturmuhr die Zeiger an die Zifferblätter an.
Am 11. Juli fand das Schloßgartenfest zum 400jährigen Bestehen des Gartens statt.
Die seit zwei Jahren leerstehenden ehemaligen GUS-Häuser in der Levystraße 33 bis 40 (79 Wohnungen) sollen demnächst saniert werden.
Zwei Straßen, die Geraer Straße und die Theodor-Neubauer-Straße, wurden am 17. Juli nach grundhafter Erneuerung offiziell dem Verkehr übergeben.
Der erster Spatenstich und Baubeginn für einen Wohnpark sowie Bau- und Heimwerkermarkt im Bereich Schmöllnsche Landstraße „Goldene Glucke" erfolgte am 23. Juli.
Brandursache bei einem Wohnungsbrand des Hauses Baderei/Wallstraße war am 27. Juli schlecht isoliertes Kabel.
Am 28. Juli bereiste Ministerpräsident Bernhard Vogel den Kreis Altenburg. Er besuchte das Teerverarbeitungswerk Rositz und das Technische Museum Zechau, die Spielkartenfabrik, das Kreisgericht. Zu seinem Programm gehörte eine Kommunalkonferenz bei NEOPLAN in Ehrenhain, Gespräche mit Beschäftigten des Landestheaters und ein Bürgerabend im Festsaal des Schlosses.
Das Haus der Kreishandwerkerschaft Altenburg und Schmölln im Johannisgraben 8 wurde am 31. Juli offiziell seiner Bestimmung übergeben. Zur baulichen Instandsetzung mußten 1,7 Mio. DM investiert werden.

August 1993

Dr. Joachim Emig ist ab 1. August neuer Leiter der Altenburger Außenstelle des Thüringer Hauptstaatsarchivs Weimar (jetzt in der Junkerei befindlich).
Am 3. August wurde die Ausstellung im Mauritianum „Mikroachate aus Mockzig", eine Sammlung von Heinz Geidel für das Guiness-Buch der Rekorde, eröffnet. In der Woche vom 6. bis 10. August. Munitionsfund auf einem Betriebsgelände im Altenburger Industriegebiet: 5 000 Zwei-Zentimeter-Granaten und 2 000 Dreizehn-Millimeter-Granaten wurden ans Tageslicht gebracht.
Mitte August beschäftigten sich die Mitarbeiter des Bauamtes mit der Sanierung des Marktpflasters. Die Fugen zwischen den Steinen wurden mit einer Spezialmischung aus Sand, Splitt und Kunstharzkleber ausgegossen.

Der Hussitenturm in der Kunstgasse nach erfolgter Sanierung

Am 14. August wurden der Hussitenturm und der Kunstturm nach umfangreichen Restaurierungsarbeiten feierlich der Öffentlichkeit übergeben.
Die Schlüsselübergabe erfolgte durch das Architektenbüro Rittershausen an den Bürgermeister Johannes Ungvári; Firma Kohlbach aus Altenburg brachte auf der Turmspitze die restaurierte Wetterfahne und Knopf an. Der Turmknopf erhielt zwei kupferne Hülsen mit Dokumenten und Münzen. Hunderte Altenburger waren bei der Übergabe anwesend. Mitglieder einiger Gewerkschaften sperrten am 17. August für 10 Minuten die Puschkinstraße. Etwa 100 Menschen demonstrierten mit der Aktion „Thüringen brennt“ gegen Arbeitsplatzabbau und Betriebsschließungen.
Am 21./22. August fanden die 1. Altenburger Spitzentage auf dem Markt statt.
Am 28. August erfolgte die Einweihung der neu entstandenen Häuserfront auf dem Roßplan. Im Erdgeschoß sind Geschäfte untergebracht.

Der Kunstturm kurz nach der Übergabe

September 1993
Am neuen Sanitätshaus Altenburg, Johannisstraße 26, wurde am 3. September Richtfest gefeiert.
Der Bürgerverein „Altenburg-Südost und Dichterviertel“ veranstaltete am 4. September sein erstes Wasserturmfest.
Nach mehr als sechsmonatigen Instandsetzungsarbeiten wurde die Orgel in der Herzogin-Agnes-Gedächtniskirche mit einem Festkonzert am 4. September eingeweiht.
Am 4./5. September präsentierten sich Altenburger Hotels und Gaststätten zu den ersten Altenburger Schlemmertagen auf dem Markt.
Am 6. September öffnete nach einjähriger Umbauzeit die Geschäftsstelle der Sparkasse Altenburg-Schmölln am Markt ihre Pforten. Die Kreditabteilung wurde hier untergebracht und der Kundenraum neu gestaltet.
Die Reichsbahner veranstalteten am 7. September vor dem Bahnhof eine Demonstration gegen Stellenabbau.
Es wurde begonnen, die alte Stützmauer in der Friedrich-Ebert-Straße mittels Erdankern im Erdreich aufzuhängen.
Am 12. September fand auch in Altenburg der „Tag des offenen Denkmals“ statt. Kulturschätze und Denkmäler in Stadt und Kreis wurden für einen Tag zugänglich gemacht.
Am 16. September wurden weitere 900 000 DM aus dem Europäischen Sozialfonds für Berufsschulen im Kreis Altenburg bewilligt.
Die neue Granit-Treppe, die den Kleinen mit dem Großen Festplatz verbindet, wurde am 18. September ihrer Bestimmung übergeben; Baukosten: 140 TDM; Bauzeit: 8 Wochen.
In der Stadt begannen am 18. September NDR-Dreharbeiten zur Fernsehserie „Peter Strohm“; Titel der Folge: „Einwandfreie Expertisen“.
Vom 18. bis 26. September fand die III. Ostthüringenschau auf dem Altenburger Festplatz statt, bei der 120 Aussteller teilnahmen.
23. September. 23. Tagung der Stadtverordneten: Vergnügungssteuersatzung der Stadt, Satzung für Erhebung einer Feurschutzabgabe, Parkplatz Anger - technische Lösung - Investitionen über 100 TDM.
Nach einem Jahr Abwesenheit kehrte am 25. September ein neuer Bronze-Panther auf den Sockel vor dem Lindenau-Museum zurück. Möglich war dies durch Spenden aus der Bevölkerung, Institutionen, Kindereinrichtungen, von Firmen und durch den Künstler Heinrich Drake, der auf sein Honorar verzichtete.
Am 26.9. wurde das neue Domizil der Altenburger Musikschule in der Schmöllnschen Vorstadt offiziell seiner Bestimmung übergeben, wo u.a. auch der Thüringer Minister f. Wissenschaft und Kunst, Hans-Ulrich Fickel, anwesend war.
28. September. 32. Kreistagssitzung: Es wurde über die Verwendung der Sonder-Investitionspauschale des Bundes für den Landkreis Altenburg beraten.

Oktober 1993
Vom 1. bis 3. Oktober fand das 4. Altstadtfest statt. Am 2. Oktober wurde im kleinen Kirchensaal der Brüderkirche die Ausstellung: „Frauen in Altenburg“ - Das Leben von Margaretha v. Österreich (1416-1486), Kurfürstin zu Sachsen, eröffnet. Im Altenburger Schloß besiegelten am gleichen Tag Altenburgs Bürgermeister Johannes Ungvári und der Stadtpräsident von Olten (Schweiz), Philipp Schumacher, die Partnerschaft der beiden Städte.

Unterzeichnung des Partnerschaftsvertrags zwischen Olten (Schweiz) und Altenburg

Nach 16monatiger Planungszeit erfolgte am 3. Oktober die Grundsteinlegung für das neue Kreiskrankenhaus Altenburg.

Die Urkunde zur Grundsteinlegung unterzeichneten Landrat Christian Gumprecht, Staatssekretär Benner u. Schwester M. Kasserra. Fraktionsvorsitzende und Vertreter der Fraktionen pflanzten an der Zufahrtsstraße Bäume als Eratzmaßnahme für die Eingriffe in die Umwelt durch den Neubau des Kreiskrankenhauses.

Bild oben:
Grundsteinlegung für das neue Kreiskrankenhaus

Bild unten:
Baumpflanzungen an der Zufahrtsstraße zum Krankenhaus durch Vertreter der Fraktionen

Am 4. Oktober erfolgte der Bau einer neuen Fußgängerbrücke über den Deutschen Bach an der Kirschhohle.
Thüringens Minister für Soziales und Gesundheit, Dr. Frank-Michael Pietzsch, besuchte am 8.10. den Landkreis Altenburg.
Zu dieser Zeit wurden die Altanlagen im ehemaligen Teerverarbeitungswerk Rositz demoniert und abgerissen.
An der Ecke Teichstraße/Kesselgasse entstehen 20 Eigentumswohnungen, die Mitte 1994 bezugsfertig sein werden.
Das Wasser des Kleinen Teiches wurde am 12. Oktober abgelassen. Dadurch sollen das Wehr und der Uferbereich kontrolliert und der gesamte Teichbereich gesäubert werden.
Wolfgang Thierse (SPD) besuchte am 13.10. die Region Altenburg; Hauptanliegen war, die hohe Arbeitslosigkeit in der Region zu beseitigen.
Am 13. Oktober erfolgte der Abriß des Hauses neben dem „Hotel Engel" in der Johannisstraße.
Der Renaissance-Erker am Haus Brüdergasse 7, aus dem Jahr 1583 stammend, wird derzeit von Fachleuten restauriert.
15. Oktober. Brand im Dachgeschoß des Altenburger Sozialamtes in der Lindenaustraße (ehem. Staatsicherheitsgebäude).
Auf dem früheren Milchhofgelände entsteht das Bahnhofcenter. Untergebracht werden das Finanzamt, ein Hotel, ein SB-Warenhaus und eine Parkgarage.
Die bekannte irische Gruppe „Kelly Family" trat am 23. Oktober auf dem Altenburger Markt auf.
Das Blockheizkraftwerk (BHKW) für Altenburg-Nord ging am 25. Oktober nach nur sechsmonatiger Bauzeit mit drei Kesseln in Betrieb. Den symbolischen Knopfdruck übernahm Altenburgs Bürgermeister Ungvári.
Am 29. Oktober wurde die neue Fußgängerbrücke an der Kauerndorfer Allee/ Kirschhohle mit einem Spezialkran auf den Unterbau gehoben. Die Stahlbrücke war von der Zeitzer Straße umgesetzt worden, weil sie dort aufgrund der völligen Umgestaltung des Kreuzungsbereiches nicht mehr benötigt wurde. Freigabe im Dezember.
Historie, Besinnliches und Nachdenkliches über den Altenburger Markt gab es am 30.10. beim „Marktspektakel" in der Reihe „Abend am Kamin" im Bachsaal des Schlosses.

November 1993
Das Gartenamt der Stadt Altenburg pflanzte am 4. November mittels Kran auf der Grünfläche zwischen Anger und Mittelstraße 4 Linden und 1 Kastanie als Ersatzpflanzung für die Baumfällung am Roßplan wegen des Tiefgaragenbaus.

Anstelle einer gefällten alten Traueresche im Bereich Bartholomäikirche/ Burgstraße wurde am 5. November ein Ahornbaum gepflanzt. Skelett- und Knochenfunde unter dem Baum schließen auf einen alten Friedhof.
Die Franz-Mehring-Straße wurde nach erfolgter Sanierung am 11. November übergeben.
Am 15. November wurde der Abriß des Kaufhauses am Markt vorbereitet.

Das frühere Kaufhaus Ecke Sporenstr./ Markt, ein Teil der Fassade blieb beim Abriß erhalten

22. November. Beginn der Bauarbeiten für eine neue Straßenbrücke über die Blaue Flut in der Kanalstraße.
Am 23. November erfolgte der erste Spatenstich für eine Schulsport- und Freizeitanlage in Altenburg-Nord durch Altenburgs stellv. Bürgermeister Rolf Bräunig, Ines Rösler vom städtischen Tiefbauamt und Altenburgs Baudezernenten Bernd Drischmann. Die Baukosten betragen ca. 2,5 Mio. DM.
25. November. Stadtverordnetenversammlung: Beschluß des Zweitnamens „Skatstadt" zur Stadt Altenburg.
Der Weihnachtsmarkt wurde am 27. November eröffnet. Ab sofort wird der Kunstturm nachts angestrahlt.
Am 30. November fand eine 5-vor-12-Aktion statt: Die Gewerkschaft ÖTV rief ThüSac zur Arbeitsniederlegung auf. Vorrangiges Ziel: Gewerkschaft und Mitarbeiter wollen die versprochenen und wieder zurückgezogenen Subventionen in Höhe von 13 Mio. DM für die Unternehmen in Thüringen haben.

Dezember 1993

Am 1. Dezember wurde das modernste Archiv Thüringens offiziell im Beisein von Ulrich Fickel, Minister für Kunst und Wissenschaft, in der Junkerei auf dem Schloß eingeweiht.
Richtfest des C&A-Geschäftshauses in der Sporenstraße (ehem. Kaufhaus) war am 2. Dezember.
Die Kaufmännische Schule bezog am 6. Dezember ihr neues Domizil in der wiederhergestellten Amalienschule.
Am 6.12. wurde das Hotel „Altenburger Hof" in der Schmöllnschen Landstraße feierlich eröffnet.
Am 15. Dezember Kreistagssitzung: Vorlegung des Haushaltsplanes 1994, Verabschiedung der Hortgebührensatzung für den Kreis, Bestätigung der Gesellschaftsverträge für das Seniorenzentrum Meuselwitz und das Kreiskrankenhaus Altenburg, Sanierungskonzept Rositz, Umbau des Theater-Heizhauses zur Probebühne.
Am 16. Dezember Stadtverordnetenversammlung: Einwohnerfragestunde, Antrag der Städtischen Wohnungsgesellschaft Altenburg auf Altschuldenhilfe.

1994. Januar

Am 1. Januar trat die Feuerschutzabgabe, eine jährlich zu entrichtende Gebühr für alle Einwohner zwischen dem 18. und 60. Lebensjahr, in Kraft.
Ein Wohnungsbrand ereignete sich am 2. Januar in der Beethovenstraße. Einer der zwei Mieter erlitt eine Rauchvergiftung.
Offiziell begannen die Erweiterungs- und Sanierungsarbeiten für den „Industriepark Poststraße 26" auf dem Gelände der OMEGA am 11. Januar.
Am 14. Januar wurde der 20 000. Besucher der „Buddy Holly Story" am Landestheater Altenburg begrüßt.
Die Einrüstung des Hausmannsturmes im Schloßhof wurde am 19. Januar wegen Sanierungsarbeiten vorgenommen.
Die Altenburger Spielkartenfabrik erhielt für 5 Mio. Mark neue Technik. Die Vier-Farben-Druckmaschine „Roland 700" wurde in Betrieb genommen.
Am 24. Januar tagten die Justizminister der neuen Bundesländer und die Justizsenatorin des Landes Berlin im Bachsaal

des Schlosses. Es wurde über die Arbeit und Koordination ihrer Ministerien sowie ein gemeinsames Auftreten in Bund und Europa beraten. Eine Stadtführung nahm Bürgermeister Ungvári vor.

Justizministertagung im Bachsaal des Schlosses

Die Stadtverordneten berieten am 27. Januar über die Satzung der Feuerwehr und die Straßenausbau-Beitragssatzung. Ein Beschluß zur Übertragung der im Stadtgebiet liegenden Wasserversorgung und Abwasserbeseitigung an die Kommune wurde gefaßt.
Nach 55 Jahren erschien am 27. Januar die erste der neuen „Mitteilungen der Geschichts- und Altertumsforschenden Gesellschaft des Osterlandes".
Am 27.2. stießen Stadtarchäologen auf der Baustelle am Markt/Ecke Sporenstraße auf eine mittelalterliche Grube, die wahrscheinlich aus dem 13. Jahrhundert stammt. Keramikscherben konnten geborgen werden.
Am 28. Januar brach ein Brand in der Reparaturwerkstatt der DEA-Tankstelle in Oberlödla aus.

Februar 1994
Auf ihrer 35. öffentlichen Sitzung berieten die Abgeordneten des Kreistages über den Haushaltsplan des Kreises, die Umbesetzung im Krankenhausausschuß sowie den Antrag auf Haftungsfreistellung für Aufsichtsrat und Geschäftsführer der Krankenhaus GmbH.
Ein Gedenkkonzert fand am 3. Februar anläßlich des 35. Todestages des großen Rock 'n' Rollers Buddy Holly auf der Bühne des Landestheaters statt.

Das Richtfest am Bahnhofscenter (82-Mio.-Projekt) fand am 11. Februar in Anwesenheit von Bürgermeister Ungvári, Bauherr Martin Schmälzle, Landrat Christian Gumprecht sowie Hans-Peter Anderl, Geschäftsführer der Baugesellschaft, statt.
Der Bürgermeister Alois Aschauer und Abt Bernhard aus dem österreichischen Altenburg weilten am 11. Februar in der Skatstadt.
Anläßlich eines Wiener Abends am 14. Februar ließ Stefan Vogler, Inhaber des Schloßcafés, den Nordkomplex des Altenburger Schlosses um 22.00 Uhr (einmalig) anstrahlen.

Der Nordflügel des Schlosses wurde am 14. Februar einmalig angestrahlt

Bauarbeiter fanden am 16. Februar bei Abrißarbeiten auf dem ehemaligen Gelände der GUS-Truppen an der Leipziger Straße eine Flakgrante.
Vier Linden und eine Kastanie mußten am 18. Februar auf dem Roßplan gefällt werden, damit das Bauvorhaben der großen Tiefgarage begonnen werden konnte.
Am 20. Februar weilte Gregor Gysi, PDS-Abgeordneter, zu einem Politfrühschoppen im Altenburger Volkshaus „Goldener Pflug".
Am 21. Februar begann der Tiefgaragenbau im Bereich Roßplan/Fleischergasse.
Der erste Spatenstich für ein Hotel am Roßplan wurde am 24. Februar vorgenommen.

März 1994

Bei Schachtarbeiten nahe dem Freibad-Nord, wurden am 1. März 12 stark verrostete Flakgeschosse aus dem 2. Weltkrieg entdeckt und geborgen.

Die Ausstellung „Karl Julius Brauer“ ab 2. März im kleinen Ratssaal umfaßt 12 Stücke aus 16 Gemälden und 130 Zeichnungen und Grafiken. Die gesamte Sammlung ist eine Schenkung von Brauer an das Lindenau-Museum

Am 9. März besichtigte Dr. Ulrich Fickel, Minister für Wissenschaft und Kunst, das Landestheater Altenburg und übergab dem Haus einen Bewilligungsbescheid für die Sanierung in Höhe von 13 Mill. DM.

Frau Regine Hildebrandt, brandenburgische Sozialministerin, sprach am 16. März im Volkshaus zum Thema „Wir verteidigen das soziale Netz“. Eingeladen dazu hatte der SPD-Kreisverband Altenburg/Schmölln.

Das C&A-Modehaus in der Sporenstraße wurde am 24. März eröffnet.

Dachdeckermeister Manfred Maul nahm die Turmkugel des Hausmannsturmes am 25. März ab. Darin befand sich ein Stück Dachschiefer, versehen mit Namen und Zeit der letzen Dacharbeiten.

Das Richtfest am Hotel „Engel“ in der Johannisstraße war am 25. März.

In der Kreistagssitzung am 30. März wurde der Finanzplan für die Jahre 1993-97 als Anlage zum aktuellen Haushaltsplan bestätigt.

April 1994

Im Zuge der Restaurierung des Hausmannsturmes wurde der alte Putz abgehackt. Die ausführende Firma Ochsenfahrth aus Erfurt stellte am 6. April fest, daß es sich bei der Turmaußenhaut um ein Sichtmauerwerk aus Ziegelsteinen handelte. Bisher wurde nachgewiesen, daß der Turm im 16. Jahrhundert umgebaut wurde. Das ursprüngliche Erscheinungsbild bestand in einem dunkelroten Mauerwerk mit weißem Fugennetz. Eine auffällige Übereinstimmung des Materials weist das Bergerkloster, die Roten Spitzen, auf. Nach den neuesten Erkenntnissen ist der Hausmannsturm ca. 400 Jahre älter als bisher angenommen.

Im Bereich der Hillgasse fanden am 7. April Altenburger Stadtarchäologen auf engem Raum mehr als 40 aussagekräftige, leicht oder nicht fragmentierte Tonpfeifenköpfe sowie über einhundert Pfeifenstielfragmente.

Landesbischof Roland Hoffmann besuchte zusammen mit Superintendent Heinz-Werner Modersohn am 15. April das Altenburger Land. Hoffmann trug sich ins Goldene Buch der Stadt Altenburg ein.

Auf dem Gelände der Likörfabrik wurde am selben Tag der 50 Meter hohe Schlot mit 3 kg Sprengstoff gesprengt.

Auf der ersten Versammlung des neuen Kreisfeuerwehrverbandes Altenburger Land am 16. April schlossen sich die bisherigen Kreisfeuerwehrverbände Altenburg und Schmölln zusammen. Der Verband zählt 2 275 Mitglieder. Zum Vorsitzenden wurde Karsten Schalla gewählt.

Ab 18. April wurde begonnen, das Wasser vom Großen Teich abzulassen. Die Karpfen wurden von einem Fischereibetrieb in andere Gewässer umgesetzt, da Säuberungsarbeiten im Wehrbereich stattfanden.

Die Grundsteinlegung für eine Tiefgarage und ein Geschäfts- und Wohnhaus im Bereich Jüdengasse wurde am 22. April vorgenommen. Beigelegt wurde in einem der Betonpfeiler eine Kassette mit Zeitdokumenten.

Ein erstes Altenburger Prominenten-Skatertreffen fand am 23. April im Ratskeller statt. Organisiert wurde dies durch

Erstes Prominenten-Skattreffen im Altenburger Ratskeller

die Altenburger Skatschule GmbH. 25 Teilnehmer, darunter SPD-Landtagsfraktionschef Gerd Schuchardt und Skatgerichtspräsident Helmut Schmidt, waren dabei.
Der erste Großparkplatz am Anger nahm am 25. April den Betrieb auf.
Heiner Geißler, Mitglied des CDU-Bundesvorstandes, kam am 27. April zu einer Wahlveranstaltung ins Altenburger Volkshaus.
Am 27. April wurde der symbolische erste Spatenstich für die Tiefgarage auf dem Roßplan durch den Bürgermeister und weitere 5 Persönlichkeiten vorgenommen; 298 öffentliche und private Stellplätze sind vorgesehen.

Erster Spatenstich für eine Tiefgarage am Roßplan

Das Amtsgericht Altenburg bezog am 29. April die neuen Diensträume in der Burgstr. 11 (vormals das Gebäude der Allianz-Versicherung).

Mai 1994

Das 2. Skatbrunnenfest mit Aufführungen der Tanzschule Schaller, einer kleinen Skatschule mit Stefan Lowisch, einem Brunnenfest in der Pauritzer Straße sowie der Wenzeltaufe lockte am 1. und 2. Mai tausende Besucher auf den Brühl.
Am 4. Mai fand die öffentliche Kreistagssitzung statt, bei der der erste Nachtrag zum Haushaltsplan 1994 beraten wurde, ebenso erfolgte der Beschluß zur Änderung der Deponiegebührensatzung und die Kommunalbürgschaft an das Kreiskrankenhaus.
Ein Warnstreik bei der Rethmann-Entsorgungsgesellschaft-Altenburg war am 5. Mai; ÖTV-Protest gegen Tarifvertragsbruch.
Für den Neubau der Dresdner Bank in der Hillgasse erfolgte am 5. Mai der erste Spatenstich.
Die Freiwillige Feuerwehr Altenburg beging am 7. Mai ihr 140jähriges Jubiläum. Am Gedenkstein für die Feuerwehrleute, die beim Schloßbrand 1868 starben, wurden Kränze niedergelegt.
Der Brüderkirchenbrunnen wurde während einer Feierstunde am 7. Mai nach vielen Jahrzehnten wieder in Betrieb genommen
Auf dem Gelände des TVW Rositz erfolgte am 9. Mai 1994 die Sprengung von zwei Schornsteinen als Auftakt einer Reihe von Sanierungsmaßnahmen. Anwesend waren Ministerpräsident Dr. Bernhard Vogel, Treuhandchefin Birgit Breuel.
Am 10. und 11. tagte der Hauptausschuß des deutschen Städte- und Gemeindebundes in Altenburg; Bürgermeister Ungvári wurde erneut zum Vizepräsidenten gewählt.
Die 2. Altenburg-Nobitzer Wirtschaftstage wurden vom 12. bis 16. Mai auf dem Flugplatz veranstaltet; 135 Aussteller.
Der Auftakt der internationalen Sommerorgelkonzerte war in der Schloßkirche am 14. und 15. Mai.
Das Finanzamt zog am 16. Mai von der Parkstraße in das Bahnhofscenter.
Am 16.5. weilte die thüringische Europaministerin Lieberknecht zu einem Arbeitsbesuch in Altenburg. Sie sprach im Bachsaal auf einer vom Kulturbund Altenburg und dem „Kulturbund für Europa“ organisierten Veranstaltung über die europäische Bewegung für Thüringen und zur Europawahl.
Eine Modernisierung des Postgebäudes auf dem Keplerplatz erfolgte. Als Ausweichstelle wurde das alte Postgebäude Ecke Theaterplatz/Wallstraße wieder genutzt.
Am 20. Mai wurden der Stadt Altenburg vom Bundesvermögensamt 22 ha der früheren GUS-Kasernen im Bereich Leipziger Str./Ecke Remsaer Str. übereignet.

Am 20. Mai wurde die Brücke über den Deutschen Bach in der Zeitzer Straße dem Verkehr übergeben.
Bei Grabungen im Bereich Kunstgasse/Hillgasse entdeckten die Stadtarchäologen am 27. Mai mittelalterliche Ofenkacheln.
Das Blockheizkraftwerk in der Poststraße in Altenburg ging am 31. Mai offiziell in Betrieb.

Juni 1994
Am 4. Juni fand die 38. öffentliche Sitzung des Kreistages mit Verabschiedung des Theatergemeinschaftsvertrages Altenburg-Gera statt.
Am 7. Juni fand ein Warnstreik der ÖTV statt, bei dem die Rathaustür für eine halbe Stunde blockiert wurde.
Eine Wahlkampfveranstaltung mit Ministerpräsident Dr. Bernhard Vogel und Bürgermeister Johannes Ungvári fand am 7. Juni im Volkshaus statt.
Am 9. Juni stellte die Direktorin des Lindenau-Museums, Jutta Penndorf, den jüngsten Ankauf vor: eine nahezu vollständige Sammlung von Druckgrafiken (150 Grafikmappen beinhalten insgesamt 3 000 Druckgrafiken) der 20er Jahre, unter anderem Mappen von Dix, Koschka, Barlach und Feininger. Kaufpreis 1,9 Mill. DM.
12. Juni. Kommunalwahlen in Thüringen. Ergebnisse der Oberbürgermeisterwahl in Altenburg: Abgegebene Stimmen 22 547; Johannes Ungvári (CDU) 53,21%, 11 997 Stimmen; Rolf Bräunig (SPD) 25,44%, 5 735 Stimmen; Eckhart Reinhold (Bündnis 90/Grüne) 15,27%, 3 442 Stimmen; Hans-Peter Meißner (Stattpartei) 6,09%, 1 373 Stimmen.
Ergebnisse der Landratswahl im Kreis Altenburg: 67 499 Bürger von den 97 378 Wahlberechtigten aus den Kreisen Altenburg und Schmölln gaben ihre Stimmen ab; 2 394 Stimmen ungültig; Christian Gumprecht (CDU) 42,75%, 27 831 Stimmen; Dr. Peter Diedrich (SPD) 23,75%, 15 459 Stimmen; Gerhard Kappler (PDS) 12,18%, 7 928 Stimmen; Max Willner (Bündnis 90/Grüne) 4,24%, 2 761 Stimmen; Harry Heidecke (Neues Forum 1,79%, 1 168 Stimmen; Burghardt Böttcher (parteilos) 15,29%, 9 958 Stimmen.
Da die erforderliche Mehrheit nicht gegeben war, erfolgte am 26. Juni die Stichwahl.
Die Sitzeverteilung im Stadtrat Altenburg: CDU 16, SPD 10, PDS 7, Bündnis 90/Grüne 3.
Sitzeverteilung im Kreistag Altenburg: CDU 23, SPD 16, PDS 8, Bündnis 90/Grüne 3
Der 2. Vereinstag in Altenburg fand am 19. Juni statt; 45 Vereine nahmen teil.
Am 26.6. erfolgte die Stichwahl des Landrats bei einer Wahlbeteiligung von 31,8%. Auf den Altenburger Landrat Christian Gumprecht (CDU) entfielen 54,4% der abgegebenen Stimmen und auf Dr. Peter Diedrich (SPD) 5,6%.
Die letzte Aufführung der Buddy-Holly-Story war am 26. Juni im Altenburger Landestheater mit Lifeübertragung auf den Theaterplatz.

Ab 30. Juni trägt Johannes Ungvári den Titel Oberbürgermeister.

12. KREIS ALTENBURGER LAND
(ALTENBURG UND SCHMÖLLN)

Juli 1994
Ab 1. Juli ist Altenburg große kreisangehörige Stadt; dadurch entstehen zusätzliche Aufgaben für die Stadtverwaltung; Verschmelzung der beiden Kreise Altenburg und Schmölln zum Kreis Altenburger Land.
Die Einweihung des neuen Fleischzentrums der Südost-Fleisch GmbH in der Remsaer Straße erfolgte am 2. Juli.
Der Neubau der INNOVA in der Altenburger Feldstraße wurde am 5. Juli eingeweiht, Unterricht für Pflegeberufe wird erteilt.
In einem Papierkorb im Hof des Schlosses wurden am 5. Juli vier intakte Handgranaten entdeckt.
Die erste konstituierende Stadtratssitzung fand am 7. Juli im großen Ratssaal des Rathauses statt.
Auf der Tagesordnung stand unter anderem die Abnahme des Diensteides des Oberbürgermeisters, Verpflichtung der Stadtratsmitglieder, Vorlage des Entwurfs der Hauptsatzung der Stadt Altenburg und Ausschreibung der Stellen von zwei hauptamtlichen Beigeordneten, sprich Bürgermeistern.
Am 9. Juli wurde im Goldsaal des Schlosses die Ausstellung „Bernhard August von Lindenau“ eröffnet.
Thüringens Minister für Wissenschaft und Kunst, Dr. Ulrich Fickel, besuchte am 11. Juli das Lindenau-Museum und überreichte einen Bewilligungsbescheid über weitere 500 000 DM für den Abschluß der Sanierung des Museums.
Der SPD-Abgeordnete und ältestes Kreistagsmitglied Dr. Erich Schubert nahm am 13. Juli den Diensteid von Landrat Christian Gumprecht ab.
Auf dem Nobitzer Flugplatzgelände fanden Bauarbeiter am 14. Juli eine Sprenggranate 18x10 cm ohne Zünder.
Am 18. Juli feierte die älteste Altenburgerin, Frau Johanna Gentsch, ihren 102. Geburtstag.

Johanna Gentsch ist die älteste Bürgerin Altenburgs

Bundestagspräsidentin Prof. Dr. Rita Süssmuth besuchte am 21. Juli Altenburg. Auf dem Programm standen u.a. ein Treffen mit Dr. Harald Kahl (MdB) und Landrat Christian Gumprecht, Besuch des Vereins „Ostthüringer Neue Arbeit“, des Projekts „Alles für das Kind“ und der Privatakademie INNOVA.

August 1994
Die Stadt schuf im Baudezernat eine eigene Denkmalschutzbehörde.
Anfang August begannen Restaurierungsarbeiten am Triumphbogens des Altenburger Schlosses.
Der Busbahnhof erhielt am 4. August neuentwickelte Lampen vom Typ P1, die in dieser Form das erste Mal in Deutschland aufgestellt wurden.
Am 10. August wurde mit der Neupflasterung von Teilen des Schloßhofes begonnen.
Bei Grabungsarbeiten im Schloßhof wurden weitere Skelette sichergestellt. Es handelt sich bei den Funden wahrscheinlich um christliche Beisetzungsstellen aus dem 11. Jahrhundert. Die Funde werden im Landesamt Weimar untersucht.
Zum Teil scharfe 23-mm-Flakgeschosse wurden am 18. August auf dem umfriedeten Gelände des Flugplatzes Nobitz geborgen.

Im August begannen Restaurierungsarbeiten am Triumphbogen des Schlosses

Am 20. August fanden die 2. Altenburger Spitzentage auf dem Markt statt, an denen u.a. ein BMW verlost wurde.
Wegen der Sanierung der Inselbrücke wurde das Wasser des Großen Teiches ab 22. August abgelassen.
Für die Finanzierung von Fassadensanierungs-, Putz- und Elektroarbeiten am Landestheater wurden per Eilentscheid am 22. August weitere 1,55 Mill. DM bewilligt.
Am 24. August wurden durch heftige Gewitter und Wolkenbrüche Straßen und Keller überflutet.
Auf der Stadtratssitzung verabschiedeten die Stadtverordneten die geänderte Satzung über Ausgleichszahlungen für fehlende KFZ-Stellplätze in der Stadt, Vorlage von Bebauungsplänen für „Zschernitzsch-Süd" und das Gebiet Stiftsgraben/Jungferngasse und den Erschließungsplan für das Kaufhaus Topfmarkt.
Weiterhin erfolgte die Wahl der Beigeordneten (1. Beigeordneter wurde Rolf Bräunig, über den 2. Beigeordneten ist noch nicht entschieden).

Ein neues Chemiekabinett übergab Rolf Bräunig am 29. August in der Grund- und Regelschule Mäderstraße. Die Kosten betrugen 220 000 DM.

Abriß des Hauses Teichstraße 2 am 27.8.1994

September 1994
Der thüringisch-hessische Tag der Denkmalpflege fand vom 1. bis 3. September in Altenburg statt.
Der Minister für Wissenschaft und Kunst, Dr. Ulrich Fickel, zeichnete die Architektengemeinschaft für die Planung der Pauritzer Straße mit dem Thüringer Denkmalschutzpreis für 1994 aus.
Der Tag des offenen Denkmals fand am 11. September statt. Die „Flasche" ist nach erfolgter Sanierung für die Öffentlichkeit zugänglich.
Mitte September begann die Mauersanierung der Schloßauffahrt.
Nach erfolgter Restaurierung wurde am 13. September die Postfiliale am Keplerplatz ihrer Bestimmung übergeben.
In der Kauerndorfer Allec befindet sich ein Regenfangbecken im Bau, das künftig vor Überflutungen von Kellern bei starken Regenfällen schützen soll.
Auf dem ehemaligen Militärgelände des Flugplatzes Nobitz erfolgte am 16. September durch Thüringens Innenminister Franz Schuster der erste Spatenstich zur verkehrstechnischen Erschließung des geplanten Gewerbegebietes.
Die erste Sitzung des Kinder- u. Jugendparlamentes fand am 17. September im Altenburger Rathaus statt.
Eine Offenburger Delegation unter Leitung des Oberbürgermeisters Dr. Bruder traf am 22. September zu einem Erfahrungsaustausch in der Skatstadt ein.

Am 24. September nahm der Altenburger Schützenverein „Barbarossa" seinen fertiggestellten Schießstand in Lödla in Besitz.
Kanzleramtsminister Bohl und MdB Kahl besuchten am 29. September die OMEGA Haushaltgeräte GmbH in Altenburg.

Oktober 1994

Vom 1. bis 3. Oktober fand das 5. Altenburger Altstadtfest statt.
Zum Festprogramm gehörten u.a. ein „Altenburger Bierfest", Altenburger Bauernmarkt und Mittelalterspektakel. Mit dem Altstadtfest wurde begonnen, die typischen Traditionen der Altenburger Bauern wiederzubeleben. So fand am 2. Oktober eine Bauernhochzeit nach altem Brauch statt. Tausende von Besuchern und Einwohnern der Stadt säumten die Straßen und füllten den Marktplatz, um diesem Spektakel beizuwohnen. Man möchte fast behaupten, daß solch eine Menschenmenge sich zum letzten Mal beim Kaiserbesuch im Jahre 1909 auf dem historischen Marktplatz angesammelt hatte. Ein langer Hochzeitszug schlängelte sich durch die Altstadt zum Rathaus, wo sich die Altenburger Jana Wenke und Jens Kämpfe das Ja-Wort gaben. Alle Verwandten und Bekannten des Brautpaares wurden aus diesem Anlaß mit Altenburger Bauerntrachten ausgestattet. Der Schmöllner Standesbeamte Dieter Ulbricht wurde außerordentlich berufen und traute in historischem Gewand das Paar.
Beginn des Planspiels zur Stadtgestaltung.

Nachdem nun der Hausmannsturm auf dem Schloßhof in Altenburg umfangreich saniert wurde, erfolgte zum Abschluß aller Arbeiten am 14. Oktober das Aufsetzen der Kugel und des doppelköpfigen vergoldeten Adlers. Die Kugel und der Adler entstanden nach alten Fotos und Beschreibungen in der Altenburger Gürtlerwerkstatt Kohlbach neu. Das neueste Feuerwehrleiterfahrzeug der Altenburger Berufsfeuerwehr wurde genutzt, um die Turmbekrönung in 32 Meter Höhe zu transportieren. Die Dachdeckerfirma Maul war mit dem Aufsetzen der Bekrönung beauftragt worden. So bewegten sich Dachdeckermeister Manfred Maul nebst Sohn Tobias, Nils

Bild links: Hochzeitszug durch die Altstadt

Bild links unten: Trauung des Paares im großen Ratssaal des Altenburger Rathauses

Bild rechts unten: Tausende Begeisterte empfingen auf dem Marktplatz den Hochzeitszug

Schunke und Heiko Sell in schwindelerregender Höhe auf einem Auslegergerüst. Der annähernd 40 kg schwere Adler und die Kugel wurden durch die Feuerwehr mittels eines Korbes zur Turmlaterne befördert. Dort nahmen die Dachdecker den wertvollen Schmuck entgegen und zogen diesen mit Hilfe eines Seilzuges zur Turmspitze, wo er dort fachmännisch durch Manfred Maul befestigt wurde. In der alten, nicht mehr restaurierungsfähigen Kugel befand sich lediglich ein Dachschiefer mit folgender Gravur: „Philipp Manger Schieferdachdeckermeister Altenburg Teichstraße 2 geb. 11.8.1884
Kurt Gleitsmann Schieferdeckergeselle geb. 5.7.1881
Hermann Blitz (?) Arbeitsmann geb. 9.3.1871
vom 12.8. bis 29.9.1944 Adler nun aufgebaut .....gs geöffnet“
Dieser Schiefer ging in den Sammlungsbestand des Altenburger Schloß- und Spielkartenmuseums ein.
In der neu entstandenen Kugel befindet sich eine neu gefertigte Hülse, in der sich mehre Schriftstücke befinden, unter anderem über die an der Vorbereitung und Durchführung der Sanierungsarbeiten am Hausmannsturm beteiligten Firmen und baugeschichtliche Notizen zur Sanierung und Restaurierung 1993 und 1994.
Eine Silbermünze mit dem Motiv des Hausmannsturmes wurde der Kugel ebenfalls beigelegt.
So hat der Bergfried seine Turmbekrönung, die er seit Jahrhunderten besaß, wieder.

Mit diesem Ereignis findet die Chronik einen würdigen Abschluss

Bild rechts: Die Dachdeckergesellen Nils Schunke und Heiko Sell tragen die Kugel zum Turm

Bild unten: Dachdeckermeister Manfred Maul nimmt die Hülse entgegen

Bild oben: Der Hausmannsturm hat seinen Adler wieder

Bild links: Der doppelköpfige vergoldete Adler kurz vor dem Aufsetzen

Die Entwicklung des Altenburger Wappens

Diese Chronik bietet eine willkommene Gelegenheit, kurz die Entwicklung der Altenburger Wappen darzulegen.

Jeder hat das Wappen schon gesehen, sei es an städtischen Gebäuden, Fahrzeugen oder behördlichen Briefbögen, doch viele kennen nicht dessen Bedeutung.

Entwickelt hat sich das Altenburger Stadtwappen, wie die meisten Wappen deutscher Städte auch, aus dem Siegel. Die Siegel sind und bleiben die am reichsten fließende und bedeutsamste Quelle für heraldische (wappenkundliche) Untersuchungen.

Das älteste bisher bekannte Wappen Altenburgs ist auf einem Siegel vom Jahre 1268 dargestellt und stammt aus der Zeit, als Altenburg noch reichsunmittelbare Stadt war. Das Siegel zeigt einen einköpfigen ungekrönten Adler im frühgotichen Dreiecksschild und trägt die Umschrift: „Sigillvm Bvrgensivm in Aldenbvrg" (siehe Abb. 1). Durch das Nichterkennen von Schraffuren können keine weiteren Angaben auf die Farben des Wappens gemacht werden. Der Adler könnte weiß gewesen sein auf rotem Grund. Nach Aufzeichnungen des Geh. Regierungs- und Finanzrates Wagner, der sich mit der Wappengeschichte beschäftigte, geht hervor, daß dieses Wappen noch auf Urkunden aus den Jahren 1275, 1292, 1300, 1301 und 1321 in Originalen vorkam. Noch im Jahre 1351 wurde eine Urkunde des Stadtrates zu Altenburg mit solch einem Siegel versehen. Bis 1399 ist bisher kein Siegel der Stadt wieder bekannt geworden, und das in diesem Jahr

Abbildung 1

verwendete weicht vollkommen von dem bis dahin bekannten ab, nicht nur in der Form, sondern auch in den darin enthaltenen Wappenbildern (Abb. 2). Anstelle des dreieckigen Wappenschildes tritt die runde Form, an die des Adlers eine Mauerbastion mit Zinnen, an welcher ein Schild mit dem Bilde eines Löwen lehnt und aus der in der Mitte ein Turm hervorragt mit einem Kreuz als Spitze. Die Umschrift lautet: „Secretum Consilii Aldenburgensis". Dieses Siegel befand sich von 1399 bis 1442 in Gebrauch.

Abbildung 2

Fast zur gleichen Zeit kommt ein zweites größeres Wappen vor (Abb. 3). Es zeigt ebenfalls eine Bastion mit Zinnen und einen Etagenturm. An der Mauer lehnt wie beim vorherigen Wappen ein Schild mit einem Löwen. Außerdem befinden sich rechts und links vom Turm noch zwei Schilder, auf denen jeweils ein Löwe zum Turm zugekehrt steht. Die Inschrift dieses Wappens lautet: „Sigillvm Bvrgensivm in Aldenbvrg".

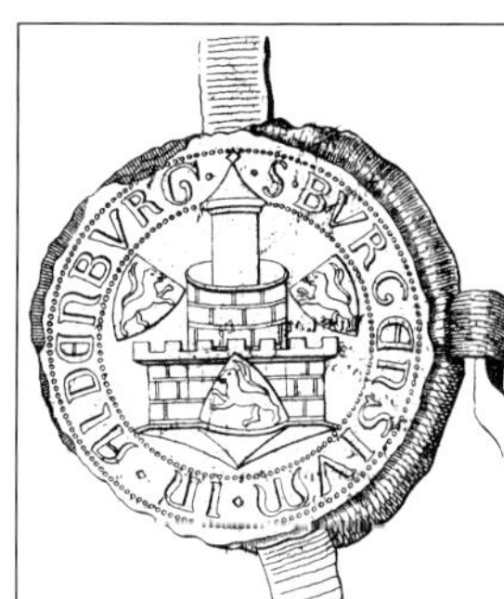

Abbildung 3

Deutlich wird bei den letzten Wappen, daß unsere Stadt nicht mehr freie Reichsstadt war, denn die Markgrafen zu Meißen erhielten das Pleißner Land im

Jahre 1329 pfandweise und 1350 in Belehnung.
1472 kam ein neues Wappen vor, das bis 1512 in Gebrauch war (Abb. 4).

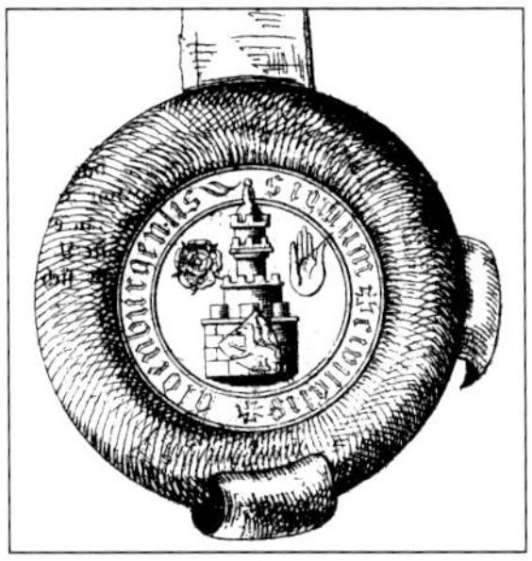

Abbildung 4

Es ist ebenfalls ein kreisförmiges Siegel, eine Bastion mit Zinnen und Turm darstellend, wo ein Schild mit einem Löwen lehnt. Erstmals zeigen sich heraldisch links vom Turm eine Hand und heraldisch rechts eine fünfblättrige rote Rose, die auf die Lage in der Burggrafschaft Altenburg hinweist. Die Hand weist auf die niedere und hohe Gerichtsbarkeit hin.
Die Umschrift dieses Wappens lautet: „Sigillum civitatis Aldenburgensis". Auffällig ist hier, daß der an die Mauer gelehnte Schild auf schwarzem Grund einen goldenen Löwen trägt. Als Wappen der Markgrafschaft Meißen muß es ein schwarzer Löwe auf goldenem Schild sein.
Um 1600 wurden Hand und Rose im Wappen getauscht. Die Hand mußte als das wichtigere Symbol heraldisch rechts im Wappen stehen.
Abbildung 5 zeigt das heutige Stadtwappen, wie es u.a. auf Behördenbriefen zu sehen ist.

Abbildung 5

Das Wappen zeigt eine silberne zinnenbewehrte Mauer mit einem dahinterliegenden silbernen Turm. An der Mauer lehnt ein Wappen der Markgrafschaft Meißen mit goldenem Grund und einem ungekröhnten schwarzen Löwen mit Bewehrung und roter Zunge.
Heraldisch rechts ist auf rotem Grund eine silberne rechte Hand mit nach vorn gekehrtem Handteller und ausgestreckten Fingern als Zeichen der niederen und hohen Gerichtsbarkeit zu erkennen.
Heraldisch links sehen wir auf silbernem Grund eine fünfblättrige rote Rose mit goldenem Samen und grünen Kelchblättern.
Auf eine runde oder ovale Form wurde bei diesem Wappen verzichtet.

Das Altenburger Stadtrecht aus dem Jahre 1256

Im Jahre 1256 bestätigte Markgraf Heinrich der Erlauchte den Altenburger Bürgern ihr Stadtrecht.

Es folgt eine Abschrift des Stadtrechtes der Stadt Altenburg aus dem Jahre 1256 in deutscher Sprache:

1256 Dezember 3
Heinrich (der Erlauchte), von Gottes Gnaden Markgraf zu Meißen und im Osterlande, Landgraf zu Thüringen und Pfalzgraf zu Sachsen, entbietet der Bürgergemeinde in Altenburg seine Gunst und seine huldvolle Gesinnung. Wir haben Euere Bitten mehrfach vernommen, durch die Ihr von uns ergeben und demütig erbittet, daß wir Euch die Rechte, Gewohnheiten und Freiheiten, die Ihr bis jetzt von Gnaden und Reiches gebraucht habt, hinfort durch die Gewährung unserer Gnade ausüben lassen.

Da wir unsere Gunst gegen Euch lieber vergrößern als verringern wollen, erfüllen wir Euch, nachdem wir Euer Ansuchen und die Ergebenheit, mit der Ihr Euch uns dienstbar und treu gezeigt habt, erwogen haben, geben wir wohlwollend Euerer Bitte nach und verzeichnen Euere Rechte wie auch Euere Freiheiten, die Ihr seit alten Zeiten gebraucht habt und künftig durch unsere Gnade ausüben sollt, in der folgenden Weise:

(1.) Der Schultheiß, der auf (die Dauer seiner Amts) Zeit über Euch gesetzt wird, wird nach der folgenden Regel Recht sprechen: Von leichten und einfachen Bußen soll er zwei Schweinsfüße oder zwei Hühner erhalten. Was oder wieviel er jedoch von den schwereren oder Frevelbußen erhalten soll, sollen die zwölf Geschworenen nach der Schwere der Schuld festsetzen.

(2.) Wer sich durch einen Eid reinigen müßte und vom Kläger den Erlaß des Eides erlangt hat, den soll der Schultheiß nicht kostenlos freikommen lassen, sondern der Beschuldigte soll ihm zwei Schweinsfüße oder zwei Hühner geben.

(3.) Wer einen Mord begangen hat und nicht auf handhafter Tat ergriffen wor-

Stadtrechtsurkunde aus dem Jahre 1256

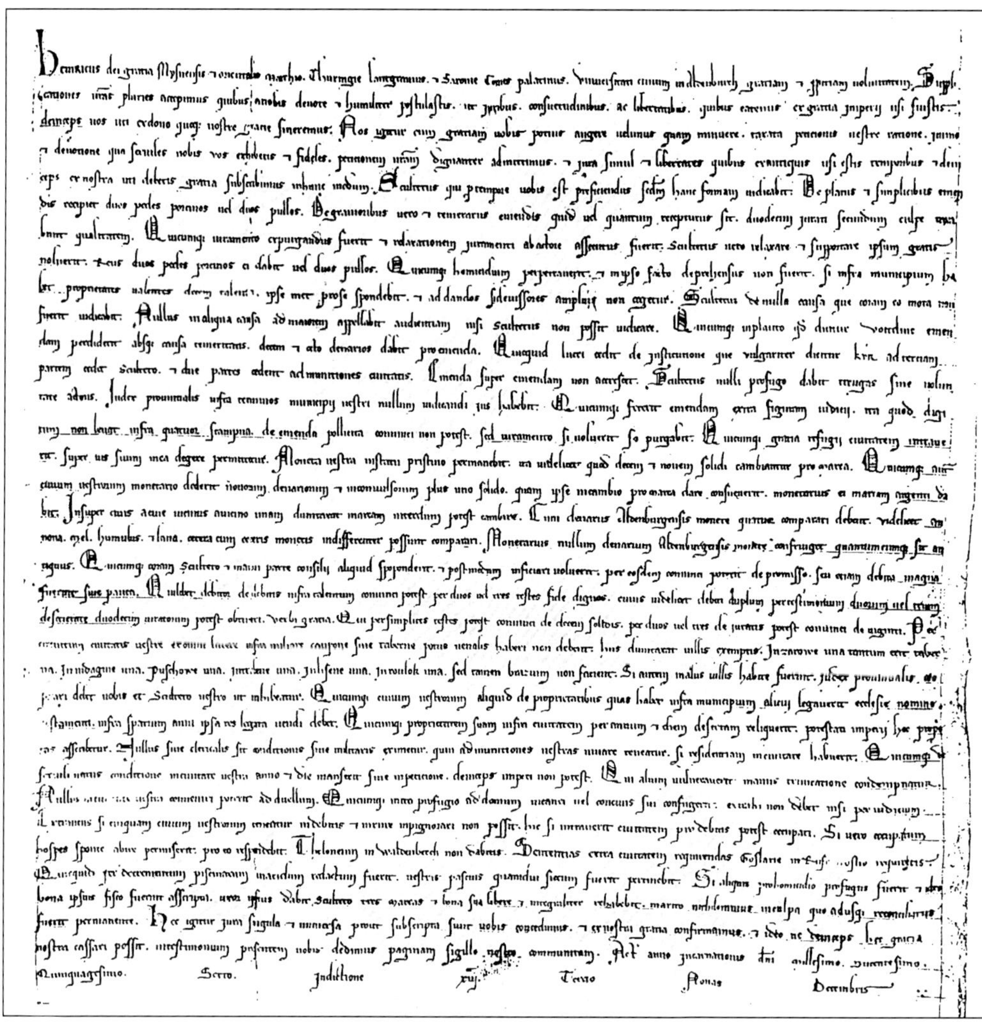

den ist, soll, wenn er innerhalb der Stadt Eigentumswerte von zehn Talenten besitzt, für sich selbst bürgen, und er wird darüber hinaus nicht zur Stellung von Eideshelfern gezwungen.

(4.) Der Schultheiß soll über keinen Rechtsfall richten, der nicht vor ihn gebracht worden ist.

(5.) Keiner soll in irgendeinem Rechtsfalle ein höheres Gericht anrufen, außer wenn der Schultheiß nicht richten kann.

(6.) Wer von dem Gericht, welches Vogtding genannt wird, eine Buße für ein leichtes Vergehen verwirkt hat, soll 18 Pfennige Buße geben.

(7.) Von allem Gewinn, der von der im Volke Kur genannten Einrichtung erwächst, soll ein Drittel dem Schultheißen zufallen und zwei Drittel den Befestigungen der Stadt zugute kommen.

(8.) Eine Buße soll nicht erhöht werden.

(9.) Ohne Willen des Klägers soll der Schultheiß keinem Flüchtigen Geleit gewähren.

(10.) Der Landrichter soll innerhalb der Weichbildgrenzen Euerer Stadt kein Recht haben, Recht zu sprechen.

(11.) Wer außerhalb des Gerichtes eine Buße getan hat, d.h. wer nicht den Finger innerhalb der vier Bänke hebt, kann wegen der versprochenen Buße nicht überführt werden, sondern soll sich, wenn er es will, durch einen Eid reinigen.

(12.) Wer in die Stadt gekommen ist, um Zuflucht in ihr zu suchen, darf nach seinem Recht in ihr leben.

(13.) Euere Münze soll von der alten Beschaffenheit bleiben, nämlich so, daß für eine Mark 19 Schillinge eingetauscht werden.

(14.) Welcher aber von Eueren Bürgern dem Münzmeister an neuen und unversehrten Pfennigen einen Schilling mehr gibt, als er selbst im Wechsel für eine Mark zu geben pflegt, dem soll der Münzmeister eine Mark Silber geben.

(15.) Obendrein soll Bürger mit Bürger und Nachbar mit Nachbar nur eine Mark wechseln, und das nur zuweilen.

(16.) Vier Dinge sollen nur mit Pfennigen Altenburger Münze gekauft werden, nämlich Getreide, Honig, Hopfen und Wolle. Das Übrige kann unterschiedslos mit den übrigen Münzen erworben werden.

(17.) Der Münzmeister soll keinen Pfennig Altenburger Münze zusammenschlagen, wie alt er auch sei.

(18.) Wer vor dem Schultheißen und dem größeren Teil des Rates etwas gelobt hat und nachher abstreiten wollte, kann durch dieselben seines Versprechens überführt werden, sei es, daß die Schuld groß, sei es, daß sie gering war.

(19.) Ein Schuldner kann einer Schuld von unter einem Talent durch zwei oder drei vertrauenswürdige Zeugen überführt werden. Die doppelte Schuld kann durch das Zeugnis zweier oder dreier aus der Gemeinschaft der zwölf Geschworenen behauptet werden, vermöge des (obigen) Rechtssatzes. Wer durch einfache Zeugen wegen zehn Schillingen, kann durch zwei oder drei von den Geschworenen wegen zwanzig Schillingen überführt werden.

(20.) Im Umkreis von einer Meile von jeder Seite Eurer Stadt sollen keine Schenken oder Gaststätten, die Getränke feilhaben, unterhalten werden, lediglich die nachfolgenden Dörfer ausgenommen: Nur in Saara soll eine Schenke sein, eine in (Ehren)hain, eine in Buscha, eine in Treben, eine in Leesen, eine in Rolika. Aber trotzdem sollen diese kein Bier brauen. Wenn aber in anderen Dörfern welche bestanden haben, soll der Landrichter mit Euch und Euerem Schultheißen zusammenwirken, damit es unterbunden werde.

(21.) Wenn einer Euerer Bürger von den Besitzungen, die er innerhalb der Stadt hat, einer Kirche unter dem Namen eines Testamentes (Seelgerätes) etwas vermacht hat, dann muß dieses Legat innerhalb des Zeitraumes von einem Jahr (wieder) verkauft werden.

(22.) Wenn jemand seinen Besitz innerhalb der Stadt über Jahr und Tag wüst liegen gelassen hat, so soll dieser Besitz der Verfügungsgewalt des Reiches zugewiesen werden.

(23.) Keiner, er sei geistlichen oder ritterlichen Standes, soll, wenn er seinen Wohnsitz in der Stadt hat, von der Pflicht zur Mithilfe an Eueren Befestigungen ausgenommen sein.

(24.) Wer unfreien Standes geboren ist und ohne Anfechtung über Jahr und Tag in Euerer Stadt geweilt hat, kann danach nicht angefochten werden.
(25.) Wer einen anderen verletzt hat, soll zum Abhauen der Hand verurteilt werden.
(26.) In Euerer Stadt kann keiner zu einem Zweikampf veranlaßt werden.
(27.) Wer sich als Flüchtiger in das Haus eines Nachbarn oder eines Mitbürgers zurückgezogen hat, soll nicht daraus abgeführt werden, außer durch ein Urteil.
(28.) Wenn ein Auswärtiger bei einem Euerer Bürger in Schulden steht und auf dem Lande nicht gepfändet werden kann, so kann dieser, wenn er die Stadt betreten hat, für seine Schulden ergriffen werden. Wenn aber ein Wirt den Verhafteten auf eigene Hand fortlaufen ließ, soll er sich an dessen Stelle verantworten.
(29.) Zoll sollt Ihr in Waldenburg nicht geben.
(30.) Rechtsbelehrungen, die Ihr außerhalb der Stadt holen müßt, sollt Ihr in Goslar am roten Tor einholen.
(31.) Was durch Zurückgehen der Teiche ausgetrocknet worden ist, soll, solange es trocken ist zu Eueren Weiden gehören.
(32.) Wenn jemand wegen eines Mordes flüchtig geworden ist und dadurch desselben Güter der Staatskasse überwiesen worden sind, soll dessen Frau dem Schultheißen drei Mark geben und seine Güter frei und unversehrt wieder haben. Der Ehemann bleibt, bis er wiederaufgenommen worden ist, nichtsdestoweniger in Schuld.

Diese Rechte, wie sie aufgezeichnet sind, gestehen wir Euch im einzelnen und in ihrer Gesamtheit zu und bestätigen sie Euch aus unserer Gnade. Und damit diese Gnade nicht ungültig gemacht werden kann, haben wir Euch zum Zeugnis dessen die gegenwärtige, mit unserem Siegel bekräftigte Urkunde ausgestellt. Geschehen im Jahre der Fleischwerdung des Herrn 1256, in der sechsten Römerzinszahl, am dritten Tage vor den Nonen des Dezember.

Bürgermeister und Oberbürgermeister Altenburgs

In der nachfolgenden Aufzählung werden alle namentlich bekannten Oberbürgermeister und Bürgermeister unserer Stadt genannt. Vorwiegend historische Aufzeichnungen und Adreßbücher halfen bei der Zusammenstellung.

vorher Schultheiß	
1318	Ulrich v. Pfaffenrode (BM)
um 1328	Michael Alber (BM)
1402	Cunrad Conwitz (BM)
	Nicol Butener (BM)
1539	Peter Thomel (BM)
1578	Konrad Hase (BM)
1598	Lorenz Gemeiner (BM)
1632	David Faber (BM)
um 1639	Johann Christoph Richter (BM)
1650	Dr. Thomas Reinesius (BM)
1653	Dr. Thomas Reinesius (BM)
1656	Dr. Thomas Reinesius (BM)
1659 - 1661	Dr. Thomas Reinesius
bis 1700	Dr. Kyber (BM)
	Johann Seuffigen (BM)
1679 - 1694	Friedrich Gotter (BM)
um 1810	Johann Gottfried Jähnig (BM)
	Johann Gotthelf Gottlob Winkler (BM)
um 1813	Heinrich Adolph Weise (BM)
	Bachmann (BM)
um 1819	Johann Gotthelf Gottlob Winkler (BM)
	Heinrich Adolph Weise (BM)
30.06.1831 - 27.10.1840	Gustav Chr. Ludwig Ernst Scholber (OBM u. Herzogl. Polizeidirektor)
14.12.1840 - 06.07.1861	Heinrich Ferdinand Hempel (OBM und Herzogl. Polizeidirektor)
04.11.1861 - 1879	Moritz Karl Wilhelm Laurentius (OBM und Herzogl. Polizeidirektor)
30.12.1879 - 11.1880	Richard Meißner (OBM)
03.01.1881 - 1914	Karl Gustav Oßwald (OBM u. Herzogl. Polizeidirektor) (gewählt am 21. November 1880)
	Tell (BM)
1894	Heinrich Weißker (BM)
1896	Dr. jur. Weber (BM)
1915 - 1922	Heinrich Achilles (OBM)
	Karl Schumacher (BM)
1922 - 1933	Karl Schumacher, Stadt- u. Polizeidir.

ALTENBURGS BÜRGERMEISTER

1933 - 31.03.1936	Dr. Franz Reible (OBM)
	Dr. Kurt Hahn (BM)
01.04.1936 - 23.04.1945	Dr. Otto Grimm (OBM)
	Dr. Erich Dürre (BM)
23.04.1945 - 30.07.1945	Karl Mehnert (OBM)
01.08.1945 - 27.03.1947	Paul Borchert (OBM)
	Walter Fröhlich (BM)
02.04.1947 - 14.10.1950	Otto Kästner (OBM)
15.10.1950 - 12.07.1951	Horst Junghanns (OBM)
12.07.1951 - 13.09.1952	Bruno Wiese (OBM)
22.09.1952 - 02.01.1954	Karl Postel
04.01.1954 - 30.03.1954	Alfred Torke
01.04.1954 - 05.1959	Walter Petzka
05.1959 - 30.09.1961	Johanna Puls
01.10.1961 - 19.09.1963	Rudolf Pröhl
23.09.1963 - 10.05.1965	Hermann Baumann
14.05.1965 - 31.10.1965	Karl Sporbert
01.11.1965 - 31.03.1970	Dr. Frank Grimm
01.04.1970 - 29.02.1988	Heinz Tonndorf
01.03.1988 - 07.05.1990	Lutz Tippmann
06.1990 - 29.06.1994	Johannes Ungvári
ab 30.06.1994	Johannes Ungvári, Oberbürgermeister
ab 01.09.1994	Rolf Bräunig, Bürgermeister
ab 01.12.1994	Gerfried Manke, Bürgermeister

Zusammenstellung:
Stadtarchiv Altenburg und
Steffen Sell, Altenburg

Bemerkungen:
Der Stadtrat war seit dem 14. Jahrhundert die oberste Behörde der Stadt. Er bestand aus 36 Ratsherren (Consules) oder Geschworenen (Jurati) sowie drei Bürgermeistern (Magistri consulum). Von denen amtierten ein Bürgermeister und 12 Ratsherren alle drei Jahre abwechselnd.
Seit dem Jahre 1697 kommen nur noch zwei statt drei Bürgermeister vor, die ein Jahr um das andere abwechselnd in der Stadt regierten.

Zum Stadtrat, für die Verwaltung und Polizei der Stadt, gehörte ein Oberbürgermeister, Stadthauptmann, Stadtsyndicus und Stadtschreiber, Actuar, Bauverwalter und fünf Senatoren, außerdem ein Polizeiactuar, ein Kämmerer und mehrere Rechnungsführer für die einzelnen Gassen; auch die Armenverwaltung gehörte zum Stadtrat.

Durch die Verwaltungs- und Gebietsreform im Jahre 1952 sowie dem Verlieren des Status einer großen kreisangehörigen Stadt konnte nur noch ein Bürgermeister gewählt werden.

Die Stadt Altenburg erhielt 1994 den Status einer großen kreisangehörigen Stadt. Somit konnte erstmals nach 42 Jahren wieder ein Oberbürgermeister auf 5 Jahre gewählt werden (Kommunalwahl am 12. Juni 1994). Zwei hauptamtliche Beigeordnete, sprich Bürgermeister, stehen dem Oberbürgermeister zur Seite.

Gustav Scholber
OB von 1831-1840

Ferdinand Hempel
OB von 1840-1861

Moritz Laurentius
OB von 1861-1879

Richard Meißner
OB von 1879-1880

Karl Gustav Oßwald
OB von 1881-1914

Karl Mehnert
OB im Jahr 1945

Paul Borchert
OB von 1945-1947

Otto Kästner
OB von 1947-1950

Johannes Ungvári
OB ab 1994

Gab es eine oder zwei Amtsketten?

Altenburg konnte durch den Erhalt des Status einer großen kreisangehörigen Stadt nach nunmehr 42 Jahren wieder einen Oberbürgermeister wählen.

Doch was dem Oberbürgermeister fehlt ist eine Amtskette. Am 30. Juni 1831 stiftete Erbprinz Joseph dem damaligen Bürgermeister „eine goldene Amtskette und Medaille mit dem Bildnis des Herzogs Friedrich“. Diese Kette sollte an jedes neugewählte Stadtoberhaupt feierlich übergeben werden. Die Bestimmung des Stifters wurde bis Anfang der 20er Jahre eingehalten. Dann war die Kette spurlos verschwunden. Im Stadtarchiv Altenburg gibt es einen Brief vom 10.01.1924, der an den Herrn Obersekretär Wagner in der Verwaltungszweigstelle Kauerndorf adressiert war. Herr Wagner wird in diesem Brief auf eine Niederschrift vom 15.09.1916 hin angesprochen. Es heißt hier wörtlich: „Nach dem ursprünglichen Text der Niederschrift vom 15.9.1916 muß seinerzeit außer der goldenen Kette noch 1 Dukaten dagewesen sein. Unter den Wertgegenständen (gold. Ketten, Ringe usw.), die bei der städt. Hinterlegungsstelle verwahrt werden und an die der Kirchenvorstand Eigentumsansprüche erhoben hat, befindet sich dieser Dukaten nicht.

Einen Tag später, am 11.01.1924, wird diese Anfrage beantwortet: Der Dukaten „hat stets in dem im Ratsdepositum befindlichen Spankörbchen gelegen“. Der Obersekretär bemerkte noch im selben Schreiben, „daß die Kette, wenn nicht Privateigentum, so doch mindestens eine alte Oberbürgermeisterkette war.“

Nachdem dieser Briefwechsel seinen Abschluß fand, wurde im Altenburger Rathaus alles „auf den Kopf gestellt“, und siehe da, ein großer Erfolg war zu verzeichnen. Denn es existiert ein Schriftstück vom 21. Januar 1924, in dem folgendes festgehalten wurde: „Herr Stadtdirektor Schuhmacher fand heute in der links von seinem Schreibtisch befindlichen Fensternische unter Schriftstücken und Büchern die hier beigefügte Kette mit Medaillon (Friedrich Herzog zu Sachsen darstellend). Es wird angenommen, daß es sich um die Bürgermeisterkette handelt.

Wie sie in die Fensternische gelangt ist, konnte nicht festgestellt werden; sie wurde aber in einem an Herrn Oberbürgermeister Achilles adressierten Briefumschlag vorgefunden. Der Umschlag wird hier beigefügt.

Auf Anweisung des Herrn Stadtdirektor Schuhmacher ist die Kette bei der Ratshinterlegungsstelle in Verwahrung zu geben.

Nachrichtlich gezeichnet Löffler, Stadtbüroinspektor.“

Auf dem gleichen Dokument befindet sich auch der Beschluß zur Verwahrung der Kette sowie eine handschriftliche Notiz der Ausführung dieses Beschlusses am 23.01.1924.

Und daß alles seine Ordnung hat, wandte man sich an den Altenburger Rechtsanwalt Carl Rothe, der am 4. März 1924 folgendes Herrn Stadtdirektor Schuhmacher mitteilte: „Nach Einsichtnahme reiche ich anbei die dortigen Akten betreffend die aus dem Nachlasse des Oberbürgermeisters Oßwald stammende Kette usw. wieder zurück.“

Bis mindestens zum 15.9.1938 muß diese Amtskette verwahrt worden sein, denn unter diesem Datum gibt es die Vorlage Nr. 46 des damaligen Oberbürgermeisters Dr. Otto Grimm. In dieser schildert er sehr detailliert die Amtskette: „Die Amtskette des Oberbürgermeisters ist im Jahre 1831 von dem damaligen Herzog Friedrich zu Sachsen dem Oberbürgermeister gleichzeitig mit dem neuen Stadtrecht verliehen worden. Es handelt sich hierbei um eine Schaumünze, die auf der Vorderseite das Bildnis des Her-

zogs Friedrich zeigt und auf der Rückseite die Inschrift „Dem verehrten Fürsten treue Diener". Die Amtskette entspricht nach Form und Inhalt nicht mehr den heutigen Anschauungen. Heute beruht das Stadtrecht auf Reichsrecht. Nach der aufgrund der Bestimmungen der Deutschen Gemeindeordnung erlassenen Hauptsatzung der Stadt Altenburg trägt der Oberbürgermeister bei feierlichen Anlässen die Amtskette. Die alte Kette kann aber im nationalsozialistischen Staate nicht mehr verwendet werden und muß deshalb durch eine neue Kette ersetzt werden.
Ich habe mich mit verschiedenen Künstlern und Firmen wegen der Herstellung einer Amtskette in Verbindung gesetzt und den Metallbildhauermeister Erich Pierny in Weimar ausgewählt, den ich auch mit der Herstellung der Kette beauftragen möchte. Pierny hat die Kette des Oberbürgermeisters der Stadt Eisenach hergestellt und ist jetzt wieder mit der Herstellung vorerst eines Modells für die Amtsketten der Oberlandesgerichtspräsidenten beauftragt.
Die Eisenacher Kette ist auf der großen Kunstausstellung in München gezeigt worden und hat allgemein außerordentlich gut angesprochen.
Metallbildhauermeister Pierny hat eine Skizze der gedachten Amtskette und ein Wappen- und Kettengliedmodell vorgelegt.
Ich werde beides in der nächsten Ratsherrensitzung auslegen. Die Kette soll in 900/000 Silber gearbeitet und stark vergoldet werden. Die Wappenfarben des Mittelstücks sollen durch verschiedenfarbiges Gold und Silber dargestellt werden. Das Silber des Mittelstücks kehrt rhythmisch in der Kette wieder und wird durch Feinsilber dargestellt. Die Rückseite des Mittelstücks kann geöffnet werden und enthält ein silbernes Buch mit 4 Blättern, auf denen die jeweiligen Träger der Amtskette verzeichnet werden. Die Kette kostet nach dem Angebot Piernys voraussichtlich bis zu 680,- RM.
Im Voranschlag 1938 stehen 1000,- RM für die Herstellung einer neuen Oberbürgermeisterkette zur Verfügung."
Ob solch eine Kette jemals hergestellt wurde, ist fraglich. Sicher ist jedoch, daß eine Bürgermeisterkette bis 1953 im Altenburger Schloß- und Spielkartenmuseum aufbewahrt wurde. Am 9. August 1953 mußten 760 Besucher durch das Schloß und die Museumsräume geführt werden. Durch die unzureichende Besetzung mit Aufsichtspersonal gelang es Besuchern, in die von Privatleuten bewohnten Mansarden des Schlosses einzudringen und dort die eingebauten Mansardenschränke gewaltsam zu öffnen. Am 11. August 1953 wurde der Einbruch bemerkt. Zu den gestohlenen Inventargegenständen gehörte u.a. auch eine Amtskette, die zu dieser Zeit bereits ohne Medaillon war.
Nachforschungen zum Verbleib der Bürgermeisterkette blieben bisher erfolglos.

Ein Briefwechsel zwischen dem Altenburger Journalisten Eberhard Heinze und der Stadt Weimar wegen einer eventuellen Hinterlassenschaft des Bildhauers Pierny brachte keine positiven Ergebnisse.
Trotz alledem soll die Erarbeitung einer neuen Amtskette, deren Anregung der Altenburger Fremdenverkehrs- und Heimatverein an die Öffentlichkeit gebracht hat, nicht scheitern. Altenburger Goldschmiedemeister erklärten sich bereit, eine neue Amtskette zu entwerfen und zu produzieren, und haben bereits ein Angebot unterbreitet. Finden sich viele Sponsoren, steht der Herstellung einer neuen Oberbürgermeisterkette nichts mehr im Wege.
Ob diese nun die zweite oder dritte Kette ist, die von einem Spezialisten hergestellt wird, muß unbeantwortet bleiben.

Das wohl einzigste Bild der Amtskette der Oberbürgermeister mit dem Bildnis Herzog Friedrichs.

Flächen der Stadt Altenburg (Stand 1994)

Parks und Wasserflächen

Herzog-Ernst-Wald	81,0 ha
Stadtwald jetzt	64,4 ha
Volkspark	8,3 ha
Schloßgarten	12,0 ha
Schmidt's Park	3,0 ha
Anlagen am Pauritzer Teich:	
Erholungsfläche	10 046 qm
Wasserfläche	3 730 qm
Friesenpark	2 685 qm
Pohlhofpark:	
Parkfläche	10 168 qm
GF (Gebäude- und Freifläche)	1 630 qm
Magdalenenstiftsgarten:	
Gartenland	8 530 qm
Grundfläche	5 471 qm
Botanischer Garten:	
Erholungsfläche,	4 648 qm
GF (Gebäude- und Freifläche)	261 qm
Kirchlicher Friedhof:	
Friedhof	78 246 qm
GF (Gebäude- und Freifläche)	920 qm
Hellwiese:	
Wasserfläche	5 110 qm
Straße	36 309 qm
Erholungsfläche	19 600 qm
Gebäude- und Freifläche	38 qm
Anlagen am Hospitalplatz	1 ha
Großer Teich, Wasserfläche	103 642 qm
Kleiner Teich, Wasserfläche	0,66 ha
Steinbruch:	
Wald	5 200 qm
Wasserfläche	1 878 qm
Hospitalteich (nicht mehr vorhanden)	
Poschwitzer Park	4,25 ha
durch Neuaufforstung	12,6 ha
Leina	2 000 ha
Wolfenholz	6,6 ha
Insel:	
Erholungsfläche	4 900 qm

des weiteren:
Ziegeleiteich

Brauereiteich

Zusammenstellung: Katasteramt Altenburg, Stadtarchiv Altenburg, Steffen Sell, Frank Grunwald

Städtische Angaben (Stand 1994)

Fläche der Stadt Altenburg:	
insgesamt etwa	20 qkm
Einwohnerzahlen (Stand 30.6.1993)	
Stadtgebiet Altenburg	45 907
Stadtgebiet mit den Eingemeindungen Ehrenberg und Zetzscha	47 854
Bildungseirichtungen:	
Grundschulen	9
Regelschulen	7
Gymnasien	4
Sonderschulen	2
Berufsschulen	2
Musikschule	1
Ingenieur für Papier- und Verpackungstechnik	1
Fachschule für Sozialpädogogik	1

Hans K. Leopold von der Gabelentz

Von Frank Grunwald

Poschwitz ist vor allem durch die beiden Sprachgelehrten Hans Conon und Hans Georg Conon v. d. Gabelentz weit über die Landesgrenzen hinaus bekannt geworden, das Sprachforscher aus der ganzen Welt anzog. Da sie sich auf Grund ihrer Forschertätigkeit des öfteren außerhalb des Landes aufhielten, war es ihnen weniger vergönnt, sich um die Belange der Stadt bzw. des Herzogtumes Sachsen-Altenburg zu kümmern.
Bei Hans Conons Vater, Hans Karl Leopold v. d. Gabelentz, war dies etwas anders. Sein Stand und Besitz verpflichtete ihn, ein Leben lang als treuer Staatsbeamter dem Herzog und somit der Stadt Altenburg und dem Herzogtum zu dienen.
Hans Karl Leopold v. d. Gabelentz lebte in der Zeit der französischen Aufklärung, der französischen Revolution (1789-1795) und der Napoleonkriege.
Am 18. Januar 1778 in Gotha geboren, nahm er zunächst Privatunterricht im elterlichen Hause. 1793 ging er an die Universität Leipzig, wovon er später nach Göttingen berufen wurde. Schon 1797 trat er in den Johanniterorden ein, und ein Jahr später (erst 20jährig) benannte man ihn zum Assessor an der Altenburger Regierung, in der man ihn 1800 zum Rat beförderte.
H. K. Leopold wurde in der Kriegszeit (1805-1814), wie schon seine Vorfahren im 30jährigen Krieg, mit wichtigen Ämtern zum Schutze des Landes und seiner Menschen betraut. Er mußte mit den Kriegstruppen, die durch Altenburg zogen, verhandeln. Zumindest bei französischen Truppen dürfte dies keine großen Probleme bereitet haben, denn Altenburg war Mitglied des Rheinbundes (1806-1815) und damit Verbündeter Napoleons.
In dieser Zeit reiste v. d. Gabelentz des öfteren, so 1806 nach Paris, 1810 und 1811 durch Frankreich, Österreich und Italien. Am Rande sei erwähnt, daß bei einem Fest des österreichischen Gesandten Fürst Schwarzenberg in Paris, bei dem er zugegen war, Napoleon während eines ausbrechenden Brandes fast sein Leben verlor.
Der Gabelentzer hatte sich dabei „nur die Schuhsohlen“ verbrannt. Zeugnis von diesen Reisen zu jener Zeit ist eine prächtige Platane, die heute noch vor dem Poschwitzer Schloß (auf der Hofseite) steht. Auch die Rechnung von ihr ist noch erhalten.
Im Jahre 1810 wurde er Herzoglich-Sachsen-Gotha-Altenburgischer Kam-

Hans Karl Leopold von der Gabelentz, nach einem Ölbild von Döll

merherr und 1814 zum Regierungsdeputierten bei der Polizeikommission und städtischen Verwaltung in Altenburg gewählt. Im selben Jahr wandte er sich mit den „Bemerkungen über die Armenversorgungsanstalten im Herzogtum Altenburg“ (i.d. Schnuphase'schen Buchhandlung erschienen) an die Öffentlichkeit, für die der Kanzler kein Verständnis hatte. Ob er der Gründer der ersten politischen Zeitung gewesen war, wird vermutet. Zumindest war er seit 1814 als Zensor für die Pierersche Hofbuchdruckerei tätig.

Vom 11.6.1819 bis zum 22.9.1830 stand Hans Karl Leopold v. d. Gabelentz an der Spitze der Armenversorgungsanstalten. Zusammen mit der Armenordnung erließ er Regelungen für das Armen-, Kranken,- Irren- und Werkhaus, für die Gendarmerie sowie für die hauptamtlichen Krankenpfleger in der Stadt Altenburg.

Weitere Stationen in seinem Leben waren: 1822 Vizekanzler, 1827 Direktor der Landesbank des Herzogtums Altenburg und 1830 Kanzler (unter Herzog Friedrich v. Sachsen Altenburg, II. Dynastie).

Ein weiterer Verdienst von ihm war die neue Stadtordnung um 1831, die allerdings erst nach seinem Tode am 30.6.1831 eingeführt wurde. Auch die neue Verfassung, bei deren Ausarbeitung er maßgeblich beteiligt war, erschien erst nach seinem Tode am 29.4.1831.

Von seiner berühmten antiken Münzsammlung gab er 1830 einen ausführlichen Katalog heraus. Nebenbei sei auch erwähnt, daß Hans Karl Leopold v. d. Gabelentz mit einigen Altenburgern, u.a. mit Friedrich Arnold Brockhaus (Stammvater des gleichnamigen Verlages), in Altenburg das Skatspiel erfand.

Seinem Körper alles abverlangt und gesundheitlich stark angegriffen, verstarb er an einer Erkältungskrankheit am 7. März 1831 in Altenburg. Begraben wurde er auf dem Windischleubaer Friedhof.

Das Poschwitzer Schloß war Jahrhunderte Sitz der Herren von der Gabelentz

DIE ALTENBURGER STRASSENNAMEN IM WANDEL DER ZEIT

Die folgende Aufzählung soll verdeutlichen, wie oft die Altenburger Straßen umbenannt wurden. Viele Straßen erhielten ihren Namen von Flüssen, Bäumen oder Persönlichkeiten.
Bei der Zusammenstellung halfen u.a. alte Stadtpläne und Adreßbücher.
Die umfangreichsten Umbenennungen fanden am 1. April 1939 und am 1. Januar 1991 statt.
Im Stadtteil Südost gaben Baumarten, die in vergangenen Zeiten dort bestanden haben und heute wieder Neupflanzungen erfolgten, den Straßen ihren Namen.
Die erstgenannten Straßennamen in dem Verzeichnis sind die aktuellen Bezeichnungen in alphabetischer Reihenfolge.

Ahornstraße, Hans-Kaißer-Straße
Albert-Einstein-Straße, Elisenstraße, Scheerstraße
Albert-Levy-Straße, Georg-Schumann-Straße
Alt-Kauerndorf, Kirchsteig
Amendestraße, Laurentiusstraße, Tannenbergstraße
Amtsgasse
Am Anger, Großer Anger, Schützenanger
Am Kleinen Teich
Am Lerchenberg, Zschernitzscher Weg, Zschernitzscher Berg
Am Schenkengraben (Poschwitz)
Am Stadtwald, August-Frölich-Straße
Am Wolfenholz, Wolfenholzstraße
Anger, Schießplatz
An den Geraer Linden, Hinter dem Tennisplatz
An den Plateauwiesen, z.T. Rasephaser Straße
An der Blauen Flut (Rasephas)
An der Glashütte, Otto-Winzer-Straße
An der Schmiede (Zschernitzsch)
August-Bebel-Straße, Bachstraße, Max-Förster-Straße
Auf den Röhren
Bachweg, Rittergutsweg, Straße K
Baderei, Abzweigung zum Kornmarkt = Krumme Gasse
Bahnhofstraße
Barlachstraße, Werner-Lamberz-Straße
Bauernweg, Teil der Rasephaser Straße
Baumschulenweg, Pappelweg
Bauvereinsstraße, zeitweilig aufgeteilt in Boyenstr./Scharnhorststr./Yorkstraße
Beethovenstraße, Poschwitzer Straße
Behringstraße, Schillstraße, Karlsbader Straße
Bei der Brüderkirche, Am Kloster, Beim Gymnasium
Beim Goldenen Pflug, Fritz-Triebel-Str.
Berggasse, Am Frauenfels/Bei den Roten Spitzen
Bergstraße, Lerschstraße (Kauerndorf)
Bertolt-Brecht-Straße
Birkenstraße, Fritz-Weidt-Straße
Blumenstraße, Teplitzer Straße
Bonhoefferstraße, Dr.-Richard-Sorge-Str.
Borchertstraße, Bodo-Uhse-Straße
Borngasse (Zschernitzsch)
Brauereistraße, Riebeckstraße
Braugartenweg
Brauhausstraße, Brauhausweg
Brehmweg, Tannenbergstraße
Brockhausstraße, Johannes-R.-Becher-Straße
Brückchen, Vor der Bergerpforte (= Bergpforte), Am Brückchen
Brüdergasse, Bei den Brüdern, Bei der Brüderkirche, Pfarrgäßlein
Brühl, Alter Markt
Brunnenstraße
Buchenring, Erich-Gentsch-Straße
Burgstraße, Bei der Unterkirche (Teil), Burggasse, Burgstraße, Moskauer Straße
Carl-v.-Ossietzky-Straße, Hohe Straße, Piererstraße
Chr.-Friedrich-Witt-Straße, Richthofenstraße, Ritterstraße, Mitschurinstraße
Darwinstraße, Adelheidstraße, Lettow-Vorbeck-Straße

Dechanei, Techaney
Dostojewskistraße, Wilhelmstraße, Bozener Straße
Dr.-Wilhelm-Külz-Straße, Gartenstraße, Schlageterstraße
Dreschaer Dorfstraße (Drescha)
Dreschaer Weg, einschl. Kirschenweg
Dürerstraße, Togoweg (Kauerndorf)
Eisenbahnersiedlung, Eisenbahnerbaugenossenschaft, Hans-Köhler-Straße, Borsigstraße
Eisenbahnstraße, Saarstraße (Kauernd.)
Elfenweg, Neue Straße, Kirchsteig, Str. A
Elie-Wiesel-Straße, Georg-Ewald-Straße
Erich-Mäder-Straße, Theresenstraße, Zeppelinstraße, Beim Marstall
Eschenstraße, Ernst-Frommhold-Straße
Eselsweg, früher z.T. Mühlenstraße
Fabrikstraße, Kauerndorfer Weg, Metzger Straße
Falkenplatz, Marschlerplatz
Feldstraße (Kauerndorf)
Fleischergasse, Steinweg, Niclasgäßlein
Franz-Mehring-Straße, Schinderhohle, Ziegelstraße, L.-O.-Dietrich-Straße
Franzosengraben, K.-Niederkirchner-Str.
Frauenfelsstraße, Frauenfelsgasse
Frauengasse, „Unserer Lieben Frauen", Hinter der Alten Schwarzfarbe
Friedrich-Ebert-Straße, Hinter der Unterkirche, Friedrichstraße, Kaiser-Friedrich-Straße, Barbarossastraße
Friedrich-List-Straße, Eisenbahnersiedlung
Friedrich-Wolf-Ring
Friesenplatz, Laurentiusplatz
Friesenstraße, Schenkendorfstraße
Gabelentzstraße, Bahnhofstraße, Ernststraße, Ernst-Thälmann-Straße
Gabelsbergerstraße, Gneisenaustraße/Scharnhorststraße, Nitzschestraße
Geraer Straße, Blücherstraße, Karl-Marx-Straße
Gerhard-Hauptmann-Straße, Untere Bismarckstraße, Walter-Flex-Straße
Geschwister-Scholl-Straße, Lingkestraße
Glockengasse, Glockenberg
Goethestraße
Grabenstraße, Kaadener Straße
Grüntaler Weg (Drescha), Oberlödlaer Weg
Gutenbergstraße
Haeckelstraße, Bernhardstraße, Spicherer Straße
Hanfgrund
Hausweg, Seldtestraße, Dr.-Otto-Nuschke-Straße
Heinrich-Gottfried-Trost-Weg, Schloßberg/Schloßauffahrt
Heinrich-Heine-Straße, Oßwaldstraße
Heinrich-Mann-Straße, Arndtstraße
Heinrich-Zille-Straße, Moltkestraße
Hempelstraße
Hermann-Schlegel-Straße, Scharnhorststraße
Hillgasse, Hillengasse, Hyllgasse, Hillegasse
Hinter der Waage
Hirtengasse, Scheffelgasse
Hospitalplatz, Spitalteich, Kleiner Anger, Beim Hospital, Hospitalplatz, Kaiser-Wilhelm-Platz, Theo-Neubauer-Platz
Hospitalstraße
Humboldtstraße, Albrechtstraße, Deutschritterstraße
Im Gäßchen (Poschwitz)
Jahnplatz, Fichtestraße
Jahnstraße
Johann-Sebastian-Bach-Straße, Uferstraße, Danziger Straße, Margarethenstr.
Johannisgraben, Am Johannisgraben, Ludendorffstraße
Johannisstraße, Johannisgasse, Moskauer Straße (Teil)
Johannisvorstadt, Vor dem Johannis Tor, Johannisthor, Moskauer Straße (Teil)
Jüdengasse, Klostergasse, Fritzschengasse, Fritzschengäßchen
Jungferngasse, lange Gasse
Kanalstraße, Memeler Straße, Friedrich-Engels-Straße
Kastanienstraße, Kurt-Pester-Straße
Käthe-Kollwitz-Straße, Kotteritzer Weg, Kotteritzer Straße, Hermann-Köhler-Str.
Kauerndorfer Allee, Rasephas, Leninstr.
Keplerplatz, „Bei Stadt Leipzig", Brauhof, Georgenplatz, Unterm Schloß (z.T.)
Kesselgasse, Keßelgasse
Kirchberg
Kirschenweg, Dreschaer Weg
Kleiststraße
Klostergasse, Nadlergäßchen
Knausche Straße, Eisenbahnersiedlung
Kopernikusstraße (Rasephas), Barbarastraße
Körnerstraße
Kornmarkt

Kosmaer Weg
Kräutrichsgasse, Kräutergasse, „Der Sack“
Kreuzstraße, Planettastraße, Grabbestraße, Krügerstraße, Holzweberstraße, Dietrich-Eckart-Straße, Majakowskistraße
Kronengasse, Am Marstall (städtisch), Gäßlein unter dem Weißen Bock, Unter der Krone
Kunstgasse
Langengasse, Schmöllisch Graben, Lange Gasse
Leipziger Straße
Leitergasse, Kleine Leitergasse = Kröpelgasse
Leonhard-Frank-Straße
Lessingstraße
Liebermannstraße, Johannes-Dieckmann-Straße
Lindenaustraße (Hussitengraben), Hinter dem Pohlhof, Clara-Zetkin-Straße
Lindengasse (Poschwitz)
Lossener Straße, Vom-Stein-Straße
Luckaer Straße, Zschernitzsch/Zeitzer Straße
Ludwig-Hayne-Straße, Edith-Baumann-Straße
Markt, Neuer Markt, Viktualienmarkt, Frauenmarkt, Markt/Lästerermarkt, Marktplatz, Unter den hohen Lauben, Oberer Markt, Krautlaubenmarkt
Marktgasse, früher erwähnt als: Das Gäßchen so man zu unserer Lieben Frauen Berg geht/Das Gäßchen beim Weißen Bock dadurch man hinter die Mauer geht, Hotel des Saxe Gasse
Marstallstraße, Vorwerksgraben, Am Marstall, Friedrich-Naumann-Straße
Martin-Luther-Straße, Querstraße
Mauerstraße, Mauergasse
Meißnerstraße
Mittelstraße, Mittelstraße/Mittelweg, Lützowstraße
Molbitzer Straße (Zschernitzsch)
Mönchsgasse
Moritzstraße, Brigittengasse, Breitengasse, Moritzstraße + Brückchen, John-Schehr-Straße
Mozartstraße, Jägerstraße
Mühlenstraße, Am Schlachtviehhof, Maikowskystraße
Mühlpforte
Münsaer Straße, Münsaer Linden
Nansenstraße, Alexandraplatz, Mackensenstraße
Neue Sorge
Neuer Weg
Neugasse, Saugasse, Viehgasse
Neustadt, Neustadtgäßlein
Newtonstraße, Oststraße, Seecktstraße
Niemöllerstraße, Eisenbahnersiedlung, Dr.-Todt-Straße
Nikolaikirchhof, Sauplan, Die Freiheit
Nonnengrund
Nordplatz, Wilhelm-Pieck-Platz
Nordstraße, Sedanstraße, Izydorczykstr.
Oberlödlaer Weg
Oberzetzschaer Weg (Zschernitzsch)
Offenburger Allee, Obere Amtsstraße, Lönsstraße, Otto-Grotewohl-Allee
Otto-Dix-Straße, Otto-Buchwitz-Straße
Paditzer Fußweg
Paditzer Straße, Gustav-Winselmann-Straße, Otto-Engert-Straße
Pappelstraße, Juri-Gagarin-Straße
Parkstraße, Horst-Wessel-Straße
Pauritzer Platz, Agnesplatz, Rathenauplatz, Straßburger Platz, Ernst-Thälmann-Platz
Pauritzer Straße, Pauritzer Gasse/Pauritzer Thor, teilweise: Topfplan
Pestalozzistraße, Edmund-Schmidt-Str.
Pfarrgasse (Zschernitzsch)
Piererstraße, An der Franz-Mehring-Straße
Plankenweg, Hinter den Planken, Raseweg
Platanenstraße, Hermann-Matern-Straße
Pleißenweg (Poschwitz)
Pohlhofsgasse
Poschwitzer Straße, Poschwitzer Weg
Poststraße, Rasephas, Hugo-Schneider-Straße, Straße B
Puschkinstraße, Schützenstraße, Wilhelm-Gustloff-Straße
Rasephaser Dorfanger (Rasephas)
Rasephaser Straße, Brauereiweg/Bauernweg
Reiherstraße, Eckstraße
Rembrandtstraße, Samoaweg
Remsaer Straße, Frohburger Straße, Dresdener Straße, 153er Straße
Rethelstraße, Yorckstraße, Gabelsbergerstraße
Richard-Wagner-Platz, Poschwitzer Platz
Riegenstraße, Lützowstraße/Ziethenstraße

Ringstraße, Bei der Frohnfeste, An der Stadtmauer
Robert-Koch-Straße, verlängerte Bismarckstraße (Teil), Pflaumenweg
Rosa-Luxemburg-Straße, Amalienstraße, Hermann-Göring-Straße
Rosenweg, Egerländer Weg
Roßplan, Roßmarkt, Roßplatz
Rousseaustraße, Karlstraße, Litzmannstr.
Rudolf-Breitscheid-Straße, Bismarckstraße (Teil)
Runkwitzstraße, teils Dreschaer Weg
Schelchwitzer Weg
Schillerstraße
Schinderweg
Schlachthofstraße
Schloßberg
Schloßpark, Schloßgarten, Park des Friedens
Schmöllnsche Landstraße, Ronneburgsche Chaussee, Chaussee von Schmölln, Schmöllnsche Chaussee, (alte) Geraer Straße
Schmöllnsche Straße, Schmöllnsche G.
Schmöllnsche Vorstadt, Vor dem Schmöllnschen Thore
Schulstraße, Gorch-Fock-Straße
Schwanenstraße, Zunkelstraße
Siegfried-Flack-Straße, Heinrich-Rau-Straße
Sophie-Mereau-Weg
Spalatinpromenade, Roonstraße, Rolandstraße, Stalinpromenade, Georgi-Dimitroff-Promenade
Spechtstraße, Norkusstraße
Sperberstraße, Beublerstraße
Sperlingsberg, Erich-Weinert-Höhe
Spiegelgasse, Schulzengäßlein, Am Hopfenmarkt, Rittergasse
Spinnbahn
Spinozastraße, Bauhofstraße
Spitzweggäßchen, An der Kehrichtgrube, Baumbachgasse, Baumbachweg
Sporenstraße, Sporergasse
Stauffenbergstraße, B.-Leuschner-Str.
Steinbergstraße (Rasephas)
Steinweg
Steinwitz
Steinwitzer Straße
Sterlsgasse
Sternstraße, Lossener Straße (Teilabschnitt), Vom-Stein-Straße
Stiftsgraben, Burggäßlein (vor Stiftsbau)
Südstraße, Skagerakstraße
Talstraße, Seydlitzstraße
Teichplan, Der Plan
Teichpromenade, Am Großen Teichdamm, teils Teichvorstadt, Hindenburgpromenade, August-Bebel-Promenade
Teichstraße, Teichgasse
Teichvorstadt, Bei der Ratsziegelei (Teil), Am Damm, Platz der SA, Platz vor dem Teichthor
Terrassenstraße, Eupener Straße
Theaterplatz, Vor dem Burgthore, Schloßanger (der kleine Anger), Josephsplatz, Adolf-Hitler-Platz, Rosa-Luxemburg-Platz
Theo-Neubauer-Straße, Augustenstraße/Marienstraße, Vom-Rath-Straße/Theodor-Fritsch-Straße
Thomas-Mann-Siedlung, Germanenhof
Thümmelstraße, Maxim-Gorki-Straße
Topfgasse, Im Volksmund: Kannegießergäßlein
Topfmakt, Hopfenmarkt
Torgasse
Treppengasse
Turnerstraße, Friesenstraße
Uhlandstraße, Kreuzstraße (Teilabschnitt), Dietrich-Eckart-Straße
Unterm Schloß
Wallstraße, Teile Hinter der Mauer, „Hoppei", Straße der Arbeitereinheit
Weibermarkt, Topfgasse, Alter Weibermarkt, Alter Topfmarkt
Wenzelstraße, Posener Straße
Weststraße, Schillstraße
Wettinerstraße, Karl-Liebknecht-Straße
Wielandstraße, Kreuzstraße (Teilabschnitt), Holzweberstraße
Wiesenweg (Rasephas)
Wilchwitzer Weg
Winterstraße, Kauerndorfer Straße (Kauerndorf)
Wolfsgasse (Kauerndorf)
Zacharias-Kresse-Straße, Eisenbahnersiedlung, Siemensstraße, Lyssenkostraße
Zeitzer Straße, Zeitzer Linden, Zeitzer Vorstadt
Zick-Zack-Weg (von Erich-Mäder-Straße zum Falkenplatz)
Zschechwitzer Weg
Zschernitzscher Straße
Zwickauer Straße

Zusammenstellung: Steffen Sell
Ergänzung Dr. K.-H. Gehlauf

Alte Gassen und Wegebezeichnungen

Rathaus- oder Heringsgäßlein

Neues Rathausgäßchen
Gasse neben dem Rathaus
„neues geßlein“
Trödelgäßlein zwischen Rathaus, Markt und Kornmarkt

Gäßlein bei der Superintendentur zwischen Kanzleigebäude und Faciusschem Haus
Kirchweggäßlein (zwischen Geleitshaus und Amtshaus)

Geßlein bei der Kehrichtgrube
= Gartengäßlein
= Totengäßlein
= Gäßlein nunter am Mühlbach über die Brücke
= Euphrosyne Gäßlein

Kehrichtgrube

Gäßlein, in Verlängerung der Glockengasse zum Pauritzer Teich

Vor der Bergpforte

Raseweg hinter Johann Dinckels Garten

Leichenweg an der Molbitzer Gasse 3

Gäßichen, Weg oberhalb der Spinnbahn nach der Schmöllnschen Straße, auch Rosenwegk

Weg am Kosmaischen Steige

Martinsgäßchen
= Martensgäßchen
= Mariengäßchen
= Margarethengäßlein

Nädler (Nadler)gäßchen zwischen Obermarkt und Topfmarkt

Neustadtgäßlein

das erste Gäßlein bei D. Kellners Garten, welches hinunter in die Gasse vor dem Pauritzer Tor geht

Niklasgäßgen
= Nikolaigasse

Molbitzer Gasse hinter dem G. Pflug

Gasse vom mittleren Teil des Marktes zu untern hohen Lauben

Gasse an der Dechaney

Gäßlein, so von der Gartenecke bei dem Drechaer Weg zwischen dem Gartenweg nach dem Steinweg zugeht

Zwischen den Scheunen (später Puschkinstr.)

Gäßlein, so zwischen dem Gartenweg gegen die vorm Johannistor liegenden Häuser zugeht

Gäßlein zwischen dem Forsterischen und Keyserischen Haus (zwischen Jüdengasse und Weibermarkt)

Gäßlein vor den Feldern in die lange Gasse

Leichenweg zwischen Schloßberg zum Marstall

Quergäßlein (zwischen Moritzstraße 14, Kesselgasse 7, Hillgasse 4/5)

Gasse zwischen dem Oberteil Markt untern Krautlauben

Schützengeßlein zwischen Johannistor und Johannisgraben

Schulzengasse zwischen Johannistor und zur Neustadt führend

Gäßlein zwischen Weidnerischen und Flecherischen Haus

„Brückchen“
- von der Wallstraße zur Frauengasse
- vom Markt zur Löwenapotheke
- am Friederischen Garten in Unterpauritz (am Agnesplatz)
- vor dem Gasthof Stadt Plauen (Thüringer Hof)
- zur Neuen Sorge

Hoppei (Huppei), Sackgasse als Teil der Wallstraße 11-18

Sudelweg von der Pauritzer Gasse zur Scharfrichterei

Galgenweg (h. d. Herzog-Ernst-Wald) Glockenberg

Badeweg von der Münsaer Straße direkt nach Kotteritz zum Pleißenwehr

Alfred-Edmund-Brehm-Weg (von der Teichpromenade zum Herzog-Ernst-Wald und von dort bis zum Bismarckturm)

Kunz von Kauffungen-Weg (im Betriebsgelände der Kaolingrube)

Chausseen des Altenburger Ostkreises

Zwickauer Chaussee
in Richtung Mockern, Gardschütz, Lehndorf, Zehma, Löhmigen, Gößnitz

Ronneburger Chaussee
in Richtung Altendorf, Burkersdorf, Großstöbnitz, Schmölln

Leipziger Chaussee
in Richtung Zschaschelwitz, Treben, Serbitz, Thräna

Zeitzer Chaussee
in Richtung Rositz, Kriebitzsch, Meuselwitz, Zipsendorf

Luckaer Chaussee
Münsa, Windischleuba, Gerstenberg
Lehma,Wintersdorf
Lucka

Peniger Chaussee
Münsa, Leina, Neuenmörbitz

Waldenburger Chaussee
in Richtung Münsa, Nobitz, Niederleupten, Klausa, Garbus, Ehrenhain, Gösel, Niederwiera, Wickersdorf

Lucka-Meuselwitzer Chaussee
Lucka, Breitenhain, Meuselwitz

Rochlitzer Chaussee
Windischleuba, Deutsches Holz

des weiteren:
Via imperii, alte Reichsstraße Nord - Süd
Leipzig-Zwickau
Peter-Paul-Straße West-Ost

Altenburgs Vorstädte und Stadtviertel

1440:
„die nuwe stad" (Neustadt b. Pohlhof)

1690:
Gemeinde vor dem Johannisthor
= Johannisvorstadt
Ober- und Unterpauritz
Teichviertel
Hinter der Mauer
Unterm Berge
Schmöllnsche Vorstadt
Nikolaikirchhof
Vor dem Bergertor
Unter dem Schloß
Neue Sorge
Johannisviertel
Schmöllnsches Viertel

1831:
Oberpauritz
Unterpauritz
Gemeinde vor dem Johannistor
Unterm Schloß
Hinterm Schloß
Naschhausen
Frauenfelsgemeinde
Gemeinde Neue Sorge
Teichviertel
Hinter der Mauer
Unterm Berge
Schmöllnsches Viertel
Nikolaikirchhof

Alte Altenburger Plätze

(Plätze im Sinne von freien Räumen vor Gebäuden, d.h. nicht als unbebauter Platz.)

Bei der Unterkirche (Bartholomäikirche)

Platz vor dem alten Amte, welches itzo zu einer Renterey

Platz bei der Topfkammer (bei der Topfgasse)

Platz zwischen dem Burgtor und dem Amtshaus

Bey und Hinter der St. Bartholomäuspfarre

Platz (bei) hinter der Bartholomäikirche und Superintendentur

Beim Gymnasium

Platz vor der Pfarre (vor der Klosterkirche, Brüderkirche)

Platz bei der Frohnfeste

Platz bei der oberen Badstube

Platz bei der mittleren Badstube

Platz bei der unteren Badstube
(die Badstuben befanden sich im Bereich zwischen Baderei und Amtsgasse)

Bei der Rathsziegelei

„Die Insel", zwischen Mühlgraben und Wildem Bach an der Ecke Kanalstraße 4/Uferstraße 11

Zusammenstellung: Dr. K.-H- Gehlauf

Restaurants und Vergnügungs-Etablissements vor 100 Jahren

Ackermann, Bernhard, Steinweg 4

Ackermann, F. G., Theresenstr. 20

Bahnhofsrestauration (M. Rödel), Wettinerstr. 15

Bahnhofstunnel (O. Gerhardt), Wettinerstr. 15

Barth, Ed., Weststr. 9

„Bellevue“ (H. Gräfe), Querstr. 11

„Blauer Stiefel“ (Ad. Schmidt), Moritzstr. 16

Blume, Justine verw., Kauerndorf 20

„Börse“ (Emil Taubert), Markt 17

„Bürgergarten“ (L. Müller), Wallstr. 38

„Burgkeller“ (E. Salzmann), Hinter der Waage 4

„Deutsche Trinkstube“ (A. Bär), Spiegelgasse 1

„Drei Rosen“ (K. Rudolph), Teichstr. 22

Engelhardt, Karl, Kunstgasse 3

„Erholung“ (Leopold Hankel), Teichvorstadt 8

„Felsenkeller“ (E. Danneil), Pohlhofsgasse 4

„Fröhliche Wiederkunft“ (H. Bräutigam), Theresenstr. 19

„Gambrinus“ (P. Rauschenbach), Teichstr. 31

Gerth, Reinh., Kesselgasse 22

„Goldner Hirsch“ (G. Eißrig), Teichstr. 9

„Goldner Pflug“, Beim Pflug 2

Gütherts Restauration, Johannistr. 15

„Gutenberg“ (F. Hopfe), Hohestr. 26

„Gute Quelle“ (E. Rauschenbach), Teichstr. 7

Härtel, Friedrich, Fabrikstr. 29

Hennemann, Robert, Markt 12

„Hoffnung“ (Degenmeier), Teichstr. 28

Jahn, Carl, Amtsgasse 4

„Insel“ (Alfred Gesecus)

Klingner, Friedrich, Steinweg 1

„Klosterkeller“ (I. Meischke), Topfmarkt 7

Köhler, Friedrich, Ernststr. 23

Kötzsche, Wilhelm, Sporenstr. 6

„Kronprinz“ (Emil Bräutigam), Elisenstr. 42

Löhe, Louis, Johannistr. 49

„Neues Schießhaus“ (Louis Lange), Zeitzer Str. 16

„Passage“ (W. Bartling), Sporenstr. 1

„Plateau“ (B. Dietzmann), Leipziger Str. 21

„Post“ (Franz Köhler), Markt 10

„Post“ (E. Götzel), Kauerndorf

„Preußischer Hof“ (H. Tietzsch), Teichstr. 4 und Langengasse 22

„Ratskeller“ (Louis Gerth), Markt 1

„Reichshalle“ (Carl Steps), Moritzstr. 19

Reißmann, Florens, Pauritzer Gasse 59

„Reußischer Hof“ (H. Stötzner), Schmöllnsche Vorstadt 1

„Rosenthal“ (G. Rauschenbach), Am Anger 6

Schröder, Otto, Burgstr. 16

„Schützenhaus“ (B. Kunze), Am Anger 2

Schumann, Karoline, Nikolaikirchhof 47

Schumann, L., Original Wiener Café, Frauenfelstr. 8

„Schweizerhof“ (R. Windisch), Fabrikstr. 33

Senfs Restauration (Inh. Frau Kröber), Bauhofstr. 19

„Sonne“ (Kluge), Moritzstr. 14

Spengler, Franz, Johannisgraben 14

„Stadt Altenburg“ (Ma. Schott), Schmöllnsche Str. 24

„Stadt Berlin“ (A. verw. Köhler), Johannistr. 27

„Stadt Dessau“ (Bernh. Linke), Teichvorstadt 4

„Stadt Dresden“ (G. Hahn), Amtsgasse 3

„Stadt Gera“ (G. Seybold), Kanalstr. 13

„Stadt Gotha“ (Julius Heyne), Johannistr. 1

„Stadt Hamburg“ (Pauline Emmerlich), Pauritzer Gasse 21

„Stadt Leipzig“ (L. Kamprath), Unterm Schloß 1

„Stadt Nürnberg“ (E. Schindler), Leipziger Str. 26

„Stadt Straßburg“ (Bernhardt Götter), Spiegelgasse 2

„Stadt Weimar“ (B. Weißke), Brühl 3

„Stadt Wien“ (I. Teißler), Gartenstr. 8

Steinert, Wilhelmine, Kesselgasse 19

„Tivoli“ (A. Pröhl), Kotteritzer Str. 24

Uhlemann, Bruno, Schmöllnsche Str. 28

Voigt, Emil, Topfgasse 1

Volkstädt, Al., Burgstr. 13

„Waldschlößchen“ (Th. Kröber), Zwickauer Str. 12

Walther, Franz, Schmöllnsche Str. 26

„Weißer Schwan“ (E. Barth), Roßplan 3

Wießner, Anna verw., Kanalstr. 30

Zahl, Theodor, Schmöllnsche Str. 29

Nur langsam breiteten sich die gastronomischen Einrichtungen in den neu entstandenen Stadtvierteln aus.

Der „Preußische Hof“ in der Teichstraße um die Jahrhundertwende

Gasthöfe und Hotels in Altenburg vor 100 Jahren

„Bairischer Hof“ (M. Beckert), Ernststr. 8

„Deutscher Kaiser“ (A. Teuscher), Hillgasse 12

„Deutsches Haus“ (M. Lehmann), Brühl 2

„Erholung“ (L. Hankel), Teichvorstadt 8

„Fürstenkeller“ (Aug. Fischer), Ernststr. 2

„Goldener Engel“ (R. Kluge), Hillgasse 5

„Goldener Löwe“ (L. Görlitz), Pauritzer Gasse 38

„Goldener Pflug“ (Akt.-G.), Beim goldenen Pflug 2

„Grüne Tanne“ (Curt Rost), Stiftsgraben 2

„Grünthal“ (Gustav Ludwig), Drescha

Herberge und Hospiz zur Heimat, Geraer Str. 88

„Hoffnung“ (A. Degenmeier), Teichstr. 28

„Mohr“ (F. Fischer), Marstallstr. 15

„Preußischer Hof“ (H. Tietzsch), Teichstr. 4 und Langengasse 22

„Rautenkranz“ (H. Dose), Hillgasse 4

„Reußischer Hof“ (H. Stötzner), Schmöllnsche Vorstadt 1

„Rosenthal“ (G. Rauschenbach), Am Anger 6

„Sonne“, Gast- und Logierhaus (Kluge), Moritzstr. 14

„Schwarzer Bär“ (F. E. Bachmann), Johannistr. 6

„Stadt Dessau“ (B. Linke), Teichvorstadt 4

„Stadt Nürnberg“ (E. Schindler), Leipziger Str. 26

„Tivoli“ (A. Pröhl), Kotteritzer Str. 24

„Thüringer Hof“ (R. Senff), Ernststr. 15

„Weintraube“ (Louis Scheibe), Schmöllnsche Str. 3

„Weißes Roß“ (Gustav Etling), Teichvorstadt 1

„Wettiner Hof“ (H. Mätzschker), Josephsplatz 7/8

Anhand dieser Aufzählung kann man erkennen, daß sich viele Gasthöfe, Hotels und Herbergen unmittelbar an der alten Stadtgrenze (sprich Stadtmauer), in der Nähe vor und hinter den Stadttoren, befanden. Das zeigt sich besonders im Bereich Teichvorstadt, Teichstraße, Hillgasse und Schmöllnsche Straße. Die Gäste konnten daher auch bequem zu Fuß zu den nahegelegenen Märkten mit dem Rathaus und den vielen Einkaufsmöglichkeiten gelangen.

Bäcker vor 100 Jahren

Arndt, Gustav, Jungferngasse 65
Bänke, Backwarenverkauf, Markt 1
Barth, Jul., Ernststraße 24
Beck, Ernst, Kanalstraße 50
Beer, Franz, Jüdengasse 8
Beyer, Carl, Spiegelgasse 14
Beyer, Ernst, Berggasse 33
Bocher, Hermann, Neue Sorge 24
Brauer, Emil, Hohe Str. 38
Brauer, Karl Gustav, Kirchberg 1
Döll, Adolf, Brauhausstr. 1
Dörfler, Theodor, Geraer Str. 13g
Edler, Fritz, Kanalstr. 18
Ehrlich, Gustav, Roßplan 4
Erler, Franz, Brückchen 3
Fischer, Ernst, Albrechtstr. 6
Fritzsche, Wilhelm, Moritzstr. 20
Gehlauf, Richard, Markt 7
Gläser, Bernhard, Kotteritzer Str. 20d
Görler, Ernst, Schmöllnsche Str. 17
Häberlein, H., Georgenplatz 7
Helm, Otto, Berggasse 1/2
Hentschel, Richard, Moritzstr. 15
Herziger, Georg, Leipziger Str. 25
Höppner, W., Hillgasse 20
Hofmann, Georg, Nikolaikirchhof 35
Hohl, Richard, Karlstr. 1
Jahn, Moritz, Kunstgasse 10
Kalb, Eduard, Schmöllnsche Vorst. 6/7
Kamprad, Max, Thümmelstr. 2d
Kändler, Paul, Kesselgasse 23
Kluge, Emil, Paditzer Str. 3a
Knoll, Gustav Hermann, Neustadt 2
Koch, Rudolf, Josephsplatz 3
Köhler, Robert, Uferstr. 6
Költz, Gustav, Wallstr. 1
Krumbholz, Emil, Pauritzer Gasse 7
Krummsdorf, Richard, Jungferngasse 21
Lehmann, Robert, Fabrikstr. 1
Lohse, Kurt, Zeitzer Str. 19a
Mohrmann, August, Weibermarkt 8
Müller, Albin, Hohestr. 35
Müller, Carl Otto, Schmöllnsche Str. 20
Müller, Ernst, Kotteritzer Str. 32c
Müller, Theodor, Pauritzer Gasse 3
Oelsner, Carl Louis, Hillgasse 3
Paul, Carl, Pauritzer Gasse 19
Pöhlmann, Joh., Hillgasse 17
Pötsch, Max, Roßplan 15
Rauschenbach, Ernst, Zwickauer Str. 18
Rauschenbach, G., Nachfolger (F. Hempel), Teichvorstadt 3
Regner, F. G., Treppengasse 6
Reichenbach, August, Johannisstr. 13
Reinhold, E. H., Kunstgasse 18
Richter, Oskar, Bei der Brüderkirche 4
Rößner, Wilhelm, Nikolaikirchhof 50
Rücker, Carl, Wilhelmstr. 19
Sachse, Hermann, jr., Teichstr. 26
Schieferdecker, Emil, Theresenstr. 10
Schiffel, Ernst Louis, Kotteritzer Str. 12a
Schmidt, Carl (Inh. Lina Schmidt), Auf den Röhren 12
Schmidt, Franz, Nikolaikirchhof 48
Schnelle, Marie verw., Elisenstr. 18
Schönleben, Julius, Kauerndorf 34h
Scholz, Hermann, Roßplan 1
Schröter, Oswin, Kanalstr. 48
Senf, Emilie, Johannisstr. 25
Senf, Gustav, Kunstgasse 11
Senf, Otto, Unterm Schloß 3
Siegel, Wilhelm, Kesselgasse 18
Stegmeyer, Karl Richard, Fabrikstr. 27
Timmler, Eduard, Stiftsgraben 1
Trautzsch, F. O., Johannivorstadt 6
Trautzsch, H. W., Markt 35
Wachs, Oskar, Nikolaikirchhof 10
Weil, Ad., Geraer Str. 20
Werner, Gustav, Ernststr. 19
Wolff, Friedrich, Karlstr. 35
Wunderlich, Emil, Sporenstr. 7
Zentsch, Heinrich, Schmöllnsche Str. 6

Bäcker als Beispiel für Handwerker in der Stadt.
Man hätte auch die 139 Schneiderinnen, 63 Fleischer, 17 Glaser, 43 Maler oder 26 Schmiede u.a. nennen können!

Bierstangen und Ausspannungen vor 100 Jahren

Ahrens, August, Teichstraße 8
Beyer, Karl, Spiegelgasse 14
Bitterlich, Gustav, Kirchberg 2
Blöthner, Ernst, Bei der Brüderkirche 9
Brecht, Otto, Paditzer Str. 23
Delling, Joh., Hillgasse 19
Domschke, Ernst, Hillgasse 2
Engelbrecht, Frau, Schmöllnsche Str. 35
Etzold, Balduin, Kornmarkt 10
Fischer, Otto, Hillgasse 18
Frank, Carl, Johannisstr. 47
Gerth, Rob., Hillgasse 14
Hänold, Franz, Brüdergasse 6
Hermsdorf, Albin, Schmöllnsche Str. 25
Herold, Emil, Topfmarkt 11
Hesselbarth, Hermann, Topfmarkt 4
Heymer, Hermann, Roßplan 2
Jacob, Otto, Weibermarkt 5
Köhler, Gustav, Brüdergasse 5
Kratzsch, J. G., Kotteritzer Str. 21d
Krosse, Ernst, Roßplan 18
Krug, Friedrich, Markt 18
Müller, Franz, Jüdengasse 3
Müller, Max, Teichstr. 1
Naumann, Wilhelm, Paditzer Str. 17
Räßler, Albin, Kesselgasse 21
Rühl, Eduard, Friedrichstr. 13
Schlag, Julius, Unterm Schloß 6
Simon, Adam, Weibermarkt 6
Steinbach, Paul, Bauhofstr. 17
Steinert, Louis, Pauritzer Gasse 62
Thieme, Rob., Kunstgasse 17
Vogel, Julius, Klostergasse 3
Völkel, August, Nordstr. 51
Zetzsche, Ernst, Kesselgasse 3

Ausspannungen
Claus, Franz, Bei der Brüderkirche 2
Etzold, Balduin, Kornmarkt 10
Deutsches Haus (Lehmann), Brühl 2
Gerth, Reinhold, Kesselgasse 26
Hermsdorf, Albin, Schmöllnsche Str. 25
Krosse, Ernst, Roßplan 18
Lange, Sophie, Kornmarkt 6
Reußischer Hof (Hermann Stötzner),
Schmöllnsche Vorstadt 1
Schwarzer Bär (F. E. Bachmann),
Johannisstr. 6
Stadt Gotha (Heyne), Johannisstr. 1
Uhlemann, Julius, Schmöllnsche Str. 28
Weintraube (Louis Scheibe),
Schmöllnsche Str. 3
Weißes Roß (Gustav Etling),
Teichvorstadt 1

Bierstange: ursprünglich ein langer Stab mit Ring als Zeichen des Rechtes des Ausschanks.

Ausspannung: Restauration mit Ausspannmöglichkeit für Pferde
z.B. „Gasthof zum Mohr" 50 Pferde in Stall und Hof
„Goldener Pflug" 60 Pferde

1890 gab es in der Stadt 25 Ausspannungen, wobei die größte der „Reußische Hof" war.

Lehranstalten in Altenburg vor 100 Jahren

Friedericianum = Gymnasium

Josephinum (Gymnasium)

Realgymnasium, Ernst-Real-Gymnasium, Ernestinum

Karolinenschule (Städtische höhere Töchterschule)

Seminar = Lehrerseminar

I. Erste Bürger-Knabenschule (Schulhaus: Frauenfels, Berggasse 9)

II. Zweite Bürger-Knabenschule (Schulhaus: Frauenfels)

III. Zweite Bürger-Knabenschule (Schulhaus: Johannisstraße 18)

IV. Erste Bürger-Töchterschule (Schulhaus: Torgasse bei Frauenfels)

V. Zweite Bürger-Töchterschule (Schulhaus: Neustadt 7)

VI. Zweite Bürger-Töchterschule (Schulhaus: Johannisgraben 11)

VII. Gebr. Reichenbach-Schule für Knaben (Schulhaus: Ecke der Friedrich- und Lindenaustraße)

VIII. Gebr. Reichenbach-Schule für Mädchen (Schulhaus: Ecke der Friedrich- und Lindenaustraße)

Freiadliges Magdalenenstift

Gewerbevereinschule (Kunst- und Handwerksschule)

Sonntags-Zeichenschule im Museum

Landwirtschaftliche Schule

Höhere Töchterschule und Pensionat von Frl. M. Seeberg, Mademoiselle P. Cachin und Emmeline Große, Lindenaustr. 31

Technikum Altenburg

Handelsschule (der Vereinigten Kaufmannschaft)

Bildnachweis

Dr. Karl-Heinz Gehlauf, Altenburg (Titelseite (1), Stammbaum (4), Seite 24, 26, 27)

Eberhard Heinze, Altenburg (Seite 53, 88, 92 links unten, rechts oben)

Frank Grunwald, Altenburg (Seite 51)

Jürgen Gabler, Altenburg (Seite 87)

Helmut Eckart, Altenburg (Stammbaum (11))

Jürgen Wawrzyniak, Altenburg (Seite 97, 99 rechts, 101)

Klaus Zehmisch, Altenburg (Seite 102)

Privatarchiv Steffen Sell (alle anderen)

Winfried Sell, Altenburg (Seite 91 rechts, 92 links oben, 94 rechts)

Wukasch, Wolfgang (Seite 167)

Staatsarchiv Weimar, Außenstelle Altenburg (Seite 21)

Stadtarchiv Altenburg (Seite 136)

Kreisarchiv Altenburg (Seite 31, 80)

Fotos 1-4 auf Seite 141 und Seite 143 mit freundlicher Genehmigung des Schloß- und Spielkartenmuseums Altenburg.

Quellenverzeichnis

Akademie-Verlag Berlin, Das Altenburger Land, 1983

Adreßbücher der Jahre 1894, 1900, 1919, 1926, 1929, 1935, 1939, 1949, 1992

Altenburger Zeitung von 1932

Bauer, Hans, Altenburg im Jahre der Völkerschlacht 1813, 1913

Fritzsche, Richard, Bilder aus der Geschichte des Altenburger Landes, 1906

Frommelt, Moritz Theodor, Geschichte des Herzogthums Sachsen-Altenburg vom Anfang der historischen Kenntniß bis auf unsere Zeiten, 1838

Geßner, Arno, Die Entwicklung der Burg Altenburg bis zum Ausgange des Mittelalters

Grumpelt, Dr. Werner, Führer durch Altenburg, Thür., 1938

Huth, Ernst Walter, Altenburg, 1981

Literatur-Comptoir, Die Fürstenhäuser Sachsen-Altenburg, 1826

Löbe, Hans, Wie Altenburg entstand, 1945

Löbe, Dr. Julius, Beschreibung und Geschichte der Residenzstadt Altenburg und ihrer Umgebung für Einheimische und Fremde, 1848

Löbe, Dr. Julius, Geschichtliche Beschreibung der Residenzstadt Altenburg und ihrer Umgebung, 1881

Ollert, A. F., Der Prinzenraub zu Altenburg

Schulze, Kurt, Kleiner Wegweiser durch die Geschichte der Altenburger Burg, 1955

Schoedel, Hermann; Ernst, Herzog von Sachsen-Altenburg, 1903

Schoedel, Hermann, Ernst I, Herzog von Sachsen-Altenburg, 1908

Schoeppl, Heinrich Ferdinand, Die Herzoge von Sachsen-Altenburg ehem. von Hildburghausen, 1917

Seydewitz, Chronik der Stadt Altenburg 1874-1876

Stadtverwaltung Altenburg, Schloß- und Spielkartenmuseum Altenburg, Die Aquarelle und Autographen des Altenburger Bild- und Wortchronisten Christian Friedrich Schadewitz, 1. Band der Gesamtausgabe, 1993

Über ein halbes Jahrtausend auf angestammter Scholle, Geschichte der Herren v. d. Gabelentz auf Poschwitz 1388 bis 1938, 1938

v. Braun, E., Erinnerungsblätter aus der Geschichte Altenburgs in den Jahren 1525-1826, 1876

v. Plänckner, Arwed, Altenburg im Jahre 1813, 1857

Wagner, August Friedrich Karl, Chronik der herzoglichen Residenz- und Haupstadt Altenburg vom Jahre 1801 bis zum Jahre 1825, Band 1, 1827

Wirtschaftliche Vereinigung des Einzelhandels von Altenburg (Thür.), Chronik der Stadt Altenburg/Thür., 1928

Kreisarchiv Altenburg (Landratsamt)

Staatsarchiv Weimar, Außenstelle Altenburg (Schloß)

Polizeiakten der 20er Jahre, Staatsarchiv Weimar, Außenstelle Altenburg

Stadtarchiv Altenburg (Rathaus)

Altenburger Traditions-Unternehmen

exclusive Schmuck- und Uhrenkollektion
Cantelli
Colani
Maurice Lacroix
Universal Geneve
Delma
Morado
L' Epee
Concord
Glashütte
Nomos
und andere
Ihr Juwelier am Kornmarkt
REICH
ALTENBURG
Uhren Reich Schmuck

Firmen, die sich nach der Wende gründeten

Huchzjgeschenk

Pieschz-Garschtenbarch be Altenborj -
hee wie mer do noch spricht!
Ich bin vun salt un brenge nu,
hie Bauersch e Gedicht:

Notierlich setze ich voraus,
doß Ihr dos oo verstieht,
hauptsächlch 's jonge Ehepoor,
im dos sich's doch wuhl drieht!

Vor olln Dengen brenge ich
'n Glickwunsch nochmo dor,
un extro hob ich mitgebrocht,
ne Roreteet segor:

'n Zeechenkaase. Ich weß nich,
wie Ihr nu driwer denkt,
denn Zeechenkaase schmeckt bluß gut,
wenn dar e bißchen stenkt!

Doch ducht ich, wenn be su en Faste
mor racht veel Sießes ißt,
ward vielleicht doch for 'n Oppetit
oo su ewos vermißt.

Nu korzj un gut, dar Kase hie -
's Zeeche dorch un dorch -
aßt 'n mit Verstande, denn dos is
e Gruß aus Altenborj!

Willy Walter

Gruß aus dem Altenburger Lande

Kennst du mei Heemtland nich, mei Altenborg?
Zwor: 's is nich gruß, doch harrlich dorch un dorch.
Wu's schworze Guld, de Kulle, ward gegrob'n?
Wu obstbeloden schtiehen Boom bei Boom?
Wu guldner Sagen uff'n Fellern locht?
Wu's „Bauernmarjen" giebt in narr'scher Trocht,
Dan' de Gesundheet vun Gesichte schtrohlt?
Un wu d'r reiche Malcher seine Toler zohlt?
Host unsen „Zeegenkase" du noch nich geschmackt,
Nach dan sugar d'r Sultan „olle Zahne" lackt? -
Kennst nich dos Land? - Do scham d'ch in's Harze nei!
Setz d'ch uff de Bohn un kumm fix be und rei! E.M.